智元微库
OPEN MIND

成长也是一种美好

MARKETING REVEALED
Challenging the Myths

细节营销

洞察你所不知道的营销

[荷]柏唯良（Willem Burgers）_著

朱宇_译

人民邮电出版社

北京

图书在版编目（CIP）数据

细节营销：洞察你所不知道的营销 ／（荷）柏唯良
（Willem Burgers）著；朱宇译 . -- 北京：人民邮电出
版社，2024. -- ISBN 978-7-115-65346-8

Ⅰ . F274

中国国家版本馆 CIP 数据核字第 2024ET2798 号

◆ 著 ［荷］柏唯良（Willem Burgers）
译 朱 宇
责任编辑 王铎霖
责任印制 周昇亮
◆ 人民邮电出版社出版发行 北京市丰台区成寿寺路 11 号
邮编 100164 电子邮件 315@ptpress.com.cn
网址 https://www.ptpress.com.cn
涿州市京南印刷厂印刷
◆ 开本：720×960 1/16
印张：22.25 2024 年 12 月第 1 版
字数：300 千字 2024 年 12 月河北第 1 次印刷
著作权合同登记号 图字：01-2024-3692 号

定 价：79.80 元
读者服务热线：（010）67630125 印装质量热线：（010）81055316
反盗版热线：（010）81055315
广告经营许可证：京东市监广登字 20170147号

谨献给企业经理人：

感谢你们与我分享知识，感谢你们给予我信任。

与其说此书是我写给你们的，

不如说此书是你们与我共同写成的。

推荐序一

柏唯良教授是国际知名的市场营销学教授。他在中欧国际工商学院讲授市场营销课程时，一直是较受同学们欢迎的教授之一。

柏唯良教授的教学有三大特点。

（1）与时俱进。柏唯良教授每年都会在讲课中增添新内容，确保他的课程内容始终处于营销学的前沿。

（2）密切结合实际。他将每个概念与丰富的案例和故事相结合，并致力于不断充实中国经济改革和发展的实际内容。

（3）讲课生动幽默。他内心对年轻学者充满深深的爱，在师生互动中把市场营销学讲活了。

因此，中欧国际工商学院的同学在学习了他的课程以后，能够及时将所学内容应用到自己的企业实践中；许多年后，校友在聚会时仍会津津乐道这门课是如何让他们赚取更多利润并取得成功的。

如今，柏唯良教授的这本专著已经出到第3版了，更多新时期的企业家和职业经理人也有机会领略这位教授的风采。我相信这本书一定会继续获得广泛的赞誉。如果不信，请买一本读读看；如果不读，这一定会成为你的一大遗憾；如果读迟了，你总有一天会拍案叫悔："要是早读了这本书，当时那个项目（或者机会）我就不会错失了！"

最后，祝你成为成功的读者！

刘 吉

中欧国际工商学院名誉院长

2024 年 9 月

推荐序二

▶ **融会贯通，大道相通**

19年前，柏先生告诉我们"细节营销"的精妙之处，现在，他又精益求精，对自己有了很多"破"和"立"。这是"发现、测试、完善、科学管理"的再生之旅，也是学问家、企业家的达善之径。

这本书中的内容主要来自柏先生的工作实践。他将一些传统理论与具体实际相结合，推陈出新，将理论的应用推到一个新的高度。他以营销专家的视角带我们观察，以轻松的笔触剖析我们当前的营销。"你可以借鉴任何行业、任何公司的成功经验"，类似的观点在书中比比皆是。

正可谓学以致用，很多企业都在让4P和客户体验4C融合，努力找到并留住优秀顾客。作为一个每天要用实践不断否定昨天的思考者，我非常赞同"在市场营销领域，没有一个道理是永远正确的"这一观点。理论一定要结合实际，因地制宜，因势利导，变通制胜。

市场营销之道是什么？柏先生在书中笑谈为"道之道为何道"，这颇让人想到中国的一句古老的名言"道可道，非常道"。可见真正的领悟，就是上善若水，中外贯通。

柏先生是一个善于启发大家思维的人，他用了很多真实经历、企业案例等告诉我们："爱你的产品，爱你的客户，爱你的市场营销。"

这个"三爱"原则的关键，不仅在于情感上的投入，更在于改变从客户口袋里掏钱的理念，真正树立帮助客户成就自身的共赢模式。"己欲立而立人，己欲达而达人。"自己想站得住，先要使别人也站得住；自己想做到通达事理，先要使别人通达事理。

这让我想起了商人破陶的故事。某商人赶路，不巧路堵了，原来是运输大陶缸的队伍卡在路口，进出不得。大陶缸不易搬挪，各种办法都行不通，所有路人都只能傻等。商人得知情形后，拿出自己身上所有的银子作为补偿，让人把陶缸都砸碎了推下山去。尽管付出了一些钱财，但大家得到了方便。给别人铺路，也是给自己铺路。

这是中国传统的"舍"与"得"，也是中国商人较早的营销哲学——"施比受好"。市场营销不是简单的买卖，它也是讲境界的，高层次的市场营销就是能达到"无我之境"。

作为企业个体，我们自己也在要求自己不断登堂入室，寻找更佳门径。以前伊利推出了三法则：厚度优于速度；行业繁荣胜于个体辉煌；社会价值大于商业财富。提出这三法则的目的，不只是强调伊利的责任，更是要提醒自己"在路上"，苟日新，又日新，日日新。

融会贯通，万物相通。今天，柏先生用大家喜闻乐见的语录体与我们分享了很多新的变通之术。在世界充满不确定性时，变即不变，应以不变应万变。"爱你的产品，爱你的客户，爱你的市场营销"，更显其特别价值与意义。

对读者而言，和柏先生一起思考这份特别的价值，也是一件很愉快的事情。

潘　刚

内蒙古伊利集团实业股份有限公司董事长、总裁

2024 年 10 月

前　言

我在亚洲、欧洲和美国从事咨询与教育工作，客户中有许多是全球化公司，比如IBM、通用电气公司（GE）、可口可乐、索尼、巴斯夫、伊莱克斯、汉莎等；还有一些是中国企业，如平安、联想、vivo、三明、光明、网易、阿里巴巴等。

我也辅佐小公司，比如Dial One（美国一家加盟连锁店），也为新创企业提供咨询，甚至还为我在新奥尔良的钓鱼营地（卡特里娜飓风之前存在）对面的酒吧出谋划策。那么我能教给那些管理者和创业者什么样新鲜、实用的东西呢？我如何找到对于我的客户来讲有新意、有意思的材料呢？

我博览群书，同时也从咨询工作中学习新知识。此外，我最重要的知识来源便是我的教学工作。教学相长，我大部分的知识都来自我教的那些经理人。他们告诉我什么是错的，什么是对的，什么是新的。我的角色，主要为经理人互相学习过程中的中间人。这大概也就是为什么这些经理人觉得我们的讨论交流十分有效，启迪性强、实用性强，在开阔视野的同时又可以马上指导实践。

上一版《细节营销》在2009年出版。时光荏苒，白驹过隙，这十多年来发生了很多事情：数字时代来临了，新的组织形式不断涌现，老品牌谢世了；新产品上市；新思想普及。市场营销领域也发生了很多变化，人、企业、经济都变了。我对该书的内容进行了相应的扩充和修改，以体现我的新思想，帮助大家更好地理解这个全新环境中的市场营销。新书有更多章节，有更多新例子，我也对原来的例子进行了更新；书中还有新的卡通插图。

认真阅读此书，你的生活和事业可能会更好，你的公司可能会更赚钱，你的爱人可能会更爱你，你的股票可能会更红火，你的一切都可能会变得更美好。因为，市场营销的核心就是一物换一物，物物相依，普遍联系，所以，一好百好，一切都会更美好。

祝君开卷有益，乐在其中！

柏唯良　博士

中欧国际工商学院 ① 战略与市场营销学拜耳教席前教授

---

① 2024 年是中欧国际工商学院建院 30 周年。据英国《金融时报》（*Financial Times*）公布的 2023 年全球 EMBA 课程百强榜单，中欧国际工商学院 MBA 课程已连续七年位居亚洲第一；其 Global EMBA 课程在 2024 年首次荣登《金融时报》EMBA 排行榜全球第一。——译者注

导　论

我们真的懂市场营销吗？个人计算机行业曾由几大巨头一统天下：IBM、苹果、惠普和康柏，另外还有一些大公司也在个人计算机行业中小试身手，包括飞利浦、西门子、东芝、索尼等。这些公司年复一年地投入巨额资金进行研发，改进产品和生产工艺。它们在市场研究、新市场开发和市场营销新方法方面，又花了多少研发经费呢？少之又少。

接着，出了个迈克尔·戴尔（Michael Dell），打败了行业中的其他竞争对手。他是如何获胜的呢？他没有发明更好的计算机，他的产品从来没有激动人心过；刚开始时，他也没有引发什么规模经济效应；他也没有分销渠道，商店拒绝经销他的计算机，于是他不得不走直销的路。

那么，他到底是如何胜出的呢？原来，他发明了一种更好的服务方式。你的计算机若是出了故障，你可以打电话给他，他如果不能在电话上指导你排除故障，就会第二天到你家或者你的办公室帮你维修。戴尔的送货上门，特别是送服务上门的新模式，正好满足了这个不懂计算机的新兴市场的需求。

还有，为什么那些生产个人计算机的大公司没有仿效戴尔的做法呢？当个人计算机公司的工程师们争相拆解研究对方的计算机，对其生产技术进行学习、仿照的时候，有多少市场营销经理拆解研究了戴尔的市场营销的新方法并加以仿照呢？即便有，也是极个别的。这些市场营销经理真正知道该如何做市场营销工作吗？他们尽职了吗？没有，他们没有。

当然，戴尔的故事是发生在很久以前的事了。今天怎么样？历史总在不断地重复。特斯拉刚起步时没有设置经销商。埃隆·马斯克（Elon Musk）

做了什么？他引用了戴尔的服务方式。

　　我有一个侄子，他买了一辆特斯拉的第一款跑车 Roadster。这辆汽车经常出故障（特斯拉还在学习中），但每当出现故障时，特斯拉都会派一名机械师去我侄子的家或办公室里，或者到车所在的地方去处理。如果有必要，特斯拉可以派人驱车到 500 公里外的芝加哥修理汽车。不使用经销商可以节省汽车售价的 20%，毕竟电动汽车比传统汽车需要更少的维护。特斯拉制造了一款变革性的汽车，而且为汽车制造商的销售和服务提供了一种变革性的方式。

　　每次我在讲课前，都会提醒听课的经理们特别注意那些他们认为能够付诸实践的理论与方法。我曾在哥伦比亚大学做一次半天的演讲，听众是三十多位高级主管，主题是"如何创造客户价值"。其中一个经理事后对我说，他在听讲的 4 小时中记下了 13 个他认为可以马上付诸行动的理论与方法。我受宠若惊，觉得那天短短 4 小时可以产生这么多良谋益策，令人欣慰。其实不需要这么多，如果管理者每天能获得一个良策，并在公司中实施，那么其投资在市场营销学习教育方面的时间和金钱就已经得到足够多的回报了。请在阅读此书时也同样关注那些能够付诸实施的理论与方法。

　　请准备好笔和纸。我不希望你在读完此书后说：这是一本我所读过的关于市场营销的最有意思的、娱乐性最强的书。我不是不同意你的这个说法，而是不希望你这么说。我希望你读完此书后能这么说：这是一本我所读过的关于市场营销的最有用的书，从现在开始，我会采取这些策略、实施那些行动，等等。我希望此书能改变你所做的事情、你做事情的方法，还有你思考问题的方法。我们先来看一下市场营销到底是什么。

目录

c o n t e n t s

第 1 章
重识市场营销

提纲挈领，吊你胃口

- 融会贯通，万物相通 ·
- · 懂 4C，方可用 4P ·
- · 营销的本质：万变不离其宗 ·
- · 寻找无题之解，开拓创新之道 ·

▶ 市场营销只是常识吗

我有一位教市场营销学的教授朋友。他曾经就职于一个负责风险投资的州政府委员会。当创业者在介绍财务或生产计划时，委员会中只有相关方面的专家会偶尔提一两个问题或建议，其他人都很安静。等讲到产品的适销性及市场营销时，场面却一下子活跃起来，每个人都踊跃参与讨论，俨然都是市场营销专家。

为什么每个人都是市场营销专家？因为大家普遍认为，市场营销只是在运用常识而已。遗憾的是，常识其实是最不平常的见识，每个人对常识的理解都不一样。如果市场营销不是常识，那么它又是什么呢？

这个问题的一种回答是，市场营销是市场营销经理们做的事情，或者说应该做的事情。从这个角度来讲，我们可以说市场营销是著名的 4P 和 4C。我们也可以说，很多公司没有市场营销，很多市场营销经理也不会做市场营销，因此不是每一个人都能成为市场营销专家，而是没一个人是市场营销专家。我会在本章中和大家探讨这些观点。

▶ 著名的 4P 和 4C，过时了吗

1964 年的一个早晨，密歇根州立大学的杰罗姆·麦卡锡（Jerome

McCarthy）教授一觉醒来，意识到营销所面临的所有挑战实际上都是一样的，都涉及产品、渠道、价格和促销。于是，他在其著作里提出了闻名于世的 4P 营销理论。而此前的教科书则惨遭淘汰，那些教科书中的内容通常都是按照消费品、工业品、服务产品、农产品等产品类别来编排的。[1]

麦卡锡的新教科书反映了一个普遍真理，那就是事物之间的不同是显而易见的，不过在这些不同表面的背后，万物都是相通的。古希腊人留基波和德谟克利特，于公元前 5 世纪做过这样的推理：如果将水、沙子、肉无限切分，最后得到的将是相同的不可分的颗粒。这些以不同的方式连接在一起的不可分的颗粒，被希腊人称为"原子"。

市场营销也是如此。不断切分，最后得到的都是相同的不可分的部分，它们以不同的方式组合在一起。比如，我们都知道，消费品的市场营销和工业品的市场营销之间的区别是消费者。消费品的购买者购买产品是为了自己获得满足，而工业品的购买者购买产品是为了生产更多的产品以满足下游客户。但我们也知道，在约会时，我们在化妆品、跑车、服装上花费的时间和金钱比结婚后要多。这是为什么呢？

这些额外的支出是提供给对象的产品的组成部分。婚姻是一种相对垄断的安排，因此婚后双方常常决定降低在"客户满意"方面的投资，这种决定也不无道理。从这个角度来讲，"美颜"行业也是一个 B2B[①] 的行业，即帮助客户满足他们的客户的需求。

又比如，一家公司购买一架新的喷气式飞机，或者选择红木制作会议室的护墙板，或者购买公务舱机票，这难道是为了满足其客户的需求吗？

一旦我们意识到其实万物同理，就会知道我们不仅可以从同行业的竞争对手那里学到成功的经验，而且可以从任何行业的任何公司那里学到经验。比如，贝宝（PayPal）的经历教会马斯克，是产品本身塑造了品牌，而非广告。所以特斯拉不做广告（或许现在做了）。

---

① 即 Business-to-Business 的缩写，指企业对企业。——编者注

小公司也好，大公司也好；消费品公司也好，工业品公司也好；国内的公司也好，国外的公司也好；提供产品的公司也好，提供服务的公司也好……大家都可以互相学习。我们有可能会从与我们最不相似的公司那里学到最有意思的经验。

—

你可以
借鉴任何行业、任何公司的
成功经验。

—

▸ ## 究竟是几 P 几 C

很多人试图在麦卡锡教授的 4P 营销理论之上再多加几个 P，比如"调查"（Probe），或者"人"（People），或者"实物证据"（Physical evidence）。我记得，这方面的纪录保持者是杰瑞·温德（Jerry Wind）教授，他在 1986 年[2]提出了"市场营销 11 个 P"的框架。不过直到今天，市场营销界的知识基石还是 4P 营销理论。

然而，挑战者依然存在。北卡罗来纳大学的詹姆斯·L. 奈特（James L. Knight）教席的广告学教授鲍勃·劳特伯恩（Bob Lauterborn）对 4P 理论提出了不同的意见。他指出，4P 反映的是生产商视角，而做市场营销的人总是敦促大家从客户的视角看问题。换言之，市场营销最主要的理论竟然违背了市场营销最主要的道理。

因此，劳特伯恩建议我们用 4C① 来取代 4P。他认为，4P 反映的是生产

---

① 4C 是指客户（Customer）、成本（Cost）、沟通（Communication）、便利（Convenience）。

商的视角，而他的 4C 才反映了客户的视角。[3] 他特别指出，我们应该关注以下几个方面。

- 产生需求的是客户，而不是产品。
- 便利，而不是渠道。
- 客户成本，而不是价格。
- 沟通，而不是促销。

他的意思是说，客户要的不是产品，除非他们有需求要满足；他们想要交通、娱乐、健康、赞美和尊重。但这太简略了。需求可以是复杂而微妙的。作为营销人员，我们应该像思考产品一样认真思考它们。当我们购买衣服时，我们不会对着镜子看衣服本身，而会想象一个朋友、公司面试官或其他我们在乎的人，看我们穿上这些衣服的样子。一个采购经理考虑的是他们的上级对他们即将达成的交易有什么反应，考虑的是自己不希望因新供应商无法满足采购条件而受到责备。这就是品牌在 B2B 商业模式中很重要的原因。正如俗话所说："买 IBM 的人不会被解雇。"

在用词方面，"便利"比"渠道"更好，因为"便利"更强调客户价值。不过你可能会想，给客户提供便利，不仅可以从渠道入手，从其他方面也可以，比如产品（搭配推荐）、价格（5.00 美元比 5.07 美元要便利得多，现在一些商家可能会在结账时免去零头，给消费者营造"占到了便宜"的印象）、促销（客户可以扫码获取位置地图和其他有用的信息，如停车、电话等信息）。

如今，商家提供便利以获取客户的销售模式屡见不鲜。卖生鱼片的商家会提供专门调制的酱油和芥末；卖简易家具的商家会提供工具，方便客户安装。在电子消费品领域，华为、小米等品牌更是提供了只换不修的售后可选服务，大大节省了客户往常用于维修的时间。

同样，我们要考虑给客户带来的总成本，而不仅仅是价格。这也是很有道理的。引用劳特伯恩的一段话："价格只是客户承担的一部分成本。比如你是卖汉堡包的，那么客户多买你一个汉堡包的成本不仅仅是几元，还包括他的等待时间、吃肉带来的良心不安，可能还有因为没有做顿像样的饭菜给孩子吃而受到的良心谴责。这样算来，你给客户带来的就不再是以最便宜的价格卖给他最大的汉堡包那么简单了。"

劳特伯恩说对了。有的时候，即使价格为零，对客户来讲成本还是太高了。多年以前，我在新奥尔良的一家汽车经销商那里买了一辆所谓"精选版"的捷豹。那是一辆开了 2 年的二手车，不过据称已经经过全面检查。[①] 结果，这车一身毛病，我不得不一次次地把它送到经销商那里修理。经销商总是兴冲冲地对我说："你只管把车开来好了，我们查一下这次又是什么毛病。"

经销商从未觉得每月一次把车开去修理、等备用车、取车对我来说是一种巨大的成本。虽然修车的价格为零，但是修车的成本还是太高了。从此，我决定再也不买那个汽车经销商的任何东西了。可见，客户承担的成本不仅仅是价格。

糟糕的产品本身就是一种负面推广。推广和传播也是不同的。来看看飞利浦的一则灯具广告，这种灯具专为方便阅读而设计（见图 1-1）。

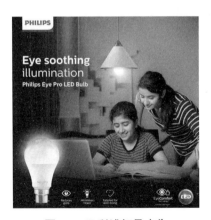

图 1-1 飞利浦灯具广告

注：图中宣传语英文为"舒缓眼部的照明飞利浦 Eye Pro LED 灯泡"。

---

① 我早该意识到，从汽车经销商那儿买二手车多半会买到一辆被人转手过的破车。一般人们总是把破车卖给经销商，而不是卖给亲朋好友。他们也不会把车卖给一个陌生人，万一他回头找你麻烦，那就尴尬了。

广告中展示了一个面带笑容的母亲和一个在开心学习的孩子。这是一种有助于推动销售的良好推广，而推动销售也是飞利浦所感兴趣的。但母亲关心的是如何帮助孩子学习。广告中还有一行图 1-1 未展示的文字（广告公司的创意团队有足够大的空间，其中一些文字被设计得很小，以至于你需要一盏好灯才能看得清楚）："要了解帮助你的孩子在学校表现更出色的另外五种方法，请扫描二维码。"现在，母亲们可以了解有关眼部疲劳的细节，比如为什么这盏灯可以减轻眼部疲劳；以及糖分会导致能量的起伏，其中的低谷会损害孩子的积极性，吃低升糖指数的食物，如苹果，最适合帮助孩子保持专注力和学习、考试的精力；如果希望孩子吃掉苹果，最好把苹果切片，等等。此外，这些内容中还包含购买这盏灯的链接。这就是传播——思考顾客正在思考什么。在数字化世界中，传播几乎没有什么成本，但它需要从推广到传播的思维转变。

"体验型"市场营销的流行趋势在数字化时代有增无减。所谓"体验型"市场营销，是指我们行销的应该是"消费体验"而不是"产品"。[4] 劳特伯恩的 4C 理论正好与此趋势呼应。特别在商品剩余时代，同质化现象日趋严重，我们提倡的不是哪个产品好，而是哪个产品带来的消费体验更好。新奥尔良的那个汽车经销商只看到他卖给我的那辆车不错，只看到自己在贵宾室提供的咖啡有多棒，而没有想到拥有那辆车的体验有多可怕。

劳特伯恩的 4C 是麦卡锡 4P 的"体验型"表现形式，不过我们不应该用从客户体验角度讲的市场营销组合——4C 来取代从厂商角度讲的市场营销工具组合——4P。没有 4P，也就没有 4C，二者我们都需要。

4P 和 4C 好比是市场营销里的最小结构，是不分行业、普遍适用的，因此一个行业的成功做法应该可以转移到其他行业。万物同理嘛！飞利浦的广告将"推广"变为"传播"的思路也适用于每个企业。

▶ 都是同样的 P 或 C

送货上门的模式对于销售额达到 10 亿美元的汽车经销公司卡尔·休厄尔非常有效。正如休厄尔本人在他的畅销书中所告诉我们的 [5]：

"假设现在是凌晨五点，你在家里准备出发，发现车胎瘪了……你只要打个电话，技术服务员就会开车过来……为你解决问题。"

公司会在凌晨五点开车过来帮你换轮胎，或者半夜到机场给你送钥匙，只因你的钥匙断了。这些服务休厄尔都不收费，他的解释是，只有朋友才会在半夜三更出来解救你，而朋友之间是不收钱的。他是如此大方，那他是怎么赚钱的呢？休厄尔解释道：

"开车去送钥匙比方要花费 25 美元。想想你获得客户的成本。在达拉斯，在交通高峰期，一家电台黄金时段的 60 秒广告费用为 700 美元。而花费 25 美元来帮助你打开车门，我可能会拥有一个终身客户。从一则 700 美元的广播广告中，我需要得到多少个终身客户呢？我需要 28 个终身客户（700÷25=28），从广告中获得客户的成本才与帮助客户一样……常识告诉我，我不会从一则 60 秒的广播广告中获得 28 个终身客户。"

—

帮助你的客户，
让他们的生活更方便、更舒适，
这样做会帮你省钱。

—

休厄尔在这里讲了一个十分重要的道理。他消除了渠道和促销这两个 P 之间的分界线。他认为服务好和电台广告是可以相互替换的！

只要客户需要，就随时随地提供服务，是他的渠道战略的一部分。有人可能认为，半夜三更提供免费上门服务会提高渠道战略的成本。休厄尔的想法是，半夜三更雪中送炭是成本效率很高的一项促销战略。这就说明了一个重要的道理；一个做法到底属于哪个 P，取决于你的视角。休厄尔认为提供免费上门服务不是产品、价格、渠道的 P，而是促销的 P。

我在密歇根的一个朋友买了一个大房子，他将其分隔成五套两房的简易公寓，每套公寓都有厨房和卫生间。但是，狭小而廉价的公寓吸引来的是不讲究的房客。他的时间都浪费在打发房客、修补遭到破坏的房间设施上了。绝望中，他赶走了所有房客，准备将房子改回原来的状态。这时，我给他出了个主意：在报纸的"单元房"而不是"公寓"的标题下打广告。他改造的那些房间，在单元房这一类里是最贵的。这样，他吸引来的房客都是些讲究人，他们在城里上班，家离城区太远，每天上下班不方便，因此会在城里租个房间。这个例子中，我那朋友的产品是个问题，但是解决这个问题的办法是调整促销以重新定义产品，这个解决办法要比直接改造产品便宜多了。可见一个问题及其解决方案不一定需要在同一个框架、同一个维度中。

假如你在新奥尔良有一个小旅行社，服务对象是说西班牙语的客户。你如何将这样的旅行社与其他旅行社区分开来？你会说西班牙语，可是其他旅行社也有人会说西班牙语。一般来讲，各家旅行社的票和票价都是一样的。在这种情况下，你如何使产品差异化呢？这家旅行社在当地西班牙语电台做广告，宣传它的回家机票储蓄计划：客户每月交付一定金额的储蓄金，1 年或 2 年后，他们就能收到一张回家的机票。这个办法十分成功，该旅行社的创建人施奈德先生不久后就收购了那家他在上面打过广告的西班牙语电台。可见，有时最高明的产品差异化战略可能是与众不同的定价战略。

—

一个问题及其解决方法未必处于同一个 P 的范畴。

—

▸　市场营销的四大战略

我建议企业可以采用图 1-2 中的框图来指导市场营销组合决策。这交织互通的框图告诉我们，对任何一个 P 的投资都可以提升所有的 C，这就反驳了人们长期以来对 4P 理论的批评意见：4P 组合是自相矛盾的，一边说组合，一边却将 4P 割裂开来讨论，缺乏整合和融会贯通。

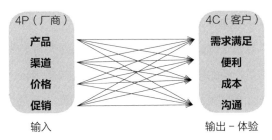

图 1-2　指导市场营销组合决策的框图

公司在培训讨论时，如果经理们拘泥于公司面临的问题，打不开思路，我就会请大家先别管那些问题，先看一下 4P，一个一个思考，看看在每个方面我们可以进行哪些改进，以提升 4C，从而提升公司的业绩。

这种讨论很有意思，你会发现，一旦你摆脱了这些问题的束缚，拓展了思路，就会才思泉涌，想出解决问题的妙策。也许这是因为，当我们不再死盯着问题，而是寻求解决方案时，我们就摆脱了思维定式的束缚，变得更有创造性了，我们就能够想到别人没有想到的。说到底，艺术创造就是没有问题的解决方案。例如，一首伟大的新歌，在它被谱写并问世之前，没有人意识到他们需要听这首歌，也就是说，这首歌解决了一个原本并不存在的问题。

我这样引导他们，他们就能想出很多好点子。还有一个原因：企业一般只会把研发与生产新产品、发明新工艺联系在一起，而不会将其与发现新市场和新市场营销方法联系起来。这个奇怪但广泛流传的观点在财新国际引述的一位行业专家口中得到了完美的阐释：

> "真功夫的成功在过去十年主要是因为其侧重品牌营销以及对餐饮技术研发的投资，而不是因为真正的创新。"[6]

我很高兴读到了这则评论，当时我的市场咨询公司 Haulte Marketing 与真功夫合作了一个重要项目，该项目完成于 2009 年，形成了一份大约 30 页的建议，其中一些建议可能被采纳。

但我对那位专家的观点并不太满意，他认为在与客户进行沟通和向客户交付产品的方式方面的研发投资不能被视为真正的创新。自 2010 年以来，中国经济数字化发展迅猛，这对大部分主要零售商，包括快餐公司，都构成了重大挑战。例如，曾经非常成功的家乐福未能跟上电子商务的潮流，不得不关店以避免破产。[7]

真功夫没有犯其他许多大型零售商犯过的错误，尽管专家认为其在电子商务和交付方面的研发投资不能被视为"真正的创新"。若不是公司出现广受关注的管理问题，我相信真功夫今天将成为一个全球性的成功品牌。当时，如果我没有记错，受摩根士丹利的支持，有很多关于该品牌进入美国市场的讨论（如公司进入国际舞台，我对品牌名称的建议是"禅功夫"）。

以上的 4P、4C 理论给我们提供了一个思考市场营销研发的良好框架，市场营销研发正是下一章要讨论的话题。

—

寻找无题之解，
开拓创新之道。

—

不过，在开启下面的章节之前，让我先说说营销计划，以便你阅读本书时脑中有一根弦。我的很多客户经常要我审阅他们的营销计划或参加他们的营销计划会议。其实，任何营销计划都（应该）包括以下三个部分，我称之为 TMT 原则。

- 对象（Targets）：谁是我们主要的营销对象？
- 信息（Messages）：针对不同的营销对象，我们应该传递哪些信息？
- 工具（Tools）：我们应该使用什么营销工具来传达这些信息？

　　下次开会分配市场预算时，你要记住这一点：在多数情况下，营销计划会议通常会详细讨论预算的额度和分配方式。是做传统广告还是数字广告，投放哪类媒体，是否涉及社交平台的使用，宣传册做不做，销售团队有什么意见……就这些选项，大家各显神通。对于是增加还是削减预算，不同部门之间会展开旷日持久的辩论，争夺预算。随着讨论的深入，人们往往把注意力转到对预算的争夺、对广告公司提案的评估和备选创意执行的辩论上，却往往将营销对象及所要传达的信息忘得一干二净。市场营销经理们会讨论哪个广告更有趣，喜不喜欢来自竞争广告公司的演示方案。不出意外的话，市场营销经理最终会做出一个不怎么样的战略决策，不过他们自己未必能明确意识到这一点。有时，这些决策甚至会由外部广告公司做出。电影和电视剧中的广告公司，往往会展示他们为客户提供的对市场的全新看法和新的战略方向。这虽然是现实，但不应该成为你的现实。

　　明确营销对象至关重要，但它不总是显而易见的，这一点也很少受到公司高层的密切关注。有一次，我负责一项关于中国消费者对避孕决策的调查。我们发现，避孕不只是女人的事，它还是男女朋友所做出的共同决定，因为他们总是一起去药店。我们试图了解"中国的年轻女性"，最终发现我们需要同时了解青年男女。结果是，青年男女通常会向药店店员们询问相关产品品牌。药厂内部在讨论和研究营销计划时，则将注意力主要集中在广告本身、线上和线下怎么投放，以及如何更好地了解医生和年轻女性上，对年轻男性和药店售货员的考虑则非常缺乏。我们在讨论要传递哪些信息、使用何种工具前，要确保对营销对象给予了同等的关注。

我再来举一个例子。布里德公司发明了汽车气囊，但汽车厂商却对此不感兴趣。布里德公司该怎么办？向汽车买家做广告吗？这种提议太过昂贵且战线很长。游说政府吗？在福特和通用强烈反对采用气囊的情况下，这种游说也很难取得实质性成效。布里德找到了一个更好的营销对象——汽车保险公司，让它们在不花一分钱的情况下体验到了气囊的好处。布里德去拜访了安联和其他汽车保险公司，它们喜欢这个产品。这是一场为期十年的游说之战，最终汽车保险业赢了，气囊从此变成汽车的必选零配件之一。保险公司是正确的营销对象。

　　在考虑营销对象时，我们始终要问自己一个问题：谁会从我们的产品中受益，他们如何受益以及如何帮助我们？不要把营销对象定义得太窄。当你想和某人结婚时，不妨也为他的母亲买一些礼物，如香水和花束。

　　传递怎样的信息是下一步。信息的内容应该与产品对营销对象的价值有关。电视的价值是什么？你可能会说电视没有那么重要，因为我们已经看向更小的屏幕。然而，即使在今天，电视仍然是家庭的"新壁炉"。人们会说"我几乎不看电视"。实际上，即使电视被关掉了，你仍然在看电视。让我来问你一个问题："假设你可以买到三星电视或索尼电视，也可以买到沃尔玛电视。想象它们是相同的，都是由同一家工厂的同一批工人使用相同的零配件生产的，但三星电视是沃尔玛电视价格的两倍。从理性的角度来看，你应该购买哪一种？"沃尔玛电视？好的。那么如何销售三星电视？"让我充当三星的销售员。我问顾客："你的房子值多少钱？假设是500万元。在你的所有房间之中，你与家人和朋友待得最多的是哪一间？客厅。在客厅中，最显眼、最重要的东西是什么？是沙发吗？不是沙发。你坐在沙发上10年，甚至不知道它的品牌。答案是电视，它是现代住宅的'壁炉'。那台电视上，最重要的几平方厘米是哪里？确切地说，是品牌名称。在你最大的'财政投资中心'内，你想向朋友、家人和潜在买家宣传'沃尔玛'吗？现在你知道为什么楼上、楼下的房子卖600万元，而你的房子却无人问津了吧。为了省点钱，你已经将自己和你最大的投资与'便宜联系在了一起。每个房地产开发商都会告诉你在房屋展示中放置最昂贵的品牌的产品，永远不要放最便宜的。"

　　我和我的 EMBA 学生经常做这种问答。然后，我问他们："那么，从理性的角度来说，你应该购买什么？"有时，他们会开玩笑说："沃尔玛。"这给我的下一堂课提供了机会："假设我只说服了 30% 的学生为三星电视额外支付 1 万元，我输了吗？不，我没有。这不是选举，我不需要 51% 的选票。那 30% 已经让我经济富裕了。我会把这些钱存入银行，然后回家在游泳池旁边喝啤酒，编造我的另一个故事，以吸引剩下那 70% 的人。"

—

认真思考
你的产品能为营销对象
提供什么价值。

—

　　产品的价值并不总是显而易见的，有时是不言而喻的。例如，为什么工业买家更愿意从知名公司购买产品？因为如果他们从一个不知名的公司购买了廉价的产品，那么出了问题谁会受到责备？是采购员。如果在与知名公司做生意时发生问题，责任谁来承担？是知名公司。坊间曾经流行一句关于 IBM 的口号，当然它不是真的广告，但仍然很有名："选择 IBM，你不会因此而失业。"

　　气囊的决定性价值在于它为汽车保险公司节省了钱。对于家用电器中高端品牌的产品使用者来说，产品的价值在于提升了使用者家庭的地位和形象；对于工业买家来说，知名公司的品牌名称或是长期合作关系的价值在于保证工作安全。

- 你可以借鉴任何行业、任何公司的成功经验。

- 帮助你的客户，让他们的生活更方便、更舒适，这样做会帮你省钱。

- 一个问题及其解决方法未必处于同一个 P 的范畴。

- 寻找无题之解，开拓创新之道。

- 认真思考你的产品能为营销对象提供什么价值。

第 2 章

市场营销研发

提纲挈领，吊你胃口

- 你的市场营销经理是否正在"置你于死地"呢
- 你的研发预算和经费划拨需要调整
- 猫爪杯与可达鸭的启示
- 将尝试进行到底

▶ 你有没有忽视市场营销研发

当一个企业的市场营销经理只是在装腔作势时，这个企业的市场营销研发就会很少，甚至完全没有。有时整个行业都没有市场营销研发，而且业内所有人都浑然不觉，这简直令人震惊。在某些行业，研发根本不是市场营销岗位职责的一部分。

市场营销研发是什么意思呢？为什么那么多行业、企业的经理都对市场营销研发避之不及呢？甚至有的时候他们都意识到了市场营销研发工作的重要性，为什么还是退避三舍？市场营销研发为企业的成功提供了最大的潜在贡献，不幸的是，它却是市场营销中业绩最惨淡的领域。在日益不稳定和不可预测的商业环境中，市场营销研发是企业提高竞争力、业绩和生存概率的最大机会。

你的企业应该怎样做才能培养市场营销研发能力呢？给每个员工发一份本章的内容可能是个很好的开始。

▶ 个人计算机行业

个人计算机（PC）行业的历史为全行业缺乏市场营销研发提供了一个典型的例子。1984 年，迈克尔·戴尔开始在他的宿舍里组装和销售个人计算机。到了 2001 年，戴尔成为全球最大的个人计算机公司，将当时许多规模更大、实力更强、名气更响的公司都扔进了历史的垃圾堆。当年，欧洲企业有很长时间都在观摩和景仰戴尔的成功，见证了它是如何战胜那些规模和财富都远超它的对手。不幸的是，没有一家欧洲企业具有合适的"智力基础架构"来尝试戴尔的做法，它们个个耐心地等着戴尔最后进军欧洲并大展宏图。

当然，这些公司很清楚戴尔在美国是怎么做的，但是它们的市场营销经理坚信戴尔模式在欧洲行不通。这些经理和他们的首席执行官们全然不知市场营销的职责就是想方设法让戴尔模式在欧洲也遍地开花，因此他们就安静、耐心地等着戴尔进入欧洲"斩杀"他们。戴尔来了，只稍做了些调整，就证明那些说戴尔模式在欧洲行不通的人彻底错了，欧洲的个人计算机公司深受重创。迈克尔·戴尔说：

> "他们给我的信息都是一样的：'我们国家是不一样的，你的经营模式在这儿是行不通的……'为了确保成功，我们当然也做了一些本地化调整……一些德国人不喜欢电话垂询，不过他们会发传真。"[1]

戴尔的模式在中国行得通吗？好像没有中国公司尝试过。这再次说明，我们缺乏市场营销研发。在一个小城市试验本应是很容易的。就像戴尔最初是从得克萨斯州奥斯汀开始做的一样。可是，中国和中国的消费者与世界其他地方太不同了。

对吗？我不知道。这就是为什么我们应该进行市场营销研发。1998 年，戴尔在中国厦门设立了一个销售、制造和支持一体化的中心。到 2004 年，戴尔成为中国第三大个人计算机销售商。

传统的个人计算机公司都有庞大的市场部门和经验丰富的市场经理。至少他们自认为如此。但是在太多公司和太多行业中，研发不在市场工作的职责范围内，负责市场工作的人也不觉得研发属于他们的职责。

—

找出世界上最成功的公司，研究它们的市场营销方法，调整修改，为你所用。

—

欧洲个人计算机企业对戴尔的辉煌成功和腾腾杀气视而不见，这是特例吗？恐怕不是。我当然知道公司会进行市场研究。许多公司聘请专业的市场研究机构来做它们的眼睛和耳朵。市场研究机构喜欢使用复杂和难以理解的统计数据来震慑客户，出具的研究报告也会被很快遗忘，几乎没有研究会关注管理者应该提出哪些问题。一个值得注意的例外是真功夫，当我询问对方想让我解决哪些问题或议题时，对方告诉我，他们没有无法自行解决的问题，我只需要看自己想看的一切，然后报告我的建议。

个人计算机的颜色原来都很难看，办公用计算机的常见颜色是灰色、白色、黑色。整整过了 20 年，一直等到 1997 年，史蒂夫·乔布斯（Steve Jobs）从其他行业再次回到个人计算机行业（一般回来的总是外部人），人们才知道原来个人计算机可以有其他颜色。整个行业、无数家公司、几百个资深市场营销经理、几千个"资浅"市场营销经理、大量的营销咨询顾问，整整抱怨了 20 年，说个人计算机行业日趋商品化、同质化，客户对价格太过敏感，价格侵蚀严重。他们还参加各种各样的行业大会、研讨会，研究宏观趋势，聘用消费者心理咨询顾问……简直忙得焦头烂额，他们从未想过消费者是否喜欢更刺激的颜色，也从未据此做一些用户测试之类。做测试的成本可比让高管们参加一个无用（却可能非常有趣）的研讨会的费用要低得多。

颜色可以改变，形状也可以改变。苹果将计算机隐藏在基座中（呈半个足球形状）以支撑屏幕，屏幕可以轻松地上下左右旋转，因此人们可以轻松地向同事展示并共享内容。埃隆·马斯克痴迷于他的擎天柱（Optimus）人形机器人的外观，这涉及特斯拉的另一个业务，他认为这将比汽车更有利可图。他坚持认为机器人的手指必须变细，以便让人感觉到机器人柔弱而无威胁。[2]

难道你只有获得一个营销博士学位才能想到用好看一点的颜色吗？汽车、手机都走过从颜色难看到颜色好看的路。"汽车、手机和个人计算机是不一样的。"我似乎听到某个市场营销经理又在那儿说这种熟悉的话了。我希望这不是你公司的市场营销经理，不然你就惨了。

后来，直到乔布斯回来，苹果才迅速推出了五颜六色的 iMac 计算机，有透明的绿色、橘黄色等，苹果的市场份额马上上升了几个点。为什么在苹果这样做之前，没有其他公司想到这个点子呢？我们的工程师们朝思暮想尝试新方法，而我们的很多市场营销经理是不会这样想问题的。[3]

苹果的透明彩色没有被竞争对手效仿，这不足为奇。不过，在 iMac 大获成功后，透明彩色在一些出乎预料的行业流行起来，比如园艺工具行业。[4]正如我前一章所讲的那样：你可以借鉴任何行业、任何公司的成功经验。

这种对竞争对手的发展视而不见、墨守成规或抵制变革的做法并非个人计算机行业独有。在各个行业中，这种情况很普遍。如果特斯拉发明了一种性能比以前提高一倍的新电池系统，竞争对手公司将很快购买这种新系统，它们的工程师将把它拆开，寻找其中的秘密。但是，当一家公司研发了一种新的营销方式时，竞争公司的市场营销经理却会视而不见。俄国著名作家陀思妥耶夫斯基警告说："要行事明智，光有头脑是不够的。"

—

在市场营销中，
小办法可以解决大问题，
不过你必须做个有心人。

—

▶ 人是一袋化学品吗

医药行业也有相似的"传统"，人们对非产品的属性关注十分有限，比如不太关注药品的品牌名称、产品形状、尺寸大小、颜色等。而实际上这些属性很重要，合适的非产品属性设置可以大大提高人们对疗效的相信程度。但是医药行业只关注研发，它们的研发只关注产品和生产工艺。

例如，有个药名叫戴安娜-35（Diane 35）[①]，有些医生会将本药推荐给有粉刺的女性。[5] 但是药名中的 35 这个数字好比是在说这种药针对的是年近 35 岁的女性，而不是 21 岁女性。那么这个 35 究竟代表什么呢？原来它是指每片药中含有 0.035 克的乙炔雌二醇。这在市场营销研讨会上是个颇具娱乐性的例子，但是医药行业却置若罔闻，不为所动。

还有，药物的疗效取决于患者是否正确地服用，比如是否随餐、是否水服。患者在收到医嘱称一天一片时，他们可能会问是早上还是晚上服用，医生可能回答说"无所谓"。如果患者只是一袋化学品，那么的确无所谓，但是患者是有决策能力的。所以，如果医生对患者说早上起床刷完牙就应吃药，患者可能会坚持服用，因为这种嘱咐比较容易使人养成长久的习惯。

对于许多药物来说，失去销售（以及患者死亡）的主要原因是患者过早停用药物。影响医药行业销售收入的一大原因是病人过早停服药物。一半的病人在 1 年之内停服降胆固醇的药物，70% 的病人 2 年内停服。[6] 如果我们研究一下如何帮助患者长期服药，如何让他们养成每日服药的好习惯，那么不仅可以挽救那些因未坚持长期服药而早逝的生命，也能帮助医药行业健康发展。不幸的是，这个行业一贯只关注厂内的事情，出了厂门的事就与它无关了。它关注产品和产品的生产，注重与医生的沟通，也会聘请广告代理公司制作广告，却对公司外部的情况，如患者的家庭情况等关注甚少。

[①] 即达英 -35。书中药物仅为举例，如有类似症状请去正规医院就诊并遵医嘱。——编者注

—

你的产品
离开工厂后情况如何呢?
去做研发。

—

▶ 市场营销工作不足者无独有偶

　　航空公司根本不管你下了飞机后去哪。其实它们可以在你到达目的地时通过电子邮件提供当地可选的交通信息，但是它们主要把精力集中在飞机上，而不是你离开飞机后会怎么样。有一次，由于班机延误，我在下飞机后为转机又在机场等了 6 小时，那家航空公司就是不让我进公务舱休息室。可见，下飞机时，漂亮的空姐和笑容可掬的飞行员在机舱口跟你说拜拜时，他们是认真的，可真的拜拜了，你就自求多福吧。

　　倒不是说航空公司不愿意帮助你，它们是没法帮助你，因为它们没有一个营销人员的岗位职责要求他们这样来帮你，他们也不知道自己应该这样做。他们帮助不了你，也帮助不了他们自己。斯坦福大学的杰弗瑞·菲佛（Jeffrey Pfeffer）教授指出，1974—2004 年，美国表现最佳的个股是美国西南航空公司。他进而问道："为什么整整 24 年过去了才有人仿效美国西南航空公司的做法呢？"[7] 这个问题问得好，答案也很简单：在那些航空公司中，没有一个营销人员的岗位职责要求他们这样来帮公司。

—

公司至少要有几个
真正的市场营销经理。

—

有一家领先的化工公司，每年的研发经费高达 10 亿欧元，我问他们每年市场和市场营销的研发费用是多少，那些经理根本不知道我讲的市场和市场营销的研发是什么。我向市场营销经理提出的一些简单问题证明了他们对自己产品的市场营销知之甚少，这些问题包括：高个还是矮个的销售代表卖得更多？市场营销经理不知道。如果客户公司的采购经理是位女士，那么你应该派个女销售代表还是派个销售代表去见她？如果采购经理是位男士呢？市场营销经理还是不知道。应该让一个人去和客户交谈，还是两个人或者更多的人？正确的答案应该是一个。太多的市场营销经理不知道这一切。那个你准备在接下来的 6 个月中花费 5000 万美元去做的广告，你的目标受众看得懂你要传达的意思吗？目标受众看了这个广告后，会更有可能去买你的产品吗？目标受众看了广告后，会意识到这个广告是你公司的广告，以及是宣传推广这个产品的广告吗？大多数公司在进行一个广告宣传活动之前，不会自行组织或请广告代理公司来组织预先测试。[8]

市场调研大部分是外包的，这在某种程度上构成了我们不进行创新的原因。我们付钱给市场调研公司去找答案，而不是发现新问题。这实在太糟糕了。如果我们告诉患者早上一起床就吃药，是否会帮助他们养成坚持服药的习惯？这些显而易见或者不那么显而易见的市场营销创新方面的问题，很少有公司能够想到，我们做得太不够了。

市场营销研发可以带来简单但极其重要的见解。它意味着跳出框框思考、进行思维创新、积极行动、乐于分析，并发挥想象力。它要求市场营销经理专注于寻找和创造营销知识和工具，以改善市场营销的质量，找到一些新的营销方法。它要求市场营销经理不仅要寻找正确的答案，还要寻找正确的问题。

—

寻找该问的问题。

—

▸ 逃避市场营销研发是提高事业安全性的选择吗

简单的办法可以带来显著的成效，但为什么很多行业都没有充分开展市场营销研发工作呢？我们可以从各种企业访谈中概括出 4 种解释。[9]

- 管理者不知道什么是市场营销研发；
- 管理者被"标杆倡导者、咨询公司和分析师们"迷惑了；
- 管理者讨厌不是他原创的点子；
- 管理者认为开展市场营销工作对他个人的事业发展不利。

我遇到过十分聪明的经理，因此我发现还有个同样有力的解释，那就是肯尼斯·加尔布雷思（Kenneth Galbraith）的名言："在任何组织中，和大多数人一起犯同样的错误比独自一人做对要安全得多。"[10]

独自一人犯独特的错误代价真的很高：假设你建议做粉红色计算机，然后失败了，粉红色计算机卖不出去，那么你在公司就出名了，大家都管你叫"那个做粉红色计算机的家伙"。下次你再提什么新建议，就会听到周围的人窃窃私语："又是一个像'粉红色计算机'的馊主意。"

公司好比金字塔。每一个身处其中的经理都可以有自己的选择，既可以专注于扩大金字塔规模，也可以专注于往金字塔顶上爬。那么，你认为哪种经理会更快地登顶金字塔？史蒂夫·乔布斯作为首席执行官，曾被自己一手创建的公司解雇，但随后又回来拯救了公司。埃隆·马斯克在其他任何公司都无法生存，更不用说有人会让他成为首席执行官了。在个体户公司中，成功只能通过扩大金字塔规模来实现。而在大公司中，成功是通过专注于攀登金字塔来实现的。成功的攀登不仅仅是做正确的事情。成功来自确保自己不因错误或某些未奏效的事情而受到指责。不幸的是，如此一来，最不具创新性的经理升到了最高层，而公司里没有谁能比首席执行官更富有创新精神了。现在你知道为什么大公司会一次又一次地被小公司击败和羞辱了吧。

　　我们应该奖赏那些勇于尝试提出点子的人，即使它们最终被证明不可行。其实做市场营销，人们只有通过尝试各种不同的方法、犯不同的错误，才能找到正确的道路。这和会计不同，你可不希望你的会计尝试各种不同的方法、犯不同的错误。但是，你要让你的市场营销经理去尝试、去犯错，你必须这样做。你要问自己这个问题：你的公司是否鼓励市场营销经理多尝试、多试验各种各样的新点子、新方法呢？

　　如果我们只朝一个方向看，那么我们会看不到另一个方向上显而易见的情况。如果我们只追求产品和生产的技术领域的创新，我们必然会错失市场和市场营销领域的创新机会。有时候，另一个方向上显而易见的情况可能是一个机会，比如苹果的彩色计算机；而有时候，另一个方向上显而易见的情况是正向你急驶而来、怒闪着大灯、装满了水泥的"大卡车"。

　　现在有人担心，创新本身也商品化、普通化了。不创新就会出局，这游戏就玩不下去了。柯林斯（Collins）教授在其《从优秀到卓越》[11]一书中指出，他的研究表明技术创新已不再是伟大公司区别于优秀公司的关键要素。这并不意味着技术创新不重要，而是说仅有技术创新已经不够了。史蒂夫·沃兹尼亚克（Steve Wozniak）构思了第一台苹果计算机，而乔布斯则包装、推广了它。

　　我们要超越技术创新，还要进行市场营销的创新，特别是在技术导向性强的行业里，市场和市场营销的创新往往是不存在的。我们要创造的是鼓励市场营销经理敢于和勇于尝试新方法。犯错是安全的，是必需的。想象你在招聘一位新的市场经理（或工程师、人力资源经理），你总要问："在你以前的工作中，有哪些尝试是不成功的？"如果他们想不出任何事情，你就知道他们是攀登者，而不是建设者。

　　那么你可以从哪里找到要尝试的新事物呢？中国古代有一句诗说得好："功夫在诗外"。懒惰的经验主义者总是被一些所谓的行业经验或者行业专家、顾问的声音所束缚，从来没有想过跳出来看一看、想一想。他们会告诉你，"在我们的行业里，一直都是这样的"或者"这种方法在我们的行业不起作用"。市场营销研发的重要性以及市场营销研发的秘密，其实用一个简单的词就能概括，那就是"尝试"。你尝试或许也会失败，但如果你不尝试，那么你可能会原地踏步或者被竞争对手击败。如果你积极从事市场营销研发，那么你很可能会领先于你的竞争对手。

幸运的是，市场营销研发就像产品研发。你可以做一些小规模的测试和试验来看看效果，这样做可以避免重大损失并将风险降至最低。2023 年 7 月，宜家中国宣称将关闭位于上海市中心的宜家静安城市店。这家城市中心店是宜家为面对深刻且快速变化的动态市场，不断复盘和灵活调整，以更高效的方式满足顾客需求的一种尝试。显然，宜家通过这一尝试，收集到了大量的数据信息，这家店在当前阶段基本实现了其目标。如果这家店非常成功，宜家会开上千家类似的店。由于它不够成功，因此宜家只关闭了一家店。当一个试验失败时，你就关闭它；当它成功时，你就可以将它推广开来。这不再是一个试验，而是你光荣的未来。

再举一个例子。2010 年，小米创新地建设了一支属于自己的社交媒体营销队伍。小米新媒体团队有近百人，其中负责小米论坛的有 30 人，负责微博的有 30 人，负责微信的有 10 人，负责 QQ 空间的有 10 人。当其他厂商还在痴迷于产品广告的时候，小米却悄悄地通过社会化媒体开启了新的征程。

小米规定，对于微博上的留言，客服人员要在 15 分钟内快速回应。创始人雷军当时都会亲自上阵，每天会花 1 小时回复微博上的评论。大多数首席执行官可能会说他们太忙了，没有时间做这样的事。如果他们更多地与实际用户交流，也许他们就不必再忙于做表面文章了。海量的问题、评论、建议，使得小米成为营销 MVP[①] 的鼻祖。小米的成功无疑是开发者与用户通过社交媒体进行沟通的结果。这种沟通使不断地实验和尝试成为可能。[12]

---

① Minimum Viable Product，指营销中的最小化可行产品。——编者注

不要让市场营销研发成为管理者事业发展的绊脚石。

▶ 怎么做

公司该如何打破原来研发只重视产品和产品生产的陈规，将研发扩展到市场和市场营销中来呢？我们如何进行市场和市场营销的创新呢？我们如何做到不只向内看，还要向外看呢？我的答案是，整合市场营销的 4P 和 4C，给市场营销经理布置专门的任务，让他们去寻找新点子、尝试新方法，无论是行业内还是行业外的，特别是那些能够打破市场营销 4P 的隔膜、实现融会贯通的新点子和新方法。

打破组织内部的条块分割，让销售部、运营部、市场部等各部门联合起来沟通协作，这有助于消除长期累积的摩擦和矛盾，但并不是每个人都会对此感到高兴。在公司组织的小组讨论中使用 4P-4C 框架提问题、解决问题，当然会很有帮助，但是对于相关负责人来说这是件很痛苦的事。大家会说，如果别人可以想出可行的解决办法，那么为什么负责此事的经理倒没有首先想到办法呢？经理们应被鼓励甚至可以被强制要求相互竞争。

加尔布雷思告诉我们，管理者往往喜欢从众，和别人犯同样的错误。他说，管理者深受"标杆倡导者、咨询公司和分析师们"的影响，所有建议、见地如出一辙。我猜管理者之所以愿意接受这种影响，是因为这样做符合他们自己的利益。这样管理者就可以和其他的管理者犯同样的错误了，很安全；而且要是在昂贵的咨询顾问的建议下犯了这些错，就更安全了。

我想我们首先必须搞清楚什么是市场营销研发，公司全体上下必须明白、尊重并接受以下道理。我们尝试的 10 个点子中，可能只有 1 个点子行之有效；新点子值得我们去尝试，我们不能因为之前尝试的大多数点子都以失败告终而对尝试本身持怀疑态度；首席执行官必须出安民告示，表明他对市场营销人员做好他们该做的工作这一点是非常重视的，他要对那些为了一时保住自己的饭碗而不惜牺牲公司利益的人，绝不手软。更大的障碍可能来自文化：把这一章的内容印发给你的经理们，人手一册，看看他们怎么说。

—

把这一章的内容印发给你的经理们，人手一册。你得要一下他们的反馈或者安排一个考试，否则他们可能不会读。

—

你要向竞争对手学习。研究你的竞争对手在营销方面哪里做得好，哪里做得不好；还要研究其他行业中被证实非常成功的营销模式。像比萨业的达美乐、个人计算机业的戴尔、汽车领域的特斯拉和智能手机业的小米，这些后进入市场的公司都是同行业内第一个只采用直销模式的公司，且都取得了巨大的成功，成了行业翘楚。而且它们的整体营销、沟通和服务策略都紧密配合这种商业模式。这些公司备受客户喜爱。了解他们在客户服务方面采取的政策和策略以及它们如何与客户互动，是大有裨益的。

也许中国公司不是太需要这些建议。小米取得成功后，OPPO 迅速建立了一加手机（OnePlus）。当小米创建了红米品牌时，OPPO 前副总裁李炳忠创建了独立的 realme 品牌。激烈的竞争、日新月异的技术变革以及动荡的全球政治、商业和经济环境，给那些允许市场营销研发创新的公司留下了空间。在中国，新观念传播迅猛，甚至比全球其他地方都更为迅速。例如，在餐饮业，萌宠已经成为一种社交货币，是硬通货。在星巴克猫爪杯大火了一把直至一杯难求之后，肯德基中国也适时推出了可达鸭。还有一些餐厅则进一步改良了这种营销创意，将萌宠元素直接融到用餐体验中。例如"ZOOSTEAK"动物园主题的牛排餐厅和 Hello Kitty 主题餐厅，它们广泛整合了"萌宠"元素，将其加入它们的品牌，创造了独特的餐厅形象，通过增加新颖性和可共享性吸引消费者。如今的年轻人，几乎对一切"萌宠"毫无抵抗力。从现实生活中的宠物到动漫中的萌宠形象，它们总能吸引一大批年轻人为此买单。值得注意的是，餐饮业外的企业也急于跟上萌宠潮流。青岛啤酒曾推出《夜猫子奇幻夜》《夜猫子的歌》等广告短片，通过一只猫将"夜猫子"具象化，一边为产品立"人设"，一边通过"夜猫子酿酒，酿给夜猫子喝"等广告语切中目标人群的饮用场景。

米勒啤酒则为跨行业借鉴创意提供了绝佳的示范。你还可以从中领悟那些自满企业为此付出的代价。美国烟草巨头菲利普·莫里斯（Philip Morris)（就是销售万宝路香烟的那家公司）收购了米勒啤酒。十年前，菲利普·莫里斯通过万宝路淡烟 [①]（Marlboro Light）取得了巨大成功。因此，当它收购米勒啤酒时，它推出的米勒淡啤（Miller Light）迅速成为行业里畅销的啤酒品牌之一。没有啤酒公司考虑模仿万宝路淡烟的概念。万宝路淡烟在广告中使用牛仔形象，以打消吸"淡烟"不够男人的观念。米勒淡啤在广告中使用橄榄球球员形象，以改变喝淡啤酒不够男人的想法。

从销售额的百分比上看，香烟行业花费了更多的广告费。非常高的利润率使得该行业能够更加容易地进行盈利的广告宣传活动。菲利普·莫里斯想知道投放更多的广告是否会增加啤酒行业的利润。难道这难以理解吗？实际上并不是。他们在一些城市将广告费翻倍，甚至提高到行业平均水平的 4 倍至 8 倍。结果发现，将广告费支出提高到 4 倍大大增加了利润。

---

① 特醇万宝路。——编者注

但没有任何啤酒公司尝试过翻倍或投入 4 倍广告支出的效果。米勒啤酒发起了一场广告战，百威啤酒很快也加入进来，许多传统老牌啤酒公司很快就倒闭了，留下了大约 5 家主要参与者。最后倒闭的那些公司可能每年都要开会决定广告预算。他们的市场总监可能进行了令人印象深刻的演示，指出通货膨胀、啤酒消费趋势、经济等，以争取提高大约 10% 的广告预算；首席财务官可能会辩称广告很重要，但利润也很重要，提议增加5%；[①]首席执行官承认二者都有充分的理由，决定增加 7.5%。会议进行得很顺利。他们都像孩子一样扮演市场经理，扮演父母，却不知道真正的父母是怎么做的。显然，他们当中没有人试图衡量与不同广告支出水平相关的投资回报。他们可能会认为："广告与销售之间的关系很复杂，因为有许多因素在起作用。"如果你是教授，那么这样说没问题，但当你经营一家公司时，这就不太适用了。你只须在一两个或三个较小的城市中将广告支出翻倍，看看销售额的增加是否能够证明这一成本支出的价值；而在其他一些城市中，则将广告支出减少一半，甚至完全停止广告投放。如果这些变化没有带来任何区别，那么可能存在广告问题，我们稍后再讨论。市场营销并不难，难的是克服自满的心态。

—

市场营销并不难，
难的是克服自满的心态。

—

也许这就是外行能够革产业之命的原因。例如，杰夫·贝索斯（Jeff Bezos）彻底改变了图书零售业，随后改变了全球电子商务的格局。PayPal 和 SpaceX 的创始人埃隆·马斯克使电动汽车成为今天的模样。移动电池制造商比亚迪在中国销售的电动汽车和混合动力汽车比特斯拉多。计算机

---

① 我不止一次听说"广告很重要，但利润也很重要"。当然，利润很重要。这就是我们做广告的原因。

公司苹果在智能手机领域获得胜利，而手机巨头诺基亚已经近乎退出市场。这里有一些建议：当环境、技术或社会等发生重大变化时，如果你想知道新游戏中的赢家是谁，不妨押注在外部参与者身上。

被日本人尊为质量管理之父的戴明（Deming）认为，影响绩效的主要原因在于系统本身而不在于个人。根据戴明的观点，把绩效的高低归因于个人并据此进行奖惩的做法是错误的。企业是一个为实现目标而组织起来的系统，就像一辆汽车，它的发动机和传动系统、轮胎等决定了它的速度，要想不断提高速度，只有改进系统，而不是换司机。可是，在我们的体系中，尝试对系统创新的意愿仍然稀缺，特别是对论资排辈的经理们来说。他们通过"走安全路线"才取得现在的地位，可能也不容易找到其他工作。

不幸的是，一种总想度量和监控员工行为能力的执念已经使盲目的绩效评估成为黄金标准，绩效评估不仅成为高层管理者的屏障，也成为了他们将责任推给下属的手段。从战略制定到战略拆解，从组织目标到个人目标，层层递进，一直延伸到个体，绩效评估和关键绩效指标（KPI）构成了一个看似无懈可击的计划，每个人都一丝不苟地遵循，而责任也被层层下推。

通用电气的政策是每年解雇 10% 业绩最低的经理。一个自然的结果是，当经理们看到同事做了一些愚蠢的事情时，他们可能会保持缄默。同样，当一位新经理接替我的旧工作时，我可能担心他会比以前的我做得更好。因此，我会倾向于不分享太多信息。一般来说，如果我们想在内部进行更多的合作，而不是内部竞争，我们应该寻找机会来奖励组织中其他经理或部门的成功。例如，一位宜家的店长向我解释，他们通常根据下一任店长的表现，决定是否为晋升到更高级职位的店长提供额外奖金。我之后的一任店长表现出色，这并不是对我职业生涯的威胁，而是一个证明，表明我在推动店铺未来的成功方面做得很好。也许首席执行官们也应该受到同样的鼓励？

—

要改变行为，先改变评价体系。

—

- 找出世界上最成功的公司，研究它们的市场营销方法，调整修改，为你所用。

- 在市场营销中，小办法可以解决大问题，不过你必须做个有心人。

- 你的产品离开工厂后情况如何呢? 去做研发。

- 公司至少要有几个真正的市场营销经理。

- 寻找该问的问题。

- 不要让市场营销研发成为管理者事业发展的绊脚石。

- 把这一章的内容印发给你的经理们，人手一册。你得要一下他们的反馈或者安排一个考试，否则他们可能不会读。

- 市场营销并不难，难的是克服自满的心态。

- 要改变行为，先改变评价体系。

第 3 章

以客户为中心的
市场营销

提纲挈领，吊你胃口

- 爱君者唯君耳
- 自知之明，虽不能至，心向往之
- 像"折磨"客户那样折磨自己，感同身受

▶ 营销之道

有一次我和一位朋友共进晚餐，他问我："什么是营销之道？"为了争取时间思考，我先反问他："道之道，何谓道？"他想了许久才回答我。我仔细思考了他的问题后，觉得最佳答案是这样的："营销之道是通过客户的眼睛看世界、从客户的角度看问题。"

遗憾的是，真正做到通过客户的眼睛看世界是不可能做到的。为了见客户所见，我们必须不知道客户所不知道的东西，可是知道了就是知道了，再抹掉我们所知道的是不可能的。对于我们自己的公司和产品，我们的了解总是比客户多。

我们看到太多的广告，只有做广告的公司自己看得懂。其中一个原因就是做这个广告的公司已经知道广告要表达什么意思了，做广告的公司知道得太多了。就像一个字谜一样，一旦你知道了谜底，你就很难想象为什么其他人解不开。因此，我们要通过客户的眼睛看世界、见其所见是很难的，因为我们已经知道的东西不能解释我们所不知道的东西。

所幸的是，市场营销就像打高尔夫球。赢球不需要完美的成绩，只要比竞争对手稍好一些就可以了。就算泰格·伍兹（Tiger Woods）也不可能连续击出 18 个一杆进洞的球。那么，我们该怎么做才能提高我们从客户的角度看问题的能力呢？本章提出 6 种办法。这些办法虽然不能直接帮我们解决问题，不能直接帮我们降低成本，也不能直接帮我们拉到生意，但是这些办法会提高我们通过客户的眼睛看世界的能力，从而提高我们做出正确决策的概率。

▶ 公司的价值在哪里

市场营销的经营理念认为，公司资产的价值取决于公司的客户。比如，油田在石油公司的账本上是一项资产，但是在千百年前，在人们尚未利用石油的时候，这些油田是一文不值的；等到哪一天（也许这一天不太远了），人们不再需要石油的时候，这些油田又将变得一文不值。没有客户，公司的账面价值最多只是虚构的历史产物。这就是为什么我们必须从客户的角度来经营、管理公司，这是唯一重要的事情。在市场营销中，我们知道，拥有好客户的人会有好结局。

负责人力资源的人可不这么想。他们认为，是员工创造了一家公司。换句话说，他们认为拥有好员工的人会有好结局。有一次，有人在挑战一个资深经理（人力资源背景），我听到这个人问这位经理他们公司的市场进入战略是什么。他是这么回答质疑者的：他计划招聘最优秀的人才，高薪留人，培养他们，组建精明强干的专业团队，等等。

然而，做市场营销的人的想法正好与之相反：好人找好事。他们认为，如果公司的市场营销战略错误百出，优秀的人是不会加盟这家公司的；哪怕去了也不会久留，因为这些人太聪明了。

财务人员的思维方式也不一样。比如，股票分析师试图和他们负责跟踪的公司的管理层搞好关系，以及时得到消息。而做市场营销的人则认为，这些股票分析师应该和他们负责跟踪的公司的关键客户搞好关系，客户对公司的看法比公司管理层对这个公司的看法更能说明问题。彼得·林奇（Peter Lynch）管理的麦哲伦共同基金业绩斐然。彼得就是根据公司的客户满意度情况来决定买还是卖该公司的股票的。[1] 从公司客户的角度而不是首席执行官的角度去判断该公司的价值，这种方法为彼得和他的投资者带来了巨大的财富。

—

一家公司的价值取决于它的客户。

—

▶ **从客户的角度看问题，做不到是常态**

不幸的是，以客户为中心，从客户的角度看问题，说起来容易做起来难，多半是做不到的；做不到是常态，真正做到反而成了例外。公司口口声声地说"以客户为中心"，听起来响亮、美好，"横幅标语高高挂，使命愿景众口夸，客户为先，客户为上"。然而，说归说，做归做，日子照常过。

有时银行在你上班后开门，在你下班前打烊。这给所有上班讨生活的人带来很大的不便，除了那些在银行工作的人。因为在银行工作的人从来没有碰到这样的不便，所以银行在改革上下班时间以给客户提供更多方便方面，做得是很不情愿、很不够的。

我在荷兰的银行发现，他们列出了一个中午时间不予办理的费力耗时的业务清单。我曾经认为，这样做的原因是中午总是比较忙。为了证实我的猜想，有一次我问了一个银行柜员，而她的答案是："因为到了中午，我们有的窗口办事人员就出去吃饭了。"

我在给一些移动通信公司做咨询或上课时，每次都发现，我是在场少数几个自己买过手机、付过账单的人之一，有时是唯一。对移动通信公司里每一个稍有头脸的人，公司都配备了手机。手机的品牌、型号取决于员工在公司的级别地位，账单反正都是公司付的。

汽车公司的首席执行官自己不选车买车，他们不会去开"柠檬车"（劣质车），他们也不用开车到经销商那儿维修。比尔·盖茨自己也不会为了解密微软的错误信息而浪费时间。跑鞋公司的高级主管也不用买自己公司生产的跑鞋，公司会免费发的。

　　企业里的经理，甚至是普通员工，对他们自己公司的产品和服务多半没有任何真实的消费经历，这在各行各业已是普遍现象。讽刺的是，你越是位高权重，你碰到以下情况的概率就越小：仓库经理从中作梗；客服系统十分折磨人，令你左等右等、七转八转；计算机信息系统错综复杂，变幻莫测；还有那每每逼人发疯的财务部。你越是位高权重，就越不需要买自己公司的产品，越不需要自己支付使用费。

　　一家公司若是缺乏从客户的角度看问题的能力，往往会制订一些荒唐的计划或发布一些令人匪夷所思的公告，其内容在旁人看来完全是痴人说梦。比如，国泰航空在其官网上宣称：我们将每一段旅程都视为乘客人生中最重要的旅程，我们会沿途缔造非凡体验，让每一位乘客都充分享受旅途中的美好。[2]如果你是国泰航空的机组人员或经理，利用公司的免费或大幅折扣机票与家人一起旅行，并在有空位时升级到商务舱，那么国泰航空对其服务的这一描述无疑是真实的。然而，从客户的角度来看，这种表述可能不够真实。有一次发生在国泰航空公司的毛毯事件就很有启发性。机舱乘务员以英语和广东话为工作语言为由，拒绝为一名听不懂这两种语言的乘客提供毯子。在这一广泛传播的公共事件中，甚至航空公司的工会也敦促公司解决客户服务问题。

　　那么破产的DVD租赁先驱百视达（Blockbuster）又如何呢？[3]百视达曾是世界上最大的DVD租赁连锁店。后来，新兴的奈飞（Netflix）打败了它，开始通过邮寄而不是开设实体店租赁DVD，后来它又开始提供流媒体服务。百视达拥有几乎所有与客户有关的数据。他们知道哪些是重度用户，清楚他们的姓名和地址甚至一切。他们本来可以进入邮寄租赁领域，并在一开始就击败奈飞，但管理人员没有看到邮寄租赁对客户的便利性。一家名为红盒子（Redbox）的公司还通过"DVD自动售货机"对百视达的业务造成了巨大打击。该公司向百视达介绍了这些自动售货机，并解释这样店铺就可以每天 24 小时不打烊，可以提供至少 50 部最畅销的电影。但百视达拒绝了。后来红盒子找到了投资者。很快，人们在美国的每家沃尔玛超市和每个购物中心的停车场附近都可以找到 DVD 自动售货机，而且价格要比百视达低得多（是 1.5 美元而不是 3.5 美元，我曾经是百视达的忠实顾客）[4]。当流媒体服务开始时，百视达再次落伍了，而奈飞毫不犹豫地拥抱了它，后面的情况大家都知道了。[5]

　　为什么百视达没有预见这一切？这是他们的行业，这怎么可能？很简单。我进行了一些研究，验证了我的猜测：所有百视达的员工每周都可以免费租赁 5 部影片，甚至可以在这些影片可供租赁之前的一周观看新上映的影片。当然，百视达的经理们没有从红盒子的低价格或 DVD 邮寄服务以及后来的流媒体服务的便利性中看到威胁。百视达的经理们有秘书，秘书可以免费将他们想要的 DVD 放在他们的办公桌上，这比让奈飞邮寄 DVD 更方便。百视达早期拒绝了与奈飞合作的机会，而当它尝试在流媒体领域独自竞争时，已经"为时过晚"。再见百视达。在美国，没有人比在百视达工作的经理们更不了解 DVD 租赁的竞争替代方案了。

—

如果你和你的客户生活在两个完全不同的世界，那么你就很难见其所见。

—

　　若公司或其经理也是顾客，会更有助于成功。2023 年 3 月 15 日，谷歌（Google）发布了一个通知，宣布不再销售智能眼镜 Enterprise Edition。[6] 谷歌决定终止该项目的原因是谷歌员工用户对这款智能眼镜缺乏兴趣和热情。谷歌通过提前退出来止损，它的第一批客户就是自己的员工。

再看看宝洁公司（P&G）推出的纸尿裤——它一度很不起眼，后来却大获成功。多年来，虽然公司一直有意打造这款产品，但产品的表现始终不温不火。宝洁没有放弃，年复一年地努力着。为什么呢？因为宝洁曾将纸尿裤交给怀孕的员工使用，而这些母亲乞求公司不要停产这一产品。在这里，公司也找到了成功的关键。宝洁的员工在宝宝出生之前就知道她们会使用纸尿裤，因此她们从不购买需要每天清洗和洗涤的普通布质尿布。宝洁决定在宝宝出生之前，向怀孕的妇女免费提供一个月的纸尿裤。纸尿裤成为宝洁历史上最成功的产品之一。在许多语言中，帮宝适（Pampers）[7]这一宝洁的品牌名称已经成为纸尿裤的代名词。由此可见，从公司内部了解消费者的观点是值得的。

但中国的情况有所不同，它提供了另外一种经验。宝洁进入中国市场之初并不顺利，公司的研究人员多次走访年轻的母亲后，发现大多数母亲并不使用纸尿布，更不用说一次性尿布了。不过，她们都迫切需要更多的睡眠，而一次性尿布实际上有助于解决这个问题。宝洁公司与北京儿童医院睡眠研究中心合作，对8个城市的1000名婴儿进行了研究，证实婴儿在使用一次性尿布时入睡速度快了30%，可以多睡30分钟，这改善了婴儿的认知发展，并给了母亲更多的睡眠时间。一场"金色睡眠"营销活动取得了巨大成功。虽然并不是每种文化都适用这一方式，但从客户的角度来看，奇迹总会产生。[8]

—

爱君者唯君耳。

—

不从客户的角度看问题，不设身处地、感同身受，不去体会一下你浪费他们的时间给他们带来的痛苦，其代价是巨大的。随着技术快速发展、新的商业模式出现以及风险资本变得充足，新的、资金雄厚的有力竞争对手迅速崭露头角，它们甚至来自完全不同的行业，比如智能手机领域的苹果或汽车行业的比亚迪和特斯拉，或者像优步、奈飞和亚马逊这样的新兴力量。在当今的商业环境中，不站在客户的角度看问题就像在蒙着眼睛开车，而且你的盲点会随着你的成长和成功而变得越来越多。以下是帮助你消除盲点、从客户角度看问题的 6 种方法。

—

感同身受，
体会客户的痛苦。

—

▶ 从客户角度看问题的 6 种办法

办法 1：看清现实

我曾向一家快速消费品公司的首席执行官提交了一份市场调研报告。我坐在他的办公室里，看到四周漂亮的玻璃橱窗，里面有精美的射灯、镜子，其中陈列着该公司的产品。我向他指出，他每看那橱窗一眼，就是在蒙蔽自己一次。在现实世界的商店里，客户看到的产品琳琅满目，他的产品最多只占其中 15% 的空间，而且，有的竞争对手公司的产品酷似他的产品。

我请他帮我一个忙，将那些漂亮的玻璃橱窗撤掉，换上一般超市里那种陈列他和其竞争对手产品的货架。他听取了我的意见。现在，每次他抬眼看自己的产品时，看到的都是现实。我想，这会大大改善他的判断力。而且，这样一来，他的市场营销经理就知道了：老板了解现实状况，也想知道现实状况，这对公司没有坏处。

—

看清现实。

—

办法 2：找离你而去的前客户谈谈

倾听他们是怎么跟你说的，找出他们离你而去的原因。不高兴的客户虽然不会让你觉得心头暖暖的，但是他们会让你了解很多信息。向记者学习，去采访政客的前妻，而不是现任夫人。一家信用卡公司美信银行（MBNA）要求高管每个月必须花 4 小时接听客户电话，包括那些打电话来取消信用卡的客户。毫无疑问，这样了解的情况比阅读市场调研公司制作的一份精美的调研报告所了解的情况要全面和准确得多。[9]

—

找你的前客户谈谈。

—

办法 3：至少一部分销售人员、市场营销人员，甚至新的首席执行官应来自客户

许多公司已经这样做了。IBM 就任用了它的一个老客户——路易斯·郭士纳（Louis Gerstner）做首席执行官才挽救了整个公司。IBM 内部每一个人都认为，IBM 必须快速拆分才有一线生机，其实整个计算机行业也都这么想。郭士纳对计算机几乎一无所知，对计算机行业也知之甚少。但是，他曾是 IBM 的客户，他知道（不经思考就知道）IBM 的主要问题就是产品和地区之间缺乏协调合作。这个问题的解决方法不是拆分，而是整合。[10] 那么，为什么 IBM 内部的人却没有看到这个道理呢？这正印证了苏东坡的一句诗："不识庐山真面目，只缘身在此山中。"

Container Store 是一家很成功的连锁商店，它过去 25 年每年的增长率为 20% 左右，它卖箱子、盒子之类的储物整理用品。这家商店吸引的是那种很喜欢整理东西、喜欢令一切井井有条的顾客。这家公司就从顾客

中招贤纳士。该公司的员工在商店里工作时会随身带聘用卡，如果觉得哪个顾客合适，就去说服他来公司应聘工作；如果这个人成功进入公司，推荐他的员工就可以拿到 500 美元的奖励。这个政策肯定行之有效，因为 Container Store 每年每平方英尺 ① 的销售额高达 400 美元，比行业平均水平高出 3 倍之多。[11]

—

从客户中招贤纳士。

—

办法 4：让你的客户帮你管理

举例来说，2010 年，小米公司招募了"米粉"② 作为其卓越智能手机操作系统 MIUI 的共同开发者。小米在每周五发布软件的新版本，让其粉丝社区有机会评估他们对不同功能的看法，并获知他们希望增加或减少的内容等。[12] 小米的开发人员与客户进行直接、即时的沟通，提供反馈，将这些粉丝从潜在客户升级为共同开发者、合作伙伴，共同努力创造最佳的中国版安卓操作系统。短短 7 年后，小米就成为全球最大的智能手机公司之一。诺基亚，通过其市场研究公司与客户交流并反馈客户不喜欢手机上有太多的应用和功能，可能就受益于小米让客户推动产品设计和功能优化的方法。[13]

广告，无论户外广告牌、数字广告还是电视广告等，通常都是在广告代理公司与其客户之间的会议上获得批准或被拒绝的，消费者并不在场。想象一下，一家消费品公司告诉其代理公司，拟议的广告将由消费者小组接受或拒绝；在收到这样的通知后，代理公司将尽力深入了解和吸引消费

---

① 1 平方英尺 = 0.092 903 平方米。

② 此处指小米手机的粉丝。——编者注

者，而不是公司的管理人员。

　　幸运的是，在今天的数字世界中，A/B（C、D、E等）测试会在一定程度上使客户参与其中，这只是一个开始。利用人工智能的公司可以将消费者行为转化为推动产品设计、定价、沟通等方面的营销决策力量。即便如此，通过互联网实现的小米主动方法仍然是例外而非常规。管理人员就像其他人一样，不喜欢被淘汰。

　　最近几年，元宇宙、数字孪生概念热度不减。其应用将为更加复杂的测试工作节省设计成本，同时又可拓展更大的平台给客户提供测试体验。

最了解客户的专家是客户自己。

办法5：做一做你自己的客户

　　如何失去你所在行业第一的地位？方法就是让你的客户对你产生厌恶。戴尔在某个时期决定根据客服代表帮助的客户数量来支付工资。很快，戴尔的客服代表们想出了许多方法，以便让客户挂断电话，包括像在对话中途挂断电话这样简单的技巧。于是电话的数量急剧增加，客户不得不不断打电话以尝试得到一个真正的答案。在谷歌搜索中，"我讨厌戴尔"很快就超过了"我讨厌苹果"或"我讨厌索尼"等词条的搜索量。"我喜欢戴尔"在互联网上几乎消失了（我曾经在为一家个人计算机制造商做的研讨会上，要求管理人员进行有关消费者喜好的简单研究）。戴尔没有从这场灾难中真正恢复过来。失去的客户喜爱是不容易恢复的。

　　打个电话给你自己公司的服务热线并求助，看他们会如何处理；感受一下他们是怎么折磨客户的。汽车厂商的高管应该亲自参与他们自己公司汽车的维护，而不是让秘书或公司去做。住一住你自己的酒店。在有的酒店住宿时，我打电话要冰块，5 分钟后，一个服务生来了，敲门取走原来的冰盒；又过了大约 5 分钟，他送来了装满冰块的冰盒。服务不错。

但是，你只要花 2 秒就可以想出一个效率更高的办法——让服务生带着装满冰块的冰盒来换我房间里的空冰盒，大多数酒店就是这样做的。这样，服务生可以省时间，酒店可以省成本，我可以得到更好的服务。那么，为什么有的酒店就是没有想到这个办法呢？

我猜这位酒店经理没有想出这个办法的原因是，他自己不住在酒店的客房里，他可能住在酒店的公寓里；公寓里有冰箱，因此他从来不用叫人送冰块。最近，我发现他们又有了一个变通的新方法：服务生带着一满盒的冰块，进门后，他掏出一把勺子，然后开始慢悠悠地将冰块舀到我的冰盒里，这令我大跌眼镜。

—
做一做你自己的客户。
—

办法 6：也做一做你竞争对手的客户

看看他们做事的方式有何不同，再想想为什么。接着讲冰块的故事。在北京的香格里拉饭店，服务生每天下午 5 点左右会往房间里放冰块，不管你有没有叫冰块，他们都会放。这样做效率是否更高呢？从成本的角度来讲并不合算。但是，每隔大约 30 分钟，冰块会融化，发出轻轻的嘎吱嘎吱的声音，提醒房客他可以喝一杯可口的冰镇威士忌了。也许香格里拉饭店早就发现，通过这个办法，饭店可以卖掉更多酒柜里的东西，而酒柜里的产品的利润是很丰厚的。

如果你向你的市场营销经理提出这样的建议，那么你要仔细听他怎么说。他也许会说，这个办法在你的饭店或你的公司行不通。解雇他吧，他对你的公司没有好处，他试图代替客户思考，将自己的想法强加于客户。一个优秀的市场营销经理会说，先在两层客房里试试，试一个月，再算一下结果，这样就算不奏效成本也很低。如果试下来发现这个方法非常有效，就可以把这个方法全面推广到酒店所有的楼层，推广到这个酒店管理公司的所有酒店，以后年年岁岁一直做下去。

顺便说一句，在解雇糟糕的市场营销经理时，一定要给他写一封赞不绝口的推荐信，好让他去你的竞争对手那儿效劳。糟糕的市场营销经理总是不做尝试，错失良机，危害不浅。

你要到你的竞争对手那儿购买产品，接受服务，这样才可以更全面、更深入地了解客户的视角，并且借鉴竞争对手的做法。如果他们的做法行之无效，你也不会失去什么；如果他们的做法行之有效，你的"印钞机"就会运转得更好。

—

也做一做你竞争对手的客户。

—

▶ **客户满意度的最大化不是我们的目标**

作为一种经营理念，市场营销教导我们要从客户的角度看问题，但这并不是说，客户满意度的最大化是公司的目标。公司的目标是利润最大化（在当今环境下，或许生存和寻找商业机会应该是更高的目标）。我们之所以从客户的角度看问题，不是因为我们爱客户，而是因为我们要更好地抓住客户。

市场营销学界（实际上是在美国市场营销协会的"市场营销新闻"上）

进行过一场毫无意义的辩论，辩题是"市场营销是指要爱客户还是要打击
竞争对手"，即要爱情还是要战争。有的教授说，要爱情；有的教授说，要
战争；还有一些教授说，可能既要爱情又要战争。实际上，你对你的客户、
竞争对手（还有供应商和同盟）都是爱恨交织的，既要爱情，又要战争。
人人都想付出最少，得到最多，这场游戏我们都在玩。

　　讲讲和客户的"爱情，双赢"，当然很好听。不过，只说双赢其实等于
什么都没说。所有的交易肯定都是双赢的。就算是"要钱还是要命"这样
的交易，取舍后的结果也是双赢的。但是双赢，到底你赢多少、我赢多少
呢？关于这个问题，"爱情、双赢"的理论没有给出答案，但这是市场营销
中的核心问题。

—

双赢是很好，但到底你赢多少、我赢多少呢？

—

　　发现客户的真正需求，使他们的满意度最大化，这并不是市场营销的
目标。著名的反管理哲学家迪尔伯特（Dilbert）对客户的真正需求有这样的
真知灼见："他们需要的是免费的、更好的产品。"[14]

　　如果你的客户真的对你十分满意，告诉你说，他永远不会去找你的竞
争对手，哪怕你的价格翻一番也不去，那你会怎么做？你会得出结论，他
太满意了，于是赶紧提价，价格翻一番。

　　实际上，你应该这么做：让你的客户足够满意，确保他不去找你的竞
争对手就好了。在此基础上增加的每一分满意度都应该伴随着价格的增长，
也就是你的利润的增长。

　　如果你能成功地让你的客户完全依赖你，让他无处可去，那么你就根
本不用考虑什么客户满意度了。甚至还有这样的可能：客户满意成了与你

作对的东西。像微软这样的准垄断者，将来业务的主要竞争对手就是现在的业务。如果微软现在已经让它的客户足够满意，那么它就会失去将来升级的业务。Windows Media Center 是一个用于播放音乐、视频和图像等多媒体内容的应用程序。在 Windows 8 中，微软宣布新系统不再包含 Windows Media Center，并建议用户转向其他应用程序。然而，一些用户对该应用程序十分喜爱，认为整个 Windows 系统的功能越来越全了，而这个深受客户喜爱的应用程序却被取消了。他们开始追究是哪一个经理决定这样做的，又是为什么。后来微软只得重新引入其媒体播放功能。[15]

有意思的是，《财富》杂志的信息技术专栏作家斯图尔特·奥尔索普（Stewart Alsop）曾指出，对于一些你必用的软件，比如 Word 和开始菜单按钮，设计师设计它的目的之一就是"气得你发疯"；[16] 而一些可用可不用的软件，比如 Trip 或者 Wechat，用起来却很顺畅。他想不通："是否有什么方法，可以让编写那些动辄气得人发疯的必用软件的微软人在工作时，能够像编写那些可用可不用的软件的人那样尽心尽力？"遗憾的是，微软软件"动辄气得人发疯"的特点反映的并不是微软的无能，相反，反映了它的聪明。顾客不断升级，希望新版本的软件能够运行顺畅。我正在使用 Word 写这本书，但一直被它搞得抓狂。我讨厌 Microsoft Word，但我仍然为它支付费用并使用它，只是因为每个人都在使用它。这也是为什么我是它的股东。因为微软没有顾客，只有"囚犯"。

—
你的市场营销做得越好，一家独大的机会就越大，客户满意度就越不重要。
—

- 一家公司的价值取决于它的客户。

- 如果你和你的客户生活在两个完全不同的世界，那么你就很难见其所见。

- 爱君者唯君耳。

- 感同身受，体会客户的痛苦。

- 看清现实。

- 找你的前客户谈谈。

- 从客户中招贤纳士。

- 最了解客户的专家是客户自己。

- 做一做你自己的客户。

- 也做一做你竞争对手的客户。

- 双赢是很好，但到底你赢多少、我赢多少呢？

- 你的市场营销做得越好，一家独大的机会就越大，客户满意度就越不重要。

第 4 章
市场营销有知识可言吗

提纲挈领，吊你胃口

- 知识是最好的货币
- 发现、测试、完善，科学管理
- 市场营销是概率游戏
- 管理你的赢面

▸ 做营销需要营销知识吗

有一种颇为流行的看法，那就是你不需要太多专业知识就可以做市场营销。要做会计、律师、外科医生、管道工、木匠、厨师等，你必须学习专业知识，也许还要通过考试，获得执业许可证，然后才可以开业。若是做市场营销，则你无须通过什么考试，也无须获得许可证，谁都可以什么都不学就做市场营销。

还有一种广为人们接受的看法是，市场营销的做法没有对错可言。太多的营销学教授都这么说过。然而，他们在听到学生投诉他们打分不公平时又觉得很奇怪。我就纳闷了，既然他们认为市场营销的答案没有对错可言，那为什么考试分数会给得有高有低呢？实际上，教授应该懂得更多才对。有时学生给出了很多错误的答案，比如，他们动辄喜欢降价，不考虑降价后竞争对手的反应，不计算或者不会计算降价对利润率的影响，不知道降价后销售要增加多少才能弥补降价对利润的打压。当然，虽然有时正确的答案不止一个，但是这并不意味着没有错误的答案。

在本章中，我将批判这种"我什么都不懂，为此我感到很骄傲"的态度，列举市场营销知识，举例说明知识如何帮助企业提高市场营销工作的成效。注意，市场营销知识的一大力量就是可以提高市场营销工作的成效，而不会增加成本。

▶ 谁都可以做市场营销

"谁都可以做市场营销"。至少，有一部分人会这么想。工程师、记者、英语专业的人常常从事市场营销工作，医院请医生做市场营销，计算机公司请计算机工程师做市场营销。这种做法，时好时坏。

美国马萨诸塞州前州长迈克尔·杜卡基斯（Michael Dukakis）从哈佛请了一个"才华横溢"的法律教授来组织他的总统竞选活动（可被视为一种市场营销）。在进行了大约 150 次广告宣传后，他从遥遥领先（领先 17 个百分点左右）落到了溃败的下场。这种事情是不会发生在会计、牙医、管道工、工程师或律师身上的。至少，几乎没有市场营销人员被请去做才华横溢的律师。[1]

人们认为，要成为一名律师至少需要掌握一些基本的法律知识。类似的职业门槛还有很多，但人们似乎无须掌握什么知识就能从事营销工作。实际上，在营销领域有很多知识需要掌握。不过，同样我们也可以说，假装成为一名市场营销经理要比假装成为一名律师或牙医容易得多。

市场营销中有很多知识等待人们去挖掘和了解。有很多做市场营销的人，对市场营销知之甚少，甚至一无所知。有太多的所谓市场营销经理只是在扮演市场营销经理的角色，好比 5 岁的孩子在玩过家家，你扮爸爸，我扮妈妈，他们其实根本不知道，自己的爸爸妈妈不会有某些行为。如果你正阅读此书，那么你很可能跟他们不一样。至少，等你读完此书，你肯定就不属于他们那一类了。

正如玩过家家的 5 岁孩子一样，缺乏市场营销知识的经理人不知道自己知之甚少。他们自认为市场营销没有知识可言。市场营销工作的结果，不管是好是坏，总能归结到一系列的原因上去。就算是一个无知的市场营销经理，也能很容易地掩盖事实、自欺欺人。真正的事实就是，他根本不知道自己在做什么。

相反，当牙医或者会计出错时，比如钻牙器钻穿了你的脸颊、账不平了，人们一眼就能看出来，这些错误太显而易见了。市场营销的这种模棱两可的特点太令人遗憾了。不过，正如我们将会看到的那样，市场营销中是有错误答案的。

然而，公司招聘负责市场营销的副总裁时，往往先根据简历挑选，然后让有社会学学位的人力资源经理面试，接着由工程师背景的首席执行官进行复试。然后通告全体员工的邮件就会发布称："新上任的市场营销副总裁经历丰富，阅历广泛，曾就职于多家著名企业，涉猎很多行业。"与此同时，这位新上任的相貌堂堂的副总裁正沾沾自喜。俗话说："当居民倾城出动赶你出城时，你一定要跑在队伍的最前头，这样看起来好像是居民游行欢送你呢。"这位副总裁可能正是这个跑在最前头"被欢送"的人。

多年来，我和很多公司打过交道，只有一家公司在准备聘任新市场营销经理前先请我考一下这个候选人。当然，考试不是完美的，不过市场营销中的一切都不是完美的。其实人生也一样，人生不如意十之八九。

—

确认一下你准备聘任的那位才华横溢的新市场营销经理是否懂市场营销。

—

接下来是一些关于市场营销的有用的知识。我希望此书能充实你的知识库。

▸ 人皆恨失

经济学的预期理论[2]发现：金融学唠叨不完的、所谓人们讨厌风险的说法，只说对了一半；另一半正相反，当人们面对"失"的可能时，更喜欢冒险，以规避损失。他们自寻风险，并愿意为此付出代价。行为经济学研究中有一个著名的例子，假设要你做如下选择：

甲：一定可以获得 3 万美元。

乙：有 80% 的概率可以获得 4 万美元，有 20% 的概率一无所获。

你如何选择？你可能与大多数人一样，会选择甲。然而，我们知道，从平均值来讲，乙选项更好，因为乙选项的预期值是 3.2 万美元。不过我们不是生活在平均数上，当你只能选择一次时，平均数就没有意思了。可见，大多数人愿意放弃可能得到的更多的收获，以消除风险。因此，平均来讲，我们可以得到 3 万美元，即为了规避风险我们欣然付出了 2000 美元的代价。

现在，再来看下面一组选择。

甲：一定会失去 3 万美元。

乙：有 80% 的概率失去 4 万美元，有 20% 的概率一无所失。

现在你会怎么做？面对如此选项，绝大多数人会选择乙，即平均来讲我们失去了 3.2 万美元。这次，我们同样欣然付出 2000 美元，不过这次是为了冒险。

有些市场营销工作者用这样的方式来达成其目的。新供应商向客户推销产品或向客户推销某种新产品，其实就是在请客户冒险。从一定程度上讲，人们为了避免损失，会甘愿冒一定的风险，所以，很多商家并不急于告诉客户买了他的东西会得到什么，而是告诉客户不买这些东西可能会错过什么。

一些汽车销售员、房产中介喜欢用这种方式来达成交易。"这辆车配你再合适不过了。不过，实话跟你说，你要是现在不马上买，肯定就与它失之交臂了。"（如果这个销售人员再加上一句"另有人看中了这辆车，他明天来买，这事儿我还没告诉老板"，那效果就更佳了。）供不应求，迫在眉睫，你知我知，他人不知，进一步强化了说服力。[3]

　　有一次，我妻子买了辆车，后来发现车贷文件须与我共同签字。我看了文件后发现，汽车经销商已经开着那车带她兜过一次风了，车贷上又加了保险费和维修担保费。我就致电汽车经销商，称除非他将保险费和维修担保费（这简直是对我的钱袋和智商的侮辱）去掉，不然我不签字。他们先打电话给我妻子，我妻子又打电话给我，她老大不高兴，说："那人说了，因为你，我可能失去那辆车。"笑话！美国总共有多少辆车？1 亿辆？后来，我妻子并没有失去那辆车。

—

告诉潜在的客户，
如果他不买会失去什么。

—

　　相比"讨厌风险症"，人们往往更容易有"讨厌失去症"。因此，一些营销人员会顺势而为，让客户产生难以割舍的情绪，从而避免因交易失败而造成损失。从表面上看，商家提供的越多，交易失败时客户失去的也越多。在这种情况下，商家的慷慨往往是得大于失。但我们也应该明白，过分利用客户"讨厌失去症"并不那么道德，因为这样做可能会影响客户的判断，使其做出不那么理性的选择，导致对方因小失大。

—

"讨厌失去"的倾向要强于
"讨厌风险"的倾向。

—

▶ **客户的注意力分散时，他们容易判断失误**

实验表明，当客户的注意力被分散时，他们倾向于跟着感觉走，不听从理性的指挥。巴巴·希弗（Baba Shiv）教授做了一个实验，让两组被试分别记两个不同的数字，一个是 2 位数，另一个是 7 位数。然后问被试要吃巧克力蛋糕还是水果沙拉。结果，记 2 位数的那组有 41% 的人要吃巧克力蛋糕，而记 7 位数的那组有 63% 的人要吃巧克力蛋糕。[4] 这就像是大脑在忙着记 7 位数的时候，就没有多余的容量去思考选择哪种食物对身体更健康了。

所以，一些商家会通过分散客户的注意力来促使他们做出非理性的决策。类似赌场这样的场合，从来不放舒缓的钢琴曲，就是因为他们不希望客户集中注意力思考该思考的问题。远离这些场合就是远离容易让我们做出不理智决策的环境。

由此可见，如果客户的注意力被分散，那么他们在做出购买决策时容易被其他不相关的因素干扰。一些商家会趁机利用这样的把戏来实现他们的目的。我想这是不道德的。我的职责是将所有可能对你有用的知识传授给你，借以提高你的判断力，从而避免跌入某些商家精心布置的陷阱；也让你不至于使用不道德的把戏"算计"你的客户。我觉得，我们市场营销界早该重视对客户的教育了，应该把我们传授给公司市场营销经理的知识也传授给客户。经济学是为所有人服务的，而市场营销只为管理者服务。比如，市场营销学术杂志总是强调一个研究成果对管理者的实践指导意义，却从来不谈对于客户的指导意义。

—

若客户的注意力被分散，完全跟着感觉走，那么他做出的判断未必是理性的。

—

▸ **情绪能影响人的购买决策，悲伤情绪尤甚**

有一部电影叫《婚礼傲客》(*The Wedding Crashers*)，里面的男主角们到处参加婚礼，在那儿可以结识女生。然而，他们有一个令人讨厌的朋友却告诉他们一个秘密，他说他更愿意去参加葬礼，因为在葬礼中比在婚礼中更容易结识女生。巴巴教授可能同意这个观点，他做过另一个实验，让被试回忆悲伤的往事，结果发现悲伤的往事也让被试选择吃巧克力蛋糕而不是更有利于身体健康的水果沙拉。[5] 同样，相对于喜剧，悲伤的电影会导致人们消费更多的爆米花。悲伤和不愉快的情绪抑制了理性的决策。[6]

快乐开心的情绪对于决策能力的作用则正好相反。比如一个快乐开心的人刚在付费电话里捡了一个硬币，他在决策时就会更有创造性，思考问题更加全面、缜密。[7] 在管理模拟游戏中，天性快乐的人会去寻找更多的信息，更全面地分析信息，做出更英明的决策。[8]（记住，提醒你公司的人力资源部去招聘开心快乐的人。）

—
悲伤也会抑制客户的
理性决策能力。
—

▸ **男销售对接女客户，女销售对接男客户**

研究表明，男员工向女上司申请加薪的成功率比向男上司申请加薪的成功率高；女员工向男上司申请加薪的成功率比向女上司申请加薪的成功率高。[9] 人的基因就决定了同性相斥，异性相吸。因此，很多商家会利用这种特性，安排男销售对接女客户，女销售对接男客户。

—

两性合作多于大战。

—

▶ **面对异性，一些人的计算能力会下降**

是今天拿 100 美元还是 1 年后拿 200 美元？你选择哪一个？如果你是男人，你的回答可能取决于我是否给你看了美女的照片。实验表明，男性在看了美女的照片后，选择今天拿 100 美元的概率就提高了。[10]

做这个实验的人用进化论来解释这种现象。根据进化论，男性最好的繁殖战略就是不放过任何一个机会。当男性处于这种心态时，他倾向于抓住眼前的机会，长远打算当然就靠边站了。

对女性来说，最好的繁殖战略是有长远的打算，盘算一下选择这个人或那个人的长期结果是什么。因此，女性对男性是否性感并不很关注，她们更关心的是 5 年后要修葺的屋顶、要支付的贷款。或许当一个女性觉得某个男性特别性感时，她反而会更担心屋顶和贷款的问题。

关于美女策略是否有助于营销的问题，人们已经争论了很长时间。简单回答如下：短期，有用；长期，没用。对于需要男性做长远打算的产品，比如人寿保险、园艺工具，美女营销也许没有用；相反，对于啤酒、香烟、赛车、发薪日贷款等产品，美女营销则可能有用。如果你想让男性即刻花钱而不考虑接下来 10 年可能面临的困境，如负债累累、遭遇车祸、罹患癌症等，那么不妨先让他看美女的照片。

—

让美女去卖威士忌；
让你的叔叔去卖保险。

—

▶　小请求和大交易

有一家我曾效力的公司有 200 名销售人员。该公司的老板是一个注重实践的科学家，他总是保持着好奇心，并进行一些有意思的实验。有一次，他听说一家上门推销的公司（彩虹吸尘器公司）让其销售人员在推销前先讨一杯水喝。据说，这个小小的请求提高了成交率。他就如法炮制，让他的销售人员中的 30 人在推销前先讨一杯水喝。几周后，他发现，这个实验组的销售业绩提高了 3%。接下来，他又让那个实验组要一杯软饮料喝。结果，这个请求对提升销售业绩毫无帮助，看来这个忙太大了些。

为什么小恩小惠会引出大恩大惠呢？别人给你一个小恩惠，就好比他做了一份投资，投资于他和你的关系。因为人皆恨失，每个人都讨厌失去一份投资，他害怕不给你后面的大恩惠会失去已经做的关系投资，所以就顺便给你大恩惠了。另一种解释是说，一个人给了你一个小恩惠，他会觉得自己肯定是因为喜欢你才这么做的，为了保持一致性，他会继续喜欢你，给你后面的大恩惠。

—

小恩小惠引出大恩大惠。

—

上文提到的老板是个很成功的生意人。让我们仔细分析一下他的思维方式。首先，他通过阅读和学习，了解其他公司的做法。当然，很多生意人都这么做。其次，对于这个做法是否适用于他，他没有妄下论断，而是想办法测试这种做法的有效性，想办法让这种做法适合自己的公司。他是一个冷静的、实干的科学家。最后，他还想办法改善了这种做法。

有的经理是真正的经理人，有的经理是假扮的经理人。比较一下有科学家作风的、开明的、注重实验的经理人和那些装腔作势的经理人，你就知道，后者在看到别人的做法后会告诉你："我认为这个做法在我们这儿是行不通的。我们的情况不一样，客户也不一样。"

—

发现、测试、完善。一个优秀的市场营销经理，应是一个冷静、实干、不断实验的科学家。

—

▶ 职业经理人应如何运用知识

市场营销学教你与市场营销有关的原理，至于如何运用，你就要靠自己了。当市场营销学教授看到学员不能学以致用，自己又无力回天时，常常痛心疾首，尽管许多同人已竭尽全力。我在此也教教大家如何学以致用。

在职场上，你有何求？你若尚未成为首席执行官，你所求的可能是在职业生涯中更进一步。那我们如何运用刚学到的知识帮你了却心愿呢？

人们十分讨厌失去已经获得的东西，你要让你的老板知道，如果他不提拔你，他就会失去你。然后，问一下你自己，你是巧克力蛋糕还是水果沙拉？你是一个品行不洁、表现不佳的员工，还是一个各方面表现出色、可靠而高效的员工？如果你的确不够格获得提拔，那么在讨论提拔的问题时，你就要想方设法分散老板的注意力，讲一些不搭界的题外话，或者讲讲你从小作为一个孤儿的悲惨成长经历，让老板感到悲伤。还有，你在要求上司提拔你前，先让他帮你一个小忙。比如，你可以向老板请一小时的假，提前下班去机场接你母亲。如果老板说"好的"，你就说"谢谢你"，然后接着说"不知当说不当说，但是我想是否可以谈谈关于我晋升的问题"。你的老板已经帮了你一个小忙，他会更倾向于帮你一个大忙。如果你的老板拒绝帮你这个小忙，就不要再问他晋升的事了，时机还不到。

—

市场营销成功的秘诀就是学以致用。

—

何谓知识？也许你看了上面的建议后心里在想："这些招数不是每次都管用的。"如果是这样，那么你很可能是个工程师。对工程师来说，这些市场营销的东西听起来根本不像真理或知识。他们觉得困扰的是，市场营销的真理并不永远是正确的；实际上，市场营销的真理常常是"不正确"的，有的真理甚至是大多数时候都是"不正确"的。对于硬科学来讲，如果一个道理不能保证永远是正确的，那么就不算是真理。对于工程师来讲，100厘米永远是 1 米。因此，当我说"女人买日用杂货"时，一个女工程师可能会说："不对，我们家是我丈夫买日用杂货的。"

但是在市场营销中，没有一个道理永远是正确的。在市场营销中，当我们说"这是正确的"时，我们的意思是"它已经足够正确了"或者"从实用的标准来讲，它可以被奉为真理了"。"信而行之，胜于不信而不行之。"

—

在市场营销中，"正确"的意思是"足够正确"。

—

因此，如果一个销售员在先讨一杯水喝后业绩有所提高，我们就可以推论，他人帮你一个小忙后，更有可能帮你一个大忙。这种可能性的提高可能是从 1% 提高到 1.25%，这意味着在 99.75% 的时候，要一杯水喝对于客户的决策没有任何影响，但是这也意味着要杯水喝可以使你的销售收入上升 25%（而水是免费的）。

做事正确并不能保证成功，但是能够提高成功的概率。

—

在营销中心，
你的任务是发现、产出、
借助以及应用营销知识
去提升你成功的概率。

—

- 确认一下你准备聘任的那位才华横溢的新市场营销经理是否懂市场营销。

- 告诉潜在的客户，如果他不买会失去什么。

- "讨厌失去"的倾向强于"讨厌风险"的倾向。

- 若客户的注意力被分散，完全跟着感觉走，那么他做出的判断未必是理性的。

- 悲伤也会抑制客户的理性决策能力。

- 两性合作多于大战。

- 让美女去卖威士忌；让你的叔叔去卖保险。

- 小恩小惠引出大恩大惠。

- 发现、测试、完善。一个优秀的市场营销经理，应是一个冷静、实干、不断实验的科学家。

- 市场营销成功的秘诀就是学以致用。

- 在市场营销中，"正确"的意思是"足够正确"。

- 在营销中心，你的任务是发现、产出、借助以及应用营销知识去提升你成功的概率。

第 5 章

客户质量

提纲挈领，吊你胃口

- 明确客户质量
- 进行客户分类
- 管理客户组合

▶ 优秀的客户

工厂的职责是制造优质产品，市场营销人员的职责是创造优秀的客户。公司必须确定并衡量客户质量，市场营销经理的报酬应该取决于他们在维护和提高客户质量方面的表现。尤其当竞争加剧、产品日益同质化时，公司的竞争优势将越来越多地取决于客户质量的差异。

前文中，我强调过研发也是市场营销工作的一部分。市场和市场营销研发人员的重要职责之一是寻找并留住优秀客户。在后面的章节中，我还将强调获得比竞争对手更高的价格也是市场营销工作的一部分，而获得更高的价格是获得优秀客户的一个结果；更高的价格转而又能使我们获得更高的利润，以便做更大的投资留住我们的优秀客户。市场营销的一切工作都应该围绕一个核心，那就是如何找到并留住优秀的客户。产品之外，是我们的客户决定了我们是谁、我们为谁而工作。

▶ 市场营销的职责是创造优秀的客户

产品销售给谁的问题很重要。我们（财务分析师）会比较各家公司的产品、规模、销售增长率、资产、债务、劳资关系、生产成本等，却很少比较各家公司的客户。

沃尔玛和奥乐齐、京东和天猫的购物者的平均收入、年龄、教育程度有何区别?

　　从 A 供应商那儿采购的公司和从 B 供应商那儿采购的公司,它们的平均增长率有何区别?

　　沃尔玛购物者的平均年龄在上升吗?凯迪拉克的购买者的平均年龄在下降吗?

　　如果你要判断一家公司的价值和前途,就应该看一下与这家公司的客户质量有关的数据。我确信,公司的客户质量数据以及客户质量变化方面的数据比财务数据更能预测这家公司的当前业绩和未来前景。

　　财务分析是把历史伪装成预测。在今天,大多数公司仍然缺乏系统化的客户质量评估方法以及积极的客户质量管理。即便是拥有庞大的 IT 运营的成熟组织也可能对此一无所知。美国最大的银行之一美国第一资本(Capital One)不久前给我发来一封电子邮件,要求我确认我的收入,以便考虑提高我的信用卡额度,尽管我并未提出请求。显然,他们的信用卡业务与他们的银行业务相互独立。他们的银行部门知道我在美国的收入情况,还知道我更常用的是摩根大通信用卡,而不是第一资本的信用卡,而且他们知道我每个月都自动支付两张卡的账单,这持续了大约 20 年。按理说,我应该被评为 A+ 级客户,他们应该想方设法从摩根大通那里夺走我的业务。银行运营拥有对数百万名信用卡客户进行排名所需要的所有信息,但在信用卡运营的营销部门中,显然没有人考虑过要求使用这些数据。这封电子邮件真是个愚蠢的侮辱。人工智能(AI)若缺乏人类智慧的引导,是行不通的。

　　公司应该对客户进行分类和排序,就像人力资源部门对员工进行分类和排序一样。市场营销的职责就是确保把公司的产品卖给优质客户,不断提高客户组合的质量。我们根据一个人的朋友去判断他是什么样的人,识其友而知其人;同样的道理,我们应该根据一家公司的客户去判断它是什么样的公司。

—

根据公司的客户判断
这家公司的情况。

—

关注客户质量的提高，在这种理念的引导下，我们在短期采取的措施不仅可以立竿见影，而且在长期也会让我们受益匪浅。我来解释一下。

当对基础材料，比如铜的需求猛增时，澳大利亚的一家大型基础材料生产商对它的中国经销商说："我们不再需要你的销售队伍和市场营销团队了，我们的产品供不应求了。来自中国的客户都要把我们悉尼公司的大门敲爆了。"于是，它提出要大大降低经销商的佣金。该经销商碰巧是我的EMBA 学生，他来请教于我。

为了明智地应对这个生产商，我们首先要考虑的问题是：这个生产商说得对吗？当供不应求时，销售和分销人员的工作该不该变成简单地接受订单呢？在卖方市场中，营销工作没有那么重要吗？当我又一次在一个研讨会上提出这个问题时，与会的经理们都认为"是的，当产品供不应求时，市场营销工作就没那么有必要了。"

—

常识错误：
在供不应求时，市场营销工作的
必要性下降。

—

假设你工作的报酬在 1 月是 30 美元 / 小时，在 2 月是 15 美元 / 小时，那你会不会一直等到 2 月才工作更长时间，毕竟 2 月多工作的必要性上升了？显然你不会这样做，相反，你会在 1 月就尽量多干活，在 2 月多休息。市场营销工作也是一样，当需求旺盛时，市场营销工作的必要性是下降了，但与此同时，市场营销工作的回报却更为丰厚了。让我解释一下其中原因。

生产创造产品，营销创造客户。一家公司的产品质量更高会提高公司的竞争优势，同样，一家公司的客户质量更高也会提高公司的竞争优势。在普通商品市场上，各家公司的产品基本上是同质的，铜就是铜，没什么区别，但客户肯定是有区别的。有的客户：

- 财力更雄厚；
- 有更长的预期寿命；
- 比行业平均水平增长得更快；
- 需求更为稳定；
- 有更高的推荐价值；
- 服务成本较低；
- 有更低的价格敏感性；
- 与公司的关系更为紧密。

如果两家公司的产品一模一样，而客户质量不一样，结果会很不一样。与日益萎缩和老龄化的日本市场份额相比，快速增长的亚非新兴消费市场份额价值如何？同样是客户，一个持续稳定地向你采购，另一个老是换来换去，要找更合算的货源，哪个价值更高呢？同样是卖酒，如果你的客户都已 70 岁高龄，我的客户才 20 岁，难道我的前途不比你的前途看起来更光明吗？

因此，再问一下，在供不应求时，我们需要市场营销吗？当然需要！供不应求正好给我们提供了一个绝好的机会来提升我们客户组合的质量和价值，而客户是我们最重要的资产，我们整个公司以及我们所有其他资产的真正价值都取决于客户质量。对于前面提到的那个做基础材料产品经销的学员来说，他应该抓住这个机会找到业内竞争力最强的公司，以及那些财务最稳健、增长最快、服务成本最低、对价格最不敏感的公司，和这些公司接洽，为它们提供最好的服务，给予它们最殷切的关注，在它们最愿意倾听的时候去和它们交流。当他们的竞争对手削减营销经费，摆出一副垄断者作威作福的可恶嘴脸的时候，他们就可以去获取业内最优客户，蓄势待发，攻城略地。

—

供不应求时，
市场营销工作的回报最丰厚。

—

我们来看一下下面这个战略的影响。假设有两家公司——甲公司和乙公司，都卖同一种纯粹的基础性同质产品。甲公司为了省钱，停止了营销工作，谁愿意付它确定的价格都可以来买它的产品。相反，乙公司主动拜访甲公司最优秀的那些客户，"大献殷勤"（反正甲公司现在也没人去拜访这些客户了，甲公司停止了营销工作，辞退了所有销售代表），鼓励他们以后如有更多需求时可以考虑和乙公司合作，希望他们能和乙公司签订长期购销合同。同时，乙公司减少了对质量较差的客户的供货量，甚至彻底停止供货，这些客户不得不去找甲公司。长此以往，乙公司用它最差的客户换取了甲公司最好的客户。甲公司发现它的成本费用开始上升，毕竟伺候差的客户成本要高得多。甲公司的市场营销经理们却不会去计算因为没做营销工作而给公司带来的成本增长，比如应收账款费用、库存费用、运输费用等。甲公司不会知道发生了什么，甚至即使甲公司的市场营销经理知道客户质量正在恶化，几乎可以肯定他们也不会将这一情况告诉他们的首席执行官。他们只会自豪地宣告自己成功降低了营销开支。

从短期来看，相对于乙公司的盈利能力而言，降低销售开支将提高甲公司的盈利能力。在商品交易中，这将是一个非常微小的效应，但它将使甲公司的销售和市场营销经理的 KPI（关键绩效指标）有显著改善。有人说 KPI 是摧毁企业的绝佳方式，它鼓励经理们关注自己的成功而不是公司的成功。我基本上同意这种说法。当然，如果设立一个关于客户质量的 KPI，我倒觉得是个很好的主意。从长期来看，新的卖方必然会进入市场。也许新进入者会"偷"去乙公司 20% 的客户，所幸的是，乙公司的那些优质客户平均每年增长 20%，就算那 20% 的客户离开，乙公司还是可以有 100% 的产能，使得生产销售不受影响。而甲公司的客户对价格更敏感、财力薄弱、增长慢，如果甲公司失去 20% 的客户，就必须去寻找新客户才能维持生意了，而这时市场正日益变成一个买方市场，甲公司在客户最不需要它的时候去找他们，难度可想而知。甲公司不得不提供折扣，以低于市场平均价的价格来招揽客户，最后找来的客户也肯定是只愿付低价格的差客户。

乙公司在卖方市场抓牢了客户，就好比在时薪高的 1 月多工作；而甲公司不得不在买方市场中找客户，就好比是在时薪低的 2 月多工作。毫不奇怪，最后的结局是，乙公司花的钱和精力比甲公司都少，而找到的客户质量却比甲公司的要好得多。

—

易行之途则智者先至。

—

我们可以说，在甲乙两家公司的竞争中，乙公司的做法比甲公司高明，实际上如果说得更精准一些，应该是乙公司有谋略，而甲公司根本没有谋略。在这场游戏中，甲公司之所以输了，不是因为它没玩好，而是因为它根本没有玩，它不知道卖方市场提供了争取优质客户的最佳时机。可以说，甲公司的市场营销经理并不懂市场营销。

基础原材料（譬如铜和煤）的生产商觉得供不应求时没有必要做市场营销，对这一点我并不感到奇怪，毕竟产品几乎是一样的，甚至是完全同质的。在无法进行产品差异化的市场里，市场营销起不到什么大作用，这似乎很符合我们的直觉判断，不过这种直觉判断是错误的。就算无法做到产品差异化，做到客户差异化也总是有可能的。在不可能进行产品差异化时，客户差异化就显得尤为重要。虽然也许你的产品和我的产品一样，但当我的客户比你的客户更好时，当我的顾客以更低的频率更换供应商，增长更多、服务成本更低时，我还是会胜出。

—

在不可能进行产品差异化时，客户差异化就显得尤为重要。

—

当你碰到应收账款的问题时，不要只向财务部门寻求解决问题的方法，也不要只是简单地收紧赊销付款条件，还要看看你的市场营销部门，也许问题的根源是他们贪图轻松，专给你找些其他聪明的公司不要的客户。公司应该衡量一个客户的终身价值，不应仅根据市场营销人员和销售人员带来的客户的数量给予他们奖励，还要看他们带来的客户的质量。

做营销的可以向人事专员（HR）取取经。有一次，IBM 给员工提供了一个慷慨大方的买断方案，鼓励员工自愿离职，结果 IBM 的人力资源部十分惊讶地发现，最优秀的 20% 的员工高高兴兴地签字辞职了。如果最优秀的员工决定离开你的公司，毫无疑问，公司麻烦大了。

许多人力资源部门努力对员工进行排名和分类。我们可以向人力资源部门学习，像他们一样努力对客户进行排名和分类。当老客户离开、新客户加入时，这些老客户和新客户分别是谁？

—

向人力资源部门学习：考评客户，对客户排序分类。

—

- 根据公司的客户判断这家公司的情况。

- 常识错误：在供不应求时，市场营销工作的必要性下降。

- 供不应求时，市场营销工作的回报最丰厚。

- 易行之途则智者先至。

- 在不可能进行产品差异化时，客户差异化就显得尤为重要。

- 向人力资源部门学习：考评客户，对客户排序分类。

第6章

管理你的市场

提纲挈领，吊你胃口

- 充分了解你的市场
- 信你所见，而非信你所信
- 管理细分市场环境
- 攻打受伤垂死的"敌人"

▶ 你的市场

你的客户是谁？他们在哪里？你的竞争对手的客户是谁？在本章中，我们要强调市场营销研发工作的重要内容之一，就是了解我们的客户和竞争对手的客户。

接下来我们会介绍一下，判断一个市场对于我们公司来说是否健康的八大标准，其中五大标准是基于著名的迈克尔·波特（Michael Porter）的五力分析框架发展而来的。不过我们认为，一个公司所在的行业环境并非不可改变和无法控制的，而是可以通过积极管理来影响的。另外的三大标准与市场规模、增长率和获利能力、资源的可获得性有关。

▶ 你对你的市场了解多少

为了真正了解市场，你不仅要了解自己的客户，还要了解竞争对手的客户。很多公司会衡量客户满意度，不过，我问一些公司管理者："你们公司是否也衡量竞争对手的客户满意度呢？"90% 的答案是否定的。客户满意度是衡量公司业绩表现的最关键的一个指标，这个指标预测了公司的业绩表现。如果不知道竞争对手的客户满意度，那么你只是自以为很了解你的客户满意度，而实际上，你根本不了解这些。[1]

—

如果你不了解竞争对手的客户，
那么你就不了解自己的客户。

—

要了解自己的客户，实为不易。你对自己客户的一些根深蒂固的假设可能是完全错误的。金宝汤公司（Campbell's soup）早期的一个例子正好说明了错误假设的危害。《周六晚报》是当时一本以中产阶级为读者群体的杂志，该杂志劝说金宝汤公司刊登广告。金宝汤公司婉言谢绝，声称其所生产的罐装汤料的目标客户来自美国的上流社会，而不是订阅《周六晚报》的"下里巴人"。

《周六晚报》的广告销售代表查尔斯·帕林（Charles Parlin）[2]先生搜遍了附近一个中产阶级居民区的垃圾袋，收集金宝汤汤罐，并将结果报于金宝汤公司。金宝汤公司大吃一惊，接着自己做了一些调查。结果表明，上流社会根本不买罐装的汤料，他们都有佣人伺候，罐装汤料带来的方便对他们来说没有价值。金宝汤公司不了解自己的客户，也不了解自己的竞争对手（佣人），因此它也就不了解自己，可谓没有自知之明。

—

了解市场，了解自己，
检验假设。

—

当然，金宝汤公司的故事是很久以前发生的了，不过万变不离其宗。全食超市（Whole Foods）[1]是美国的一家连锁超市，主要销售有机食品和天

———

① 2017年被亚马逊收购。

然食品，如有机的蔬菜、果汁和谷物等。由于产品价格高昂，这家公司经常被调侃为"全薪光"。有机健康食品的主要消费者是富有、受过高等教育、注重时尚和追求新潮的消费者，我们从全食超市的产品和客群定位上可以看到这种端倪。

然而，亚马逊收购全食超市时从线上销售数据中得知，它的主要消费者是那些真正关心健康的群体，如注重健康生活的中产家庭、中老年人，以及某些有过敏或其他特定健康问题的消费者群体。于是，亚马逊扩大了全食超市产品中禁用成分的清单，禁用成分数量翻倍，达到 250 多种。亚马逊还调整了价格，使全食超市的产品更加平价，推出了许多以其自有品牌销售的商品，并为其亚马逊 Prime 会员提供折上折和特别优惠。亚马逊将全食超市重新定位为提供有保证的纯天然健康食品和有机食品，远离了服务高端人群产品定位。20 世纪 90 年代，我在新奥尔良的全食超市购物（那家店就在我家附近），它是一家提供了许多本地农产品的商店，价格并不是特别高（我非常确认这一点，因为我当时没有多少钱）。这种"回归本源"行为可能也解释了为什么全食超市的创始人兼首席执行官约翰·麦基（John Mackey）在以 137 亿美元出售公司后，同意继续工作 5 年，负责实施亚马逊上面描述的变化。[3]

—

确保自己知道谁是真正的客户。

—

如今，像亚马逊、京东和天猫这样的在线购物平台谙熟于利用各种技术获取数据，常见数据如"用户购买历史分析""实时推荐系统""用户行为追踪""用户画像建模"，等等。数据挖掘技术的不断进步，已经让数据化身为企业的资产和竞争优势，前提是我们能从数据中提出正确的问题，倾听数据告诉我们的信息，承认数据可能了解得比我们更多，并据此行动。技术和数据时代已经来临，我们仍在努力赶上这一趋势。

—

去看看用户消费数据，
眼见为实。

—

　　举例来说，市场营销教材仍然宣称购买新产品的第一批顾客，也就是所谓的尝新者，比后来的购买者年轻且受过更高等的教育。但是，我通过观察硬性数据发现（我在我的论文中研究过这个问题），尝试新产品的第一批顾客通常是重度用户或能够承担最初高价的人，或者是急需此产品的人。例如，对于一个主营强力洗涤剂的新品牌，典型的首批购买者是有着大家庭的中年家庭主妇，而不是曼哈顿的年轻高级白领。首批购买手机的人是年长些的生意人，而不是年轻的经理。流感患者常使用奶奶那一辈认为有效的药物，患癌症的人则拼命寻找最新的创新产品。如今，想知道真正的客户是谁或应该是谁，我们已经可以轻松地测试了。

—

检验你的假设，
测量你的市场。

—

　　然而，仅仅知道我们的客户是谁还不够，我们必须做到知行合一。GoPro 是美国一家专门生产运动相机的公司，它在其所创造的市场中一直占据主导地位。相比于普通手机的相机，GoPro 相机通常具有更强大的耐用性和防水性能，可以在更为恶劣的环境下拍摄，使用者无须担心相机受损。GoPro 运动相机通常配备广角镜头，可以捕捉更广阔的画面。它先进的防抖技术，可以使拍摄画面更加稳定，获得更清晰流畅的拍摄效果。

　　然而，随着智能手机的功能不断改进，智能手机对专用运动相机构成了生存威胁。与此同时，提供更便宜的运动相机的竞争对手也开始进入市场。这些市场变化已经被充分预见，其后果也是如此。从 2016 年到 2022 年，GoPro 的销售额下降了一半，利润消失了，股价下跌了 95%。GoPro 不得不解雇了一半的员工，提供相机租用模式，并推出了新型号，这些都是对战略挑战的迟来的战术性回应。我们能够看到末日的临近，数据有助于揭示我们的盲点。同样的挑战也在于，我们必须根据我们所知道的和所看到的来采取行动。

—
当你觉得数据不可相信时，也许它们在讲述着一个你所不知，或者你不想知道的故事。
—

▶ 管理迈克尔·波特的五力模型

既然我们能找到或创造无穷多的细分市场，那么我们就需要决定哪些细分市场值得我们去追求。哪些细分市场具有吸引力呢？评判吸引力的标准是什么呢？

很多年前，哈佛商学院的迈克尔·波特教授提出，决定一个行业获利能力的有五力。[4] 这五力先是在工业企业里被发现。工业是人们比较担心企业会利用市场力量来扼制竞争的一个产业。因此，从公司战略管理市场营销的角度来看，扼制竞争的这五大力量当然是确保获利能力的正当力量。

虽然也许你以前听说过这五力，但是在这里我想提出一点：人们往往认为五力属于外在的环境条件，不过我们必须调整、适应它；在行业层面，这些力量的确大多无法控制；在细分市场层面（也就是在这个层面，我们能够获利），这些力量相对都是可以被控制和规避的。市场营销的职责就是管理这五力，我们要创造一个只属于自己的、有着大量优质客户的细分市场。

—

在市场细分的层面——我们获利的层面上，迈克尔·波特的五力模型是可控的。

—

这五力分别如下。

1. 进入壁垒：竞争对手进入你的市场的难度如何？你的市场对于竞争对手来说有多大的吸引力？这些问题的答案是餐饮企业很难经营的原因之一。95% 新开张的饭店都以失败而告终。[5] 对，我也知道有很多成功的百年老店。我很喜欢去新奥尔良的一家餐馆。这家餐馆在珍珠港事件后关闭了一间叫日本厅的包房，直到 20 世纪 80 年代才重新开放。但是，每一家像它这样成功的餐馆后面有许多家餐馆倒闭。

租金低廉的房子、古董店、餐馆、不依附石油公司的独立加油站都面临同样的问题。这些企业所在的行业容易进入，人人都可以进来分一杯羹，但能赚钱的却寥寥无几，能赚大钱的更是凤毛麟角。

你是否已经或者可以构筑坚实的进入壁垒？在评估一个市场的吸引力时，这是一个至关重要的问题，必须考虑清楚。在你所在的市场或细分市场上，你该做些什么才能创造一个"前所未有"的进入壁垒？

也许你可以通过行业协会游说政府，加强消费者权益保护的力度。好事莫过于政府一手制定法规约束他人，另一手大力扶持你。管制一个行业的新规定一般都是对行业中现有的公司有利的，至少不会伤害现有公司。比如，禁止香烟的电视广告肯定没有损害烟草行业中现有的公司。[6]

烟草行业的大玩家对此了如指掌。比如，当泰国禁止香烟电视广告时，菲利普·莫里斯（Philip Morris）和他的朋友们（当时正与泰国当地烟草公司争夺市场份额）游说美国政府为泰国政府施加压力，意在取消这种保护措施。

—
不要进入别人
也能进入的市场。
—

2. 现有竞争：在有些行业，龙头老大之间互相敬重。麦片行业就是一个很好的例子（它们百口莫辩）。广告、网购平台就是构筑进入壁垒的现成工具，互相敬重能确保麦片行业获取巨额利润，卖卖空气（一袋麦片里，最多的是空气）就财源滚滚来了。相反，可口可乐和百事可乐之间已不是简单的竞争关系。它们为了称雄世界，拔刀相见。当年越南禁运一解除，可口可乐和百事可乐马上抢滩越南，他们的员工入住的是同一家酒店，酒店不得不做了一个新规定，将两家公司人员的就餐时间错开，这才结束了一场席间的可乐罐大战。在另一个例子中，为可口可乐公司送货的卡车司机里克·布朗森因在工作中喝百事可乐而被公司炒了鱿鱼。[7]

看起来，试图进入可乐市场可不是个好主意，特别是在美国。理查德·布兰森（Richard Branson）是英国一位著名创业家，他决定推出维珍可乐，打进美国市场。这似乎是个很糟糕的主意。可口可乐和百事可乐恶战正酣，混战间维珍可乐连自己是怎么被踩死的都不知道。可口可乐和百事可乐好比两只大象在打擂台，把周边的东西都踩得稀巴烂，这时维珍可乐这只小老鼠竟然要钻进去和两只大象一较高下。维珍可乐进入美国市场后，尽管一开始似乎前途无量，但是很快败下阵来，如今它从主流市场撤退，只做创意饮料这个利基市场。它倒不缺乏闯劲和创意，实际上它一开始的成功是完全得益于维珍和布兰森的一系列创意十足、大胆狂放的宣传攻势。

但是有的仗实在是太大、太难打了。布兰森也意识到了打这场恶仗很危险。他只是觉得反正就算失败了，代价也不大，值得一试。可乐的生产成本低得不可思议，他觉得卖这种东西要亏很多钱也挺不容易。

—

别找打，
特别是在个儿比你大的人面前。

—

3. 替代品：竞争对手能伤你，替代品则能毁掉你。不幸的是，所谓的内行人往往最后才看到他们这个行业行将就木。黄光裕，这位中国曾经的零售业之王，在出狱后，期待用 18 个月的时间重振国美。[8] 在此之前，国美曾一度凭借"服务 + 低价"的优势占据当时最大的商业连锁企业宝座。

而就在黄光裕离开的这些年，以京东、淘宝为代表的电商群体逐渐崛起。随着互联网科技的不断发展，一场巨大而深刻的变革悄然降临中国的零售业，电商声势日渐浩大，线下零售店的生存空间却越来越窄。

想用 18 个月的时间带领国美恢复原有市场地位的计划最终失败了。电子商务颠覆了传统的实体零售模式。一些大型传统零售公司，如美国的沃尔玛或荷兰的超市连锁店阿尔伯特·海恩（Albert Heijn），将电子商务视为一种赚取更多利润的新途径，利用其现有业务作为平台来打造新业务，成功地应对了亚马逊的挑战。黄光裕如果没有缺席这波发展浪潮，国美也可能采取类似的做法。

新技术刚起步时总比不过老技术。内行总是对新技术嗤之以鼻。比如，20 世纪初，人们将新兴的汽车与马做比较，认为马不会跑着跑着没油了，马很少出故障，马也不会陷在泥里出不来，马哪儿都能去，而汽车几乎哪儿都去不了；还有，如果你喝高了或睡着了，你的马足够聪明，它总能把你带回家，当然前提是你没摔下去。你对马和汽车越是研究得深，越坚信汽车不过是昙花一现的时髦东西，是富人在风和日丽的好天气里开着绕家宅兜兜风的玩意儿。你可能会说："马唯一需要的就是最先进的技术，比如人们可以在马鞍上安一个塑料棚。"

现如今，人们又在吐槽新能源车的种种不是：续航里程有限，充电基础设施太少，充电时间太长，等等。每家领先的汽车公司都更愿意观望，回避现实。但数据在告诉他们，他们已经过时，而这一点是很难令人接受的，特别是对于有责任领导和鼓舞团队的首席执行官来说。

打字机不见了，MP3 也没了，DVD 已退出历史舞台，以油或气为燃料的发电厂在不远的将来或许也将废掉。原有的市场还有生意，我们就继续做，不用抛弃得太快，这本身没什么错。只是有一点要注意：何时退出。退出是一个渐进的滑坡，人们很难下定决心，然而当断不断，反受其乱，紧抓过去，只会牺牲将来。

—

如果你已成历史，
请鞠躬谢幕。

—

4. 买方力量：买方强大时，卖方吃苦。公司一般都很聪明，不会只依赖一个客户，但意外事故也偶有发生。比如两家客户公司合并了，你忽然发现自己被夹在了老虎钳中，不走，被夹得疼痛难忍，走了又舍不得。记住，当你的两个客户大谈合并有助于提升效率时，他们的言下之意是，要将你口袋里的钱挖到它们的口袋里去。

譬如一些大型零售商，像沃尔玛、亚马逊等，都拥有庞大的采购量和市场份额，它们在与供应商谈判时通常具有更强的议价能力，能够争取到更优惠的价格和供货条件。很多航空公司也是如此。航空公司会采购大量的飞机、燃油和其他服务，这使得它们在与飞机制造商和燃油供应商等公司的交易中拥有较大的议价权，能够获得更有竞争力的价格和服务。另外，像丰田、大众等公司也拥有庞大的采购规模，它们在与零部件供应商谈判时通常能获得更优惠的价格和供货条件。

—

如果买方有机会将你的钱
弄到他自己的腰包里，
他是不会错过这个机会的。

—

5. 卖方力量：比如你在一家气派的楼里经营着一个气派的餐馆，生意红火。你的房东时常来用餐，看到你的餐馆很成功，你很高兴，他也很高兴。他甚至比你更高兴！他为何如此高兴呢？因为，不久后，你的钱就会变成他的钱了。他会提高租金！你奈之若何？关了你那生意红火的餐馆？麦当劳的创建人雷·克拉克（Ray Kroc）为了掌控自己的命运，坚持要买断每一家麦当劳店所在的地块，他对此十分执着。所以，在很长一段时间内，像曼哈顿这样的地方就几乎没有麦当劳。[9]直到后来，这个政策放宽松了，麦当劳允许签 20 年租约建店，情况才有所改变。记住，你若不能控制对供应商的议价能力，那么你就赚不了钱。[10]

有时，置你于死地的卖方就在你的公司内部。君不见联合航空公司凄然破产，美国其他航空公司举步维艰。为何如此？一大原因是飞行员手里拽着套在航空公司脖子上的颈套。飞行员不出现，一架 2000 多万美元的飞机就只能停在那儿干等着。除非航空公司解决这个问题，不然永远不会兴隆。有人出过一个主意，那就是让员工持有航空公司的部分股权。这个办法的纰漏显而易见。飞行员（还有机械师）得陇望蜀，得了部分利润便要全部利润。职业运动队也有同样的问题，成败全在几名顶级运动员身上，成也萧何，败也萧何。我们常认为供应商是供应商，员工是员工，客户是客户，其实，这种区别只是法律关系上的区别而已。

—

如果供应商有机会将
你的钱弄到他自己的腰包里，
他也是不会错过这个机会的。

—

▶　寻找最糟糕的行业

　　常人对迈克尔·波特的五力分析框架的理解是，企业应该进入那些五力对自己都比较有利的行业寻找商机。这样的解释会带来一个自相矛盾的结论，那就是企业应该试图进入很难进入甚至完全不可能进入的行业。

　　这个问题我一直没有想过，直到有一天我得到了一家大型食品公司的咨询项目，任务是找出中国乳品行业中具有吸引力的市场，以便进入。我收集了大量的数据信息，进行了长时间的讨论和分析后，最后得出一个结论，按照波特五力分析框架，中国乳品行业中基本没有一个具有吸引力的市场可以进入。我们恰恰应该寻找与所建议的传统理想市场情况相反的市场。我们应该寻找那些发展不够理想的市场。在这种市场中，现有企业都无心恋战，高管们则期待在企业解散后可以拿到高额补偿金，全身而退。进入这样的市场就容易多了，供应商、客户、当地政府甚至现有公司都会鼓励和支持我们。这样，我们只要在这一行业中选定一个领域，安居乐业，管理好我们的五力，就不愁没钱赚了。

　　因此，我的想法是，其实你进入哪个行业是无所谓的（当然你不要进入行将就木的行业，比如马匹或打字机这样的式微行业），真正重要的是，你进入之后怎么做。不过，在其他条件相同的前提下，进入一个"坏"行业比进入一个"好"行业要好得多。

—

寻找哀鸿遍野的战场。

—

世界上最成功的一些公司（比如苹果、美国西南航空、沃尔玛）都是在一些"坏"行业内发展起来的。这些行业不是产品普通化、同质化的行业（如手机），就是内部供应商和外部供应商都十分强大的行业（如航空业），或者是竞争十分激烈的行业（如平价零售业），抑或强手如林、大公司一统天下的行业（前面几个都是）。

根据迈克尔·波特五力分析框架的预测，在五力不利的行业中很难赚钱。不过，从市场营销的角度来讲，我们感兴趣的不是整个行业层面的情况，企业间的竞争并不发生在行业层面，而发生在行业中的细分市场层面。比如，奔驰和大众在同一个行业，但不在同一个细分市场。

—

竞争并不发生在行业层面，
而发生在细分市场层面。

—

墓地是寻衅滋事最安全的地方。

因此，如果一个公司想知道它是不是应该进入某个行业，我首先会问：
"你进入这个行业后准备怎么做？你会创建哪些新的细分市场？例如，你会
给自己打造一个怎样的全新山头？你的蓝海在哪里？"[11]

史蒂夫·乔布斯在 2006 年的专利申请中将手机变成了"便携式多功能
设备"，苹果手机从此彻底改变了智能手机市场。

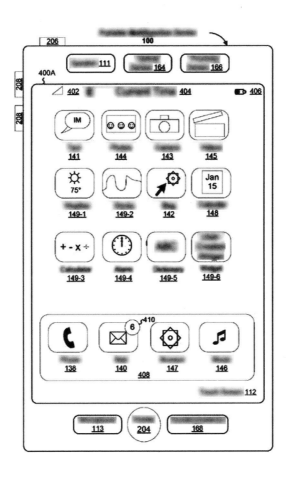

沃尔玛，除了在大规模零售物流管理方面进行创新，还创建了一个全
新的细分市场：购买平价商品的中产阶级。当时已有的平价商场，比如行
业龙头凯马特，是向低收入阶级提供平价商品的。现在大概还是这样，尽

管我没有具体的数据，但凯马特还是被认为是低收入阶级的平价商场，沃尔玛是中产阶级的平价商场。

美国西南航空公司可能是最激进的新市场创造者：它更像个公交车公司，而不是航空公司。它不用机票、登机牌，不安排座位。你要坐靠窗的座位？行，赶紧跑，跑得快没准儿就坐上了。你要在飞机上吃饭？行，自带食品就可以吃饭了。旅行社要收取票价 10% 的佣金？美国西南航空公司一个子儿都不给。

因此，你进入一个行业后怎么做才能胜出呢？你不用比业内现有的公司做得更好，也不用比它们更富、更强、更聪明，不过你必须和它们不同。差异化是出路。

—

不求更好，但求不同，
自立门户，自创山头

—

▶ 另外三大标准

1.规模合适：一个市场或一个细分市场，规模必须足够大，以容纳你的雄心；但也不能太大，太大了，你永远不过是大池塘里的一条小鱼，没有出头之日。因此，在界定细分市场时，大小应相宜。随着你逐步长大，界定的市场也要相应扩大，你也可以复制已有市场，扩大规模。

关于界定市场，杰克·韦尔奇在其著作《杰克·韦尔奇自传》（*Jack: Straight from the Gut*）[12] 中提到一个很有意思的观点。韦尔奇和通用电气因秉持"要么第一，要么第二"的原则而名震四海。不过，鲜为人知的是，杰克对这个由来已久的原则的看法已经改变了。

通用电气的经理们在接受培训时，一名陆军上校提出，"要么第一，要么第二"的原则会诱导经理人将他们的市场界定得十分狭窄，以确保获得龙头老大的位置。韦尔奇写道：

> 整整 15 年来，我苦心研究非一即二的必要性和普适性。现在，这个班级的经理们告诉我，本人最根本的原则之一在拖我们的后腿……我采纳了他们的意见……（让各事业部）重新界定它们的市场，任何一个事业部在其所界定的市场上不得拥有超过 10% 的市场份额。

在接下来的 5 年间，通用电气的营业收入翻了一番。

由此可见，杰克·韦尔奇被奉为 20 世纪最杰出的管理大师之一，的确实至名归。故事是这样的，那名陆军上校对韦尔奇秉持多年、深得人心的原则颇有微词，通用电气的经理们在上课时听到后就将这些话告诉了韦尔奇，韦尔奇觉得颇有道理，他一不借故为自己辩护，二不拖延时日，立即采取行动，矫正过错。这就表明，韦尔奇在通用电气培养了一种健康纳谏的文化，经理们愿意指出韦尔奇的错误，韦尔奇则从善如流，知错即改。如此心胸、气概实为少见，他不会说："一个陆军上校对经营管理和通用电气能有什么见解！他知道的我能不知道吗？"相反，他认真检视别人提出的看法；他也没觉得自己受到了威胁，反而因此十分振奋和激动。

—

如果不再有人能够指出你的错误，说明你该退休了。

—

2. 增长率和获利能力：增长快，是好事；获利多，也是好事。正如前述，你的客户增长快、获利多，对你有利无害。

3. 可获得性：有的市场营销教科书告诫我们，在界定目标市场时不要用"乐观的人"这样的描述语，因为没有哪本杂志是针对乐观的人创办的，你也买不到尼尔森公司的有关乐观之人的调研报告，总之，你没法高效地接触到这个市场，没人能告诉你这个市场在哪里。高效接触市场当然很重要，但这并不是说你一定要根据媒体描述受众的变量来界定你的目标市场。与其先确定目标人群的年龄再寻找以这个年龄段为受众的媒体做广告，不如去寻找目标客户，直接问他们爱用哪些社交媒体，在看哪些网站，在追哪些连续剧，崇拜哪些名人，看哪些电视节目，等等。

- 如果你不了解竞争对手的客户，那么你就不了解自己的客户。

- 了解市场，了解自己，检验假设。

- 确保自己知道谁是真正的客户。

- 去看看用户消费数据，眼见为实。

- 检验你的假设，测量你的市场。

- 当你觉得数据不可相信时，也许它们在讲述着一个你所不知，或者你不想知道的故事。

- 在市场细分的层面——我们获利的层面上，迈克尔·波特的五力模型是可控的。

- 不要进入别人也能进入的市场。

- 别找打，特别是在个儿比你大的

人面前。

- 如果你已成历史，请鞠躬谢幕。

- 如果买方有机会将你的钱弄到他自己的腰包里，他是不会错过这个机会的。

- 如果供应商有机会将你的钱弄到他自己的腰包里，他也是不会错过这个机会的。

- 寻找哀鸿遍野的战场。

- 竞争并不发生在行业层面，而发生在细分市场层面。

- 不求更好，但求不同，自立门户，自创山头。

- 如果不再有人能够指出你的错误，说明你该退休了。

第 7 章
市场细分新思考

提纲挈领，吊你胃口

■ 今天的定位决定明天的成败 ■

■ 明确方向，一马当先 ■

■ 需求决定市场细分 ■

■ 敢于放弃 ■

▶ 今天的定位决定明天的成败

本章将探讨市场营销中的一个关键决策：客户选择。我会讲解一系列发现、细分、界定以及描述市场的新方法。此前我强调过，市场营销的工作就是创造优质的客户。在这里，我将把这个概念运用于市场细分。我会特别建议，我们首先要决定，为了确保明天的繁荣，今天应该选择什么样的客户，然后去了解这些客户有哪些需求，我们如何满足他们的需求，获得并留住这些客户。

然后我会根据广告学的文献资料向大家介绍一种市场细分的方法，这种方法的基础是公司和其客户（或潜在客户）之间的关系。我们也会讨论市场领先、细分市场的创建、关注现有市场的必要性等问题。

▶ 驱动你的市场

市场细分的标准做法是先收集有关客户特点的数据，根据这个特点划分市场。对于消费品市场，我们可能需要收集有关消费者的年龄、教育程度、收入水平、地理位置、购买偏好或者产品利益诉求等方面的数据；对于工业品市场，我们可能需要收集有关市场规模、地理位置、所在行业等方面的数据。然后我们再运用因子分析和聚类分析等统计学的方法将这些数据进行处理，把异质的客户人群归入几个相对比较同质的细分市场。

在消费品市场上，你须先确定哪些消费者最具吸引力，他们引导消费潮流、成长最快、对价格最不敏感；然后观察、衡量他们的人口特征和心理特征；接着，再看你该做些什么才能让他们感到高兴，然后就这么去做。

同样，如果你是做工业品的，那么你先要确定哪些公司是潜在客户；然后根据销售增长和盈利能力的情况对这些公司进行分类；接着，选出那些更具吸引力的公司，看看你该做些什么才能让它们感到高兴，然后就这么去做。

很多公司口口声声标榜自己是以市场为导向的组织，可是这种说法已经很落伍了。如果你想站在时代浪尖上，你应该说自己是驱导市场的组织。主动出击，寻找那些你爱的客户，寻找那些规模迅速扩大、数量激增、对价格不敏感、能和你或将来的你匹配的客户，然后研究如何让他们爱你，根据你为公司的未来所设定的愿景和目标创建属于你自己的细分市场，这就是我讲的驱导市场型组织的概念。

市场营销工作者的任务不是发现客户需要的是什么，然后将其所需提供给他们，而是先确定：为了确保公司将来 5 ~ 10 年的兴旺成功必须拥有哪些"优质客户"，然后再研究那些客户的需求，并将其所需提供给他们。

关于以客户为导向的市场细分和产品差异化的新思维，一个典型例子就是中国上海浦东康桥地区的中科大村。中科大村是一个房地产项目，毗邻上海理工大学研究生院，建有 700 幢别墅。负责开发该项目的公司是正阳集团，它曾研究全球成功的社区，特别是与著名大学并肩毗邻的社区。该公司通过研究发现，社区和社区中房地产项目的格调、层次在很大程度上取决于该社区居民的素质，因此吸引教育素养高的人居住往往对提升一个社区的价值很有贡献。

该公司对上海欲购别墅的人进行了采访调查，发现被访者的回答也印证了前期研究的结果。比如，当被访者被问及是否喜欢与名人为邻时，他们回答说："要是能住在足球明星的隔壁，我会喜出望外；但是，要是能与一个科学家做邻居，那就更好了。"

该公司决定吸引教育素养高的客户，这也与毗邻大学的地理位置相吻合。接下来，该公司开始调查及访谈潜在客户，了解他们的需求，特别是教育素养高的客户的需求。比如，他们是喜欢在门厅入口竖立一些罗马雕像、罗马柱子呢，还是喜欢放些有禅意的石头、种些树呢？他们喜欢楼幢间距离大一些因而单价贵一些的房子，还是喜欢楼幢间距离小一些、单价便宜一些、到会所中心步距短一些的房子？这些调查的结果形成了别墅设计的基础，公司在设计时也会有意识地向那些教育素养高的客户的偏好倾斜。

—

你需要谁成为你的客户？

—

我们必须主动出击，寻找那种能够确保我们将来成功的客户。美国汽车市场就是个很好的例子。"婴儿潮"那代人先是成就了大众甲壳虫和丰田等小型车，然后他们在有了孩子后就会买更大一些的 SUV。步入老年的他们需要什么样的车呢？有一些显而易见的建议是：上下车比较容易的车，把手的设计不会加重关节炎疼痛的车，不会因为四方螺母太沉重卸不下来而没法换瘪胎的车，车里所有文字都比较大、能够让人看得清楚的车，有个地方放老花镜的车，等等。我怀疑这样的车会不会问世。因为汽车公司在设计汽车时不会邀请老年人参与。实际上，没有任何人受邀，这是另一回事。但为了促进销售，识别新兴市场和增长更快的细分市场并采取相应的措施是有益的。

具体来说，世界电动车大会（EVS）认为，电动汽车的下一个增长细分市场将是年龄较大且受教育程度较低的人群。大众的 ID 系列一开始采用了全数字键按钮，但许多顾客开始抱怨。早期热衷数字的科技发烧友可能会喜欢一辆全数字化汽车，但是其他人对此并不那么确定。当你在黑漆漆的雨夜行驶时，你可能不想去操控数字屏幕。语音操控虽可以使用，但也许在后座有孩子或你在播放音乐时使用起来也不太方便。大众 ID 系列的后续车型恢复了屏幕下方的物理控制按钮，让驾驶员可以通过感觉而不是视觉来管理控制。大众通过倾听顾客的意见而做出了睿智的决定。比亚迪也采用了简单的物理控制按钮，用于开启和关闭空调、控制音频音量以及其他辅助功能。特斯拉在物理控制方面落后了，"回到了未来"。汽车很快将需要更多的按钮才能获得欧洲的 5 星级安全评级。根据 2026 年的新测试规则，车辆需要具有物理控制按钮才能获得最高的安全评分 [1]。明天的增长细分市场并非昨天的增长细分市场。

—
更好的产品需要具备能够吸引更好的客户的属性。
—

▶ 根据关系细分市场

广告领域的研究文献提出了一个有别于传统的新方法，很有意思。根据约翰·罗西特（John Rossiter）和拉里·珀西（Larry Percy）[2] 的理论，公司应该首先根据客户与我们品牌之间现存的关系将客户分成以下五类。

1. 忠诚的客户，即只用我们品牌的产品的客户。
2. 于我有利的品牌转换者，他们时而用我们品牌的产品，时而用竞争对手品牌的产品。
3. 于我不利的品牌转换者，他们换用不同品牌的产品，但不用我们品牌的产品。

4. 竞争对手品牌的忠诚客户。

5. 不用此类产品的人。

不同的行业，五类客户的组成比例自然很不同。比如，在抽烟喝啤酒的人群中，忠诚客户的比例很高；在麦片购买者中，品牌转换者比较多。不用此类产品的人在一些行业中很常见（很多人从未买过干邑白兰地、摩托车或帽子）。

这种市场细分方法有一个好处，它会提醒你针对不同的细分市场采用不同的市场营销方法。对于那些你的品牌的忠诚客户或者品牌转换者（或者前客户），你不会鼓励他们"试用一下我们的产品，你会喜欢的"。对于那些忠诚于其他品牌的客户，你不会说："我们现在不只在周末提供产品，平时也提供。"

—

如果你要挪动一个客户，
那么从他站的地方开始。

—

▶ 市场领先和市场细分

有关市场份额对利润影响的许多研究结果证实了一个常识：市场领先者将享尽荣华，其乐无穷，[3] 只要他们所在的市场稳步增长。[4]

因此，如果你的市场份额很小，但你向往事业辉煌，那么你就必须先将你的市场界定得足够小，这样在这个小市场上，你就是领先者了。比如，你可以一步步缩小市场的内涵，从针对男女的市场缩小到只针对女士的市场，再缩小到只针对年轻女士的市场，再缩小到只针对教育素养高的年轻女士的市场，再缩小到纽约或曼哈顿地区教育素养高的年轻女士的市场。

你也可以根据媒体来缩小市场。你可以同时在搜索引擎和社交平台上做广告，你也可以只在社交平台上做广告，或只在一家社交平台，或仅在纽约的社交平台上做广告。如果你愿意，你甚至可以将市场缩小到只有你的室友。希音（SHEIN）对大多数美国人来说并不为人所知，尽管其取得了巨大的成功（根据瑞士银行 Evidence Lab 数据，它是美国下载量第二多的购物应用）。希音一开始专注于 Tiktok[①] 用户，并且在 Tiktok 上拥有比其他任何服装零售品牌都多的关注者。它对于所有在 Tiktok 上的人来说非常知名，但对其他人来说几乎不为其所知，这为一个极其便宜的品牌增添了一丝时尚的独家性。

希音的成功秘诀，以及它成为市场领先者、享尽荣华的秘诀颇简单。你要有勇气舍大取小，做精做深，在 10% 的细分市场上稳占 100% 的市场份额，而不是贪多嚼不烂，在 100% 的大市场上只占 10% 的份额。突出重点，做强做大。

—

突出重点，做强做大。

—

如此一来，一个小公司甚至会力压大公司，获得竞争优势。小公司可以自由选择聚力于哪个细分市场，它们可以选择最肥美的一块市场、增长最快的一块市场、遭人冷落的一块市场、欣欣向荣的一块市场，只留下最贫瘠无望的几块市场给大公司，大公司也许会身陷其中，无力自拔。通用汽车已经遭遇了这种情况。在美国的客车市场上，通用汽车的客户多半是居住在美国中部穷乡僻壤、收入位居中产阶级平均水平的年纪较大且经济状况不佳的人，谁都不屑去抢、去偷的那种。规模和市场领先是两码事。

---

① 抖音集团下的短视频社交平台。——编者注

—
当你能成为细分市场中的"大佬"时，选择最"肥美"的一块市场。
—

▸ ## 创建新的细分市场

　　要成为你所在的细分市场中的龙头老大，最保险的办法就是创建一个属于你的全新的细分市场。为此，你必须做研发，我说的研发是指市场和市场营销的研发。

　　迷你面包车不是克莱斯勒发明的，是大众发明的；克莱斯勒发明的是迷你面包车的客户群——足球妈妈（Soccer mom）[①]。星巴克并没有发明咖啡，他们发明的是高端咖啡体验及社交场所功能；露露乐蒙（Lululemon）并没有发明瑜伽服，他们发明的是注重健康生活方式的人群。

　　市场细分是一个创造的过程。当我们发现一个创造细分市场的新方法时，新的细分市场就相应诞生了。为什么我们不根据性别将牙膏分成男用牙膏和女用牙膏呢（其他的身体护理产品大多有此分类）？因为尚无人知道如何做这件事。当我们讲到发明、创新和研发时，切莫忘了将我们的聪明才智分一点用于新市场和新细分市场的发明创造。

　　创造细分市场的方法几乎是无穷无尽的。如关于维生素市场，我们能想出哪些细分市场呢？

---

① "足球妈妈"一词出现于 1987 年，是指一群待在家里，不用上班领薪水，却又每天有一长串的时间表和备忘录，忙里忙外，忙得不可开交的妈妈。她们通常住在生活教育条件较好的郊区，丈夫有一份好工作，可以维持全家的开销。1987 年，克莱斯勒生产出美国第一批家庭微型面包车，这种家庭微型面包车的设计对象是妈妈们，该公司的目的在于生产出一种安全、灵活、实用，能帮助妈妈将小孩子、书包、体育用品和柴米油盐集于一车的运输工具。总之，美国人一谈起"足球妈妈"，眼前就会出现各式各样的微型面包车。

有孩子、老人、婴儿、男人、女人、孕妇、更年期的女人、节食的女人、健美人士、卡车司机（须保持清醒）、大家庭、感冒的人、吸烟者、游客、过冬的人、有时差的旅客、宠物、小狗、老狗、鸟、医院、监狱、疗养院、麦片生产商、软饮料制造商、面包师、化妆品公司、便利店、宠物店、酒吧等。

以上这些市场细分的方法是比较简单的。HUM Nutrition 是一家强调内外兼修的综合性美容健康品牌。他们将维生素和保健品与美容产业相结合，推出了针对美容和健康的综合性产品线，吸引了对美容养颜感兴趣的消费者。SmartyPants 是一家专注于做儿童维生素和保健品的公司。他们推出了色彩鲜艳、美味可口的维生素糖果，吸引了儿童和家长，使维生素补充变得更加有趣和容易。要确保不要让你的市场营销部员工忙着做产品研发，向他们强调，他们必须留些时间想想如何进行细分市场的创新。

—

新产品的研发是好事，
但是新市场的研发更好。

—

▶ 急流勇退

我们总是在寻找哪些细分市场可以进入，同时我们也要决定哪些细分市场不要进入。我曾与一家化学品公司合作，有无数竞争者涌入其所在的市场，纷纷建厂投产。该公司自知前途未卜，求教于我。考虑到化学品的运输成本较高，我便建议该公司以其竞争对手在建的工厂厂址为中心画个圈，现在就放弃这个圈内的客户，强过日后反被这些客户甩了，到那时再另择贵客，可就难了。他们也对这些客户提价，提前补偿日后的损失。简言之，若由于新技术、新对手或其他缘故，一个市场或一个细分市场将丢失，你就该早做准备，急流勇退。

特别是，如果你所在的市场供过于求的端倪已显露，宜早不宜迟，你要尽快抛弃增长缓慢的客户，另谋贵客代替之。

然而，市场营销工作者总是不愿意抛弃老客户，顽固不化。这很可能是因为老客户好做，如果抛弃了老客户，就要找到新客户补上，这一工作于短期之内可不容易做。当然，三五年后，这样做的裨益自可体现。然而，到了那时，当年的市场营销经理也已另谋高就了。你若是市场营销经理，抛弃老客户，只会加大你自己的工作难度，而为你的后任铺平了道路。你是否会这样做，"假私济公"，自己背黑锅，为后任锦上添花呢？也许你应该这么做，但我怀疑你未必真的会这么做。

市场营销工作者倾向于认为自己的工作是把产品卖掉，让客户满意，而很少有人认为自己的职责是先发制人，选择市场，未雨绸缪，为公司将来的成功做贡献，自己即使牺牲当期业绩，也应在所不惜。因此，公司领导者应时刻注意，别让市场营销经理们因贪图眼前的轻松而牺牲公司将来的成功。我们应该认真管理客户组合，为将来的成功奠定坚实的基础。

一位经理曾反驳道："如果你把老客户都抛弃了，你怎么知道你能找到新客户呢？"不是人人都有渐进主义的思维方式的。我没有建议一下子把所有老客户都换掉，也没有这个必要。你只要停止向"最糟糕的 10%"的客户供货即可（你没有必要把他们踢出去，对他们涨价就好，如果他们还不走，那么他们可能就不应被划为"最糟糕的 10%"之列）。我相信，大多数公司，若能每赶走两个"最糟糕的 10%"的客户，而找到一个中上的新客户作为替补，一顶二，这就够了。通用电气淘汰 10% 的经理的做法，效仿之人络绎不绝。同理，淘汰 10% 的客户的做法也许不是一个坏主意。

许多公司会告诉你，80% 的利润来自 20% 的客户。言下之意，剩下的 20% 的利润来自 80% 的客户。但是，垫底的 10% 的客户带来的很可能是净亏损。不幸的是，尽管公司每每大呼口号，以客户为导向，大部分公司却

只知道每一个产品给公司带来的利润，而不知道每一个客户给公司带来的
利润。

—

失去好客户是坏事，
扔掉坏客户是好事。

—

不愿急流勇退的人往往还有另一种倾向，那便是面对困境硬拼强斗，
这可不好，生意不过是生意。"誓不撤退，誓不投降"的英雄气概固然可嘉，
但在商场上并不合适。你可以摆出一副"死不放弃、视死如归"的架势给
你的竞争对手看，但是，要记住，蒙人可别蒙了自己。

不过，人人都喜欢无所畏惧、威震八方的斗士和英雄，甘心做"懦
夫""胆小鬼"的人着实不多。《财富》杂志就很喜欢报道好斗硬汉首席执
行官，文章开篇必是首席执行官的两三件生活逸事，不是在闲暇时间开着
哈雷摩托车呼啸兜风，就是其他"男子汉气概十足"的消遣活动。

我们做市场营销工作的，也许不应该像斗士那样四面迎战、视死如归，
而应该能屈能伸，千方百计确保局面对我们有利，该放手时就放手，该离
场时就离场，该逃跑时就逃跑，不盲目恋战，不负隅顽抗。

—

战争是地狱，能躲就躲。

—

- 你需要谁成为你的客户？

- 更好的产品需要具备能够吸引更好的客户的属性。

- 如果你要挪动一个客户，那么从他站的地方开始。

- 突出重点，做强做大。

- 当你能成为细分市场中的"大佬"时，选择最"肥美"的一块市场。

- 新产品的研发是好事，但是新市场的研发更好。

- 失去好客户是坏事，扔掉坏客户是好事。

- 战争是地狱，能躲就躲。

第 8 章

失去的客户

提纲挈领，吊你胃口

- 把客户流失率降低一半
- 把后门关上、钉死
- 留住你的前客户
- 设计有高黏度的客户关系

▶ 把后门关严实

　　假设你把公司一整年开会的所有谈话都录下来了，这上百万字中有多少是关于失去的客户的呢？有多少是关于哪些客户离开了，为什么离开，去了哪里，怎样才能把他们争取回来的？

　　如果你去上班，发现桌上的计算机不见了，我想你肯定会叫保安。保安会到你办公室调查，问你最后一次看到那台计算机是什么时候，门有没有锁，贼是从窗户还是从别的什么地方进来的。公司会向全体员工发电邮，提醒大家要小心，去吃中午饭时也要锁门，等等。也许从此之后，公司还会出台一条新规定，要求所有的计算机都必须用链子绑在办公桌上。

　　但是如果一个客户离开了会怎样呢？比如，他先是在你的车行买了辆车，他下次买车时却去了另外一家车行；他在你的餐馆吃了四顿饭，以后就再也没来过。这样的客户流失造成的损失远比计算机失窃的损失要严重。

　　但是谁又去叫保安了呢？谁去报警了呢？谁给全体员工发电邮警示了呢？如果那个小偷写一封电邮给我们，告诉我们他为什么要偷我们的计算机，是怎么偷的，我们会十分仔细地研究这封电邮。但是对于一个离开我们的客户发来的愤怒的投诉信，我们又给予了几分关注呢？

　　你站在前门口招揽潜在客户："快进来，快进来，里面有精彩派对！"而竞争对手站在后门口对客户说："继续走，继续走，后面的派对更精彩。"

实际上，在你去前门招揽客户之前，你应该先把后门关严实。

▶ 一个关键的细分市场：失去的客户

有时我们有必要放弃客户，至少是某些客户，不过我们不希望客户放弃我们。任何一个市场都可以分成潜在客户、现有客户和前客户三大部分。在这三大部分中，前客户应该受到最主要的关注。如果我们知道这些前客户是谁，他们为什么离开，怎样才能把他们赢回来，那么我们就能更好地留住现有客户，更好地找到新客户。

但是公司很少花时间谈论前客户，更不用说想方设法把他们赢回来了。很多公司根本不知道丢失了哪些客户，也不知道丢失了多少。相反，有些制造生产商，每3个月就调查一次谁买了它的产品，谁转向其他品牌了，转向了哪些品牌。

找出你的前客户是谁，
找到他们的下落。

　　公司不和前客户打交道的一个原因是，和一个不再爱你的人打交道是件不愉快的事。另一个原因是，失去或不失去客户的代价和利益并不直观。根据我的经验，人们总是大大低估这些代价和利益。当我和经理们谈到如何将客户流失率从 10% 降到 5% 时，他们表面上装着听得很认真的样子，这完全出于礼貌，他们其实无动于衷，觉得 5% 实在不算什么。

　　但实际上，10% 和 5% 的区别是很大的，一个是留住客户 5 年，一个是留住客户 10 年。简单来讲，如果将客户流失率降低一半，客户生命周期就延长 1 倍，客户为公司带来的利润就增加 1 倍。[1] 实际上，利润还不止增加 1 倍，因为对于大多数行业来说，留住客户的时间越长，这个客户给公司每年带来的利润就越多，因为老客户的服务成本更低、应收账款问题更少、对价格更不敏感。如果客户流失率降低一半，那么客户价值就会翻一番，你的公司价值也会翻一番。

客户流失率降低一半，
公司价值翻一番。

　　当客户离开时，我们倾向于认为他们反正也不是什么好客户。那些离开的客户可能就是那些总是投诉抱怨的客户，是那些购买量不断下降的客户，是那些不停地要求打折扣的客户。"离婚"的不愉快蒙蔽了你的眼睛，你忘了一个重要事实，那就是这个客户曾经是个优质客户，他是真心爱你才不断提意见希望你能改进，结果你无动于衷，他最后不得不狠心离开，跟你永远再见。

大部分客户当然不会花这个闲工夫和你道别，就好比我们去餐馆吃饭，饭菜又难吃又贵，当自豪的餐馆老板来我们餐桌打招呼问我们饭菜是否可口时，我们会说："是，饭菜很可口。"在走出餐馆时，我们对同伴说："提醒我哦，下次千万不要来这家餐馆吃饭了。"

在很多行业，要发现失去的那些客户以及他们是我们最好的还是最糟的客户，这是要花很大力气的。但是在有些行业，这还是比较容易的。比如，公路边的餐馆都知道卡车司机最清楚去哪家餐馆吃饭最合算。当卡车司机不来吃饭时，这家餐馆马上就意识到了，其他客户也马上看出来了。这就是为什么有些路边餐馆将靠窗的座设为"专业驾驶员专座"，他们要确保留住这些卡车司机。

其实我们都是"路边餐馆"，任何一个行业的最好的客户也都是像卡车司机这样的客户。他们消息最灵通、对质量价值差异最敏感、对其他客户的影响力最大，这些客户在感到不满意时跑得最快。

一个城市，如果你只去拜访一次，那它就不值得麻烦你找出最好的酒店，但是如果你每年要去十次二十次，那么它就值得你花点时间和精力去寻找最好的酒店了。

因此，你公司的产品一旦出现问题，最好的客户总是最先离开的客户。他们好比煤矿中的金丝雀，是个预警风标。他们一走，其他客户也就跟着走了，新客户就不敢来了。当然，这没有路边餐馆门前没有卡车、大家都不去吃饭那么明显和直接，但这个过程本身还是存在的。

前客户就像核废料，他们不会蒸发，他们永远在那儿。客户认识其他客户，他们会互相通气："我们以前好多年都是向 X 公司采购的，不过我们现在什么也不向他们采购了，我们都从 Y 公司采购。"这样的评语带来的负面影响，是你做无数可爱的广告也消除不了的。你也好比一家路边餐馆，你得知道你的卡车司机是谁，他们有多爱你。

—

找出谁是你最好的客户，
确保他们有爱你的理由。

—

客户流失率降低一半，公司价值翻一番当然很好，希望你也为此感到激动，不过这还不是最大的好处。最大的好处是，如果你能不再丢失客户，你就能做更大的投资来赢得新客户。如果一个典型的客户可以给你带来 500 美元的收益，而不是 250 美元，那么你就能花更多的钱去获取新客户。如果你能比你的竞争对手花更多的钱去赢得新客户，那么你就能获得最好的和最多的新客户。

Zappos 是一家鞋类网络零售商，有"卖鞋的亚马逊"之称。现在他们真的成了亚马逊鞋业一员，亚马逊以 10 亿美元的价格收购了这家公司。Zappos 脱颖而出的特点是其对卓越客户服务的承诺。正如公司创始人谢家华所说："……我们真的认为 Zappos 品牌是为用户提供优质服务的，而我们只是碰巧卖鞋。"[2]

Zappos 的特别之处在于提供 365 天无理由退货政策，运费全免。他们还有传说中的 Zappos 呼叫中心。如果 Zappos 的库存中没有客户想要的鞋子，客户服务代表将为客户找出哪里有适合尺寸的理想鞋子，并将客户引荐给该竞争对手。这项服务赢得了一群忠实的拥趸，他们信任这一服务，拒绝在 Zappos 之外的任何地方买鞋。

这种宽松的退货政策和优质服务，让消费者感到购物更加安心，大大减少了客户的流失率，使 Zappos 最终成为一家无法被巨头打败的公司。而且该平台上有 75% 的顾客会多次复购，公司巅峰时，全美每卖出 4 双鞋，就有 1 双是 Zappos 卖出去的。我们要做的，就是向 Zappos 学习，尽自己所能留住我们的已有客户。

—

向 Zappos 学习。

—

▶ **激活休眠客户**

前客户是如何成为你的前客户的呢？服务差、产品差、价格高会把客户赶跑，但不要忘了，惰性也会使客户成为前客户。很多客户不再和我们做生意了，没有什么特别的原因，他们只是忘了我们的存在。有一家珠宝店做了个实验，他们给客户打电话留言，给一半的客户留言"感谢惠顾"，给另一半的客户留言"感谢惠顾，我们有更大的折扣优惠等着你"。那些已经很长时间没有光顾的客户带来的销售收入增幅最大；收到不带"折扣优惠"那个留言版本的客户带来的销售收入比收到有"折扣优惠"的那个留言版本的客户带来的销售收入更多。[3] 所以，看起来，至少有一部分前客户之所以成为前客户，只是因为他们忘了我们，我们只要稍微提醒他们一下我们的存在，就可以激活他们，从而再次让他们成为我们的客户。

—

提醒客户你的存在。

—

有意思的是，不带"折扣优惠"的那个电话留言比带"折扣优惠"的效果更好。如果客户购买了你的产品或体验了你的服务，而你必须给他优惠好处才能让他回来，那么你的问题就严重了。所以，"感谢惠顾，如果你再次光临，我们提供 20% 的折扣"这样的留言容易让客户起疑心，觉得你这家店大概是走投无路了。给新客户优惠折扣以鼓励他们试用我们的产品，这是有道理的，毕竟尝试使用新产品总是有成本风险的，我们要补偿他们；

但是给老客户优惠折扣，鼓励他们再次购买，就不太能讲得通了。

很多所谓的忠诚计划其实只是促销手段，是在客户没有忠诚度的情况下在向客户行贿，根本不是真正的忠诚计划。航空公司的里程积累计划、信用卡的积分，诸如此类的促销手段当然有它们的作用，但是它们很容易蜕变成简单的贿赂，使得公司不再想方设法苦练内功，不再切实提高服务质量，不再让最好的客户成为回头客，而是满足于简单地用这些贿赂去换取所谓的忠诚度。

市场中最优质的客户通常对低价诱惑不太感兴趣，无论这种低价以何种形式伪装。持有相同观点的唐·舒尔茨（Don Schultz）教授这样说："商务舱和头等舱的常客是希望积累里程以便将来可以免费搭乘航班，还是希望航空公司把该做的服务做好？"[4] 航空公司的市场营销经理对常客计划情有独钟，原因很简单，这样他们就不用动脑筋去做真正的市场营销了，正是出于这个原因，我们在用这个方法的时候要特别小心。

—

不要让你的
忠诚计划取代忠诚本身。

—

我们必须以能够提高客户关系黏度的方式组织管理我们的公司。我们在银行开设账户，办好电子付款的手续，申请好信用卡，申请好房贷，就等于和这家银行建立了一种密切的个人关系，要我们换家银行是件不容易的事情，除非它在感情上彻底伤害了我们，不然我们不会轻易更换。

因此，一家公司可以考虑在给客户提供主要产品和服务的基础上，提供其他附属产品和服务，这样倒不是为了增加销售收入，而是为了提高客户转换供应商的成本和复杂度。亚马逊给 Prime 会员提供的服务包括国内订单零门槛免邮，免费获得亚马逊流媒体服务的会员资格（以与奈飞竞争），免费试听音乐（以与 Apple Music 和 Spotify 竞争），众多的杂志和图书免费下载，无限的照片云存储空间，以及在亚马逊的全食超市享受折扣，等等。[5] 亚马逊 Prime 会员策略既将客户与亚马逊牢牢联系在一起，又为其进入其他行业服务。具有牢固客户关系的公司在困难时有更好的生存机会。当消费者决定减少他们订阅的流媒体服务数量时，他们更有可能取消奈飞，而不是放弃他们享受的整套亚马逊福利。除了进入视频和音乐流媒体领域，亚马逊信用卡还为客户提供从亚马逊购物享受 5% 折扣的优惠。显然，金融行业也在亚马逊的发展计划之中。客户必须非常不满才会忍受同时更改以上所有服务的不便。顺便说一下，苹果也采用了同样的策略。

—

设计有高黏度的客户关系。

—

- 找出你的前客户是谁，找到他们的下落。

- 客户流失率降低一半，公司价值翻一番。

- 找出谁是你最好的客户，确保他们有爱你的理由。

- 向 Zappos 学习。

- 提醒客户你的存在。

- 不要让你的忠诚计划取代忠诚本身。

- 设计有高黏度的客户关系。

第 9 章
关于广告你必须知道的

提纲挈领，吊你胃口

- 不要自言自语
- 你无法正确判断自家广告的好坏
- 你的广告公司也不能判断你的广告的好坏
- 试验好比买保险
- 学习 FCB 方格
- 清楚你的销售位置
- 学习打破规则的方法

▶ 关于广告你必须知道的事

怎样的广告有效，怎样的广告无效，过去一百多年来，有不少经验被总结出来。然而，广告界的很多专业人士对此并不感兴趣。他们认为，"规则"会抑制创意。我了解这一点，我曾为奥姆尼康集团（全球最大的营销公司之一、拥有数百家广告公司）的老板们进行过培训。创意是广告专业人士的工作要素，他们常以独创性思维为荣。而我想说的是，只有知道自己思维的边界，才能跳出思维定式。在数字媒体崛起的今天，即便对于很多经典广告著作，譬如像大卫·奥格威[①]的那些经典书籍，人们的轻视或无知也显得日益严重："现在一切都不一样了！"全球的军事学院都还在研究《孙子兵法》这部两千多年前的著作。但在广告界，包括专业的广告研究和期刊在内，一篇十年前的文章便会被认为是老套的。但请相信我，即使在爱因斯坦发表相对论之后，苹果仍会掉在牛顿的头上。

我将在下一章讨论数字广告。在这里，我首先会固执地呈现一些古老的真理。我曾追随的宾夕法尼亚大学沃顿商学院的 J. 斯科特·阿姆斯特朗

---

① 大卫·奥格威（David Ogilvy），被称为"广告怪杰"，是举世闻名的"广告教父"，其创办的奥美广告公司今天已成为世界上最大的广告公司之一。代表作《一个广告人的自白》通常被认为是"广告经典"。其他著作包括《奥格威谈广告》等。——译者注

（J. Scott Armstrong）教授，提出过一个问题："你是否认为专家观点、通过典型实践和研究所累积的知识能够丰富你当前的知识？"这是一个很好的问题。我在随后的章节中将向你展示一些古老真理与当今充满挑战的数字媒体环境之间的特殊相关性。不要忽略这一章，否则后果自负。

▶ 你我都不知道什么是好广告

当我们看自己的公司时，看到的主要是我们的上级、下属、办公室、总部大楼、工厂、同事和各种产品。与此形成鲜明对比的是，如果我们做的还不错，客户看到的将主要是公司的广告、促销活动、销售人员、包装和产品。我们的市场营销经理和广告公司可能花几周甚至是几个月的时间去推敲、打磨一个广告，而客户的眼睛只会在这个广告上停留一两秒。

因为市场营销经理和客户生活在不同的世界里，看到的情况也就不同，所以市场营销经理很难策划本应针对客户的促销活动，也难对这些活动的有效性进行评估。关于广告，如果你只想记住一点，那么就请记住：你无法正确判断自家广告的好坏。

▶ 避免管理者视角

许多广告只对制作它的广告经理们有意义，这些人意识不到"群体思维"或"狂热思维"与这类广告相生相伴，也许只有狂热分子才能理解他们正在做什么和思考什么，对于那些不理解他们的非狂热分子，他们心生轻蔑。

以艾默生电气公司①的一次广告活动为例。在该广告中，一群强壮的男男女女自豪地站在一个写着"能量"二字的大标题下。能量？艾默生电气

---

① Emerson Electric，该公司以科技融合工程技术，在世界范围为客户提供解决方案。

公司既不生产也不销售电力或其他能量。但广告经理和他们的代理商了解这家公司及其业务。当我们开始固守某种思维方式时，我们会忘记许多人不了解我们，或者对我们还不够了解。这难道不是我们投放广告的原因之一吗？毕竟，并非所有品牌都是可口可乐或星巴克。

我们对标题要有一个认识。根据乔治·盖洛普（George Gallup）和丹尼尔·斯达奇（Daniel Starch）有关阅读效果的研究，我们知道，读标题的人数是读正文人数的 5 倍。此外，你的广告预算应该是多少呢？我稍后会告诉你。如果你的标题毫无意义，那么你已经不合理地浪费了 80% 的预算。我们广告的标题必须告诉人们我们是谁以及我们做什么。如果你的品牌名称不在标题中，那么，大多数看到你的广告的人都不会知道这是你的广告。标题只显示品牌名称，但不说明卖的是什么产品或这件产品对人们有什么作用的，人们对广告的记忆度会降低 20%。如果将标题放在引号中，人们对广告的记忆度将提高 28%。标题的作用是激励人们阅读下一句。[1]

让我们做个小测试。弗雷德·史密斯胶水公司（Fred Smith Adhesives）在同一本杂志上刊登过同样一个广告，只是标题不一样。下面是这两个标题。

1. 弗雷德·史密斯胶水：是一个你可以用来粘东西的产品
2. 弗雷德·史密斯胶水：一家粘住你的公司 [2]

哪一个标题更好？哪一个标题是在从客户的角度看问题？哪一个标题是在从公司的角度看问题？问问自己，客户要的是什么？公司要的是什么？

公司致电该杂志的读者，询问他们是否记得看到过弗雷德·史密斯胶水公司的广告。第一个标题有 16% 的人记得；第二个标题只有 4% 的人记得。显然，标题很重要，标题应该用于应对客户的需求，而不是表述你自己的希望和梦想。顺便说一句，你其实并不需要费心联系该杂志的读者。我在中国很多 MBA、EMBA 的课上都做过这个测试，第一个标题每次都赢。

—
不要自言自语。
—

▶ **投放广告的几种错误做法**

　　《财富》[3]杂志 1999 年 11 月 8 日版的一篇题为《2000 万美元的公司，4000 万美元的广告》的文章告诉我们怎样算选错了广告。

　　彼得·巴戴德（Peter Badad）[①]先生正坐在旧金山电扬广告公司（Young & Rubicam）[②]的会议室里。巴戴德是卡维德（Covad）公司的品牌经理。卡维德公司坐落于硅谷，经营互联网高速接入业务。巴戴德先生正准备审查电扬广告公司制作的两个电视广告。这两个电视广告将成为一场耗费 4000 万美元的宣传活动的两大台柱子。这场宣传活动将持续一年，横跨整个北美洲，从东海岸到西海岸，旨在将名不见经传的卡维德公司塑造成宽带先锋。这场活动对公司来说得失攸关；考虑到该公司 1998 年 12 个月的销售收入不过 2000 多万美元，约是这场活动预算的一半，更觉得这家公司已经命悬一线了。不过巴戴德先生眼前担心的是这两个电视广告中的一个。上次审片时，本该幽默滑稽的那个片段没能让人发笑。而现在，离活动正式开始只剩下两周的时间了。

　　灯光暗下来，制作广告的总监在一旁做介绍。场景：一所瑜伽健身房沐浴在温暖的夕阳中，教练"吹气如兰"："请摆好茉莉花姿势，我来打印月亮图。"但是出了个问题：瑜伽教练上不了网。正如有些遇

---

① 我已做更改，隐去了真名，因为我是个好人。
② 美国广告代理公司，中文名常译作扬·罗必凯。——编者注

到这种情况的网络冲浪者一样，他备受折磨，一忍再忍，忍无可忍，终于，他无法再保持冷静，尖叫一声，开始狂砸计算机。这时，一张张小卡片跳起来，拼在了一起，上面写着"快速连接，永不下网"，接着，被卡维德公司装饰一新的标志闪亮登场。巴戴德先生先前的紧张情绪烟消云散。"哇，太精彩了。"他笑道。这个片段和上一次的不一样，这次是又风趣、意思又清楚。电扬广告公司的创意团队心满意足地笑了。

这样的场景你觉得有什么错吗？如果你看不出错来，那你读此书是读对了。坦白地说，这样的场景让我痛心疾首，恨不得去撞墙。公司在制作广告时竟会将人类已经积累的有关广告的知识忘得如此一干二净，简直令人难以置信。这样的公司实在太多，我也该见怪不怪了。但我每次见到了，还是忍不住心痛。可怜的（英文单词"poor"，也有贫穷之意）投资者，这次是真要变穷了，经理们挥金如土，用珠似沙，愚蠢大方、无知慷慨！

我曾向一个管理股票基金的朋友建议，应该建立一个卖空基金，专门卖空做荒唐、愚蠢广告的公司的股票，包赚不赔。不是说广告是决定一个公司成败的唯一因素，而是说广告是为数不多的一个窗口，通过它我们可以看出高级主管们的水平。我的那个朋友要是听从了我的建议，他肯定可以从这家公司中大赚一笔。①

谁最没有能力评估广告的有效性呢？答案很简单：（1）公司内部的人；（2）制作广告的人。若你问，评估卡维德公司广告的都是些什么人呢？这就对路了。

---

① 在这个耗资 4000 万美元的活动结束时，该公司的股价跌了 90%，该公司的首席执行官也已经被董事会除名。

—

商家及其广告公司
是最不适合评判其广告好坏的，
它们知道的太多了。

—

评判广告的最佳人选是你的潜在客户！这是常识中的常识。卡维德公司的这场活动耗资巨大，是前一年公司销售收入的近 2 倍，公司将全部身家都押上了，却竟然没有事先让潜在客户来测试一下广告的有效性！卡维德公司在孤注一掷，支出 4000 万美元之前，其实可以直接走到户外，向路人展示广告并观察他们的反应。人们在看到无用的广告时，他们的表现是能够被识别出来的。

—

评判广告的最佳人选
是你的潜在客户！

—

一向警觉能干的《财富》杂志这次失策了，这篇文章的作者显然是被互联网、新经济什么的迷了心窍，他写道：

的确，开展如此大规模的活动一般需要准备 14 个月，而卡维德公司在 90 天内即全面展开（此处原文用的是 "sweeping"，这个词用得好，语带双关，歪打正着，一个未经测试的广告一经投放，便如秋风"扫"落叶，会将整个公司从用户心中"扫地出门"）了活动。但仅仅有金钱和时间，还是不能保证这样一个大胆创新的战略可以获得成功。卡维德公司的首席执行官罗伯特·诺灵（Robert Knowling）先生深知这一道理，他一再强调，这 4000 万美元可不是用来做试验的。

实际上，卡维德公司和它的首席执行官就是在拿股东的 4000 万美元做试验。在此次广告活动之后，公司的首席执行官被解雇了，公司也破产了。他们从失败中吸取了教训。我们最好遵循创新冒险家埃隆·马斯克的格言："我更喜欢从成功中学习。"[4]

▶ FCB 方格

回到卡维德公司的例子，"巴戴德和沃斯德（Worsead）曾一起就职于宝洁公司，做的广告针对的是老一辈人。信不信由你，卖宽带和卖卷筒纸很相似。市场营销挑战的就是找准基调，赋予同质产品一个独特的灵魂个性。"

"信不信由你"，千万别信。卖宽带和卖卷筒纸完全不同。卷筒纸，人人都熟悉，都知道怎么用，知道合理的价位是什么，有使用不同品牌产品的经验，该行业内没有什么令人激动的新意了。我怀疑卡维德公司的经理就是按照卖卷筒纸的方式来卖宽带的，因为他们只知道怎么卖卷筒纸。好比你给一个小儿一把榔头，他就觉得什么东西都需要锤打。

万物各有不同，能不同则皆不同。因而，不同产品的销售方法包括广告方法也应不同，这不是一个再明显不过的道理吗？的确如此。广告学中有一个著名的分析框架，名为 FCB 方格，连最基础的广告学教科书对其都有讲述。此图原先是由博达大桥广告公司（Foote Cone & Belding）[5]的理查德·沃恩（Richard Vaughn）发明的，它基于这样一个常识：不同的销售情境适用不同的广告。

早在二十年前，甚至仅仅在十年前，那些最大型的公司以及他们的广告公司有时还会脱离规则，或因为忽视，或因为无知。作为客户的代表，我与广告公司合作过很长时间。此外，我也为大型广告集团公司授课。其间，我遇到许多杰出且富有创造力的人，但他们完全不了解基本的 FCB 方格。

无效的广告还不一定致命（研究显示，在美国，70% 的电视广告活动显示不出对销售有什么影响）。以往，老牌的知名公司主导了广告领域：通用电气、西门子、飞利浦、索尼、通用汽车、奔驰、IBM、可口可乐、联合利华、雀巢、宝洁、百威等。这些公司通常至少有半个世纪甚至一个多世纪的历史。

如今的商业环境远没有那么宽容。积极进取的新公司和新商业模式占据了主导地位。曾经的巨头公司每况愈下。通用电气、通用汽车、飞利浦、诺基亚……有些已经消失，有些正在消失或者只能作为过去的阴影继续存在着。新公司统治着市场。比亚迪可能征服全球电动汽车业务；阿里巴巴、腾讯、京东、亚马逊、OPPO/vivo、苹果、特斯拉、ASML、OpenAI 现在主导着市场，运气好的话，一些企业甚至可能主导未来，前提是他们不要走上诺基亚的老路，不要屈从于傲慢和官僚主义。

与以前相比，现在的竞争更加激烈，速度前所未有，加上数字媒体的崛起，现实已经不再允许公司玩弄那些不能助销任何东西、只在广告公司内部和他们的客户公司受到赞赏的创意广告。

可笑的是，广告公司仍然将客户视为不懂创意的木头，认为他们是伟大广告的敌人。世事变化越多，广告中不变的东西也就越多。促销（Promotion）和沟通（Communication），4P 和 4C 中的最后一个 P 和 C，现在比以往任何时候都需要专业化和理性化。因此，让我们开始吧。

—

不同的销售情境
适用不同的广告。

—

罗西特和珀西在他们 2018 年的著作《营销传播：目标、战略、策略》[6]中扩展了原先的 FCB 方格，讲解颇为详尽。买一本来看看，兴许你就不会像卡维德公司那样深受无知之苦了。接下来的讨论在很大程度上是根据这两位作者关于 FCB 方格的研究而进行的。

　　第一个挑战就是品牌知名度。让我们继续老朋友卡维德公司的例子。如果客户连卡维德公司的名字都记不住，那么他很难采取能给卡维德公司带来业务的行动。若广告中只给了两三秒显示卡维德公司"整饰一新"的品牌名，则其必定收效甚微。

—

品牌知名度是第一大挑战。

—

　　品牌知名度有两种：记得和认得。商超店里的绝大多数产品，靠"认得"这种品牌就可以卖出了。消费者在货架过道里逛，看到他们认得的品牌，就停下拿起放入购物篮里，他们不会拿从来没有看到过的或听说过的品牌。如果你拦住他们，让他们闭上眼睛，说出篮子里所有产品的品牌名，你可能会感到吃惊，他们往往会说，那"高高的、绿色的"产品叫什么名字来着，一时就是想不起品牌名来。

　　在其他情况下，也许需要客户主动提出要用哪个产品。比如，卡维德公司的服务是通过互联网服务供应商（ISP）提供给客户的，客户必须主动向互联网服务供应商提出要用卡维德公司的服务才可以，即客户必须记得这个品牌名。因此，"认得"这种品牌知名度对卷筒纸来说已经足够了，对卡维德公司来说就不奏效了。

—

品牌知名度有两种：
记得和认得。

—

　　面对记得和认得这两种不同的情况需要采用不同的广告方法。一些关键原则如下。

对于"认得"这种情况，有以下几个原则。

1. 广告中品牌名称和品牌包装的曝光率要最大化。如果你想记住一张脸孔或一幅图像，你会盯着它看，并将其深深印在脑海中。

2. 广告必须阐述此类产品的功能、用途，除非其功能、用途不言而喻。卷筒纸就不用再介绍用途了，但网络连接或者说 5G 相对于 4G 的好处，则是另一回事。

3. 第一次宣传活动要做得声势浩大，往后品牌出镜率就不用很高了，客户自会认得你的品牌。

4. 使用记忆法。例如，史蒂夫·乔布斯在创立苹果公司时是一位果食主义者，只吃水果。他与史蒂夫·沃兹尼亚克一起参观了一个苹果园，决定将苹果作为公司的名称，简洁而酷炫。苹果的第三位创始人罗纳德·韦恩（Ron Wayne）设计了公司早期的标志（见图 9-1）。

图 9-1　苹果公司早期的标志

　　这绝对是一个很棒的记忆法，但并不符合乔布斯对简洁的追求。不久后，韦恩以 800 美元的价格出售了他在公司的股份（如果你因回想起过去的糟糕决策而痛苦，想想韦恩，也许你会好受一些），而乔布斯将公司的标志更改为我们今天所熟知的那个，运用了将品牌名称和标志联系在一起的完美记忆法。

　　对于"记得"这种情况，有以下几个原则。

1. 广告正文主题句须包括产品用途、品牌名称和第二人称称呼语。卡维德公司的口号是"互联网就该这样"，应该改为"卡维德将给你（对象是个人）带来完美的互联网体验（种类需求）"。
2. 不断重复主题句，以便人们记住。记住名称或电话号码的秘诀就是不断重复。你不会死盯着一个电话号码以图记住它。脸或图片则不同，你要记住它，就得死盯着看，把它印刻在脑海里。
3. 寻找一个记忆法。当你试图记住某人的名字，比如史蒂夫时，如果你能在脑海中想象出史蒂夫·乔布斯，那会有所帮助。
4. 保持较高的出镜率。不然，人们会很快淡忘你的品牌，这与"认得"不同。

—

记得和认得这两种品牌知名度的情况适用不同的广告原则。

—

　　第二个挑战是品牌态度。品牌态度是指客户对其所知品牌的好恶。我们可以对产品根据 2×2 的矩阵从两方面进行分类，一方面是对客户来说某个产品的购买决策的重要程度，另一方面是购买这个产品的动机。

对大多数人来说，对于很多便宜、简单的产品或服务，购买决策不重要，因此对于这类产品（比如卷筒纸、啤酒、阿司匹林），我们不会看广告寻求辅助决策的信息。但是，对于那些复杂的、风险大的、新上市的产品（比如卡维德网络服务、汽车、新餐馆），购买决策的重要程度就高多了，我们会看广告寻求辅助决策的信息。

　　此外，对于有些产品或服务，我们是不得已才购买的，动机是消极的：阿司匹林、修管道服务、人寿保险。对于另外一些产品或服务，我们是主动购买的，动机是积极的：包、新车、软饮料、电影。

　　注意，对于某些同样的产品或服务，不同客户的购买动机和重要程度是不一样的。比如，对于我的小儿子来说，买一个糖果可是十分重要的决策，动机是很积极的。对于一个 50 岁、正在减重的人来说，买一个糖果的决策的重要程度就没那么高，动机也就没那么积极了。图 9-2 根据动机与重要程度两个方面，将产品分成四类，放在四个象限里，此图对大多数人来说都适用。

动机

	消极动机	积极动机
重要	I 牙医 人寿保险	II 赛车 染发
不重要	III 剃刀 阿司匹林	IV 啤酒 香烟

（左侧纵向标注：重要程度）

图 9-2　销售情境：动机与重要程度

　　四种不同的销售情境对应的好广告的规则是不同的。性别或幽默是否有销售力？你应该大肆夸大你的产品的好处吗？广告中应该以产品还是客户为"英雄"？你应该提供大量明确的信息还是强调品牌形象？这些问题的答案取决于销售情境，其中很多都是常识。你想要著名女演员青睐的人寿保险吗？有人愿意看一个滑稽的头痛药广告吗？

　　以下是一些不同象限中的产品的广告规则的具体示例。我并不试图提供完整的规则、理由和相关研究发现。我的主要目标是让你了解基本原则，引发你的兴趣，并提醒你，对一些经过深入研究的值得了解的东西，你的市场经理、广告经理和广告公司可能浑然不知。

—

不同的产品适用不同的广告规则，要确保你的广告经理和广告公司知道这些规则。

—

象限 I：重要／消极动机

　　1. 在产品生命周期的早期，正确描绘与购买动机相吻合的情绪，愤怒、恐惧、失望、愧疚、恼火等很重要；再往后，就不那么重要了。卡维德公司的广告描绘了愤怒，可是潜在客户的情绪是愤怒吗？购买卡维德网络服务的动机是消极、负面的吗？我不知道。从积极的一方面来看，获得可保证的、更快的互联网可能令人兴奋；从另一方面来看，它解决了一个消极的问题。但无论如何，我怀疑卡维德公司和它的广告公司根本就没有思考过这个问题。

　　2. 得让目标客户接受广告的主要意思，与购买动机积极的产品不同的是，客户不一定要喜欢广告本身。牙医、律师或人寿保险的广告没有必要做得令人目瞪口呆、滑稽搞笑，也不应该那样做。人寿保险是与死亡联系在一起的，不要用一个滑稽的鸭子作为你的代言人。相反，汽车保险是与买车联系在一起的，它可以做滑稽的广告。

3.目标受众对品牌的已有态度必须是你考虑的首要问题。埃克森号油轮在阿拉斯加州的瓦尔迪兹发生漏油事件后，大失民心。以后，埃克森要做广告，就必须态度鲜明地讲环保问题，不然就索性不要做广告。不要忽视你的目标受众在想些什么。在这个象限里，你是要和客户交流、对话的。

象限II：重要／积极动机

1.情感的真实性在这个象限是最为重要的，目标受众的情绪状态是兴高采烈、激动兴奋、受宠若惊的，还是骄傲自豪的？广告必须符合目标受众所在群体的情绪状态和生活方式。拥有奔驰车的人是他所在群体骄傲的精神支柱，拥有兰博基尼 Aventador SVJ 超级跑车的人是"有钱的酷哥"，是兄弟会里一名令人骄傲的成员，拥有保时捷的人必定骄傲自豪，得意扬扬。我觉得卡维德公司的目标客户应该属于"动感在线、活力奔放、求新求异"的那种人，他们获得宽带上网服务时的情感应该是"兴奋激动"的。

2.必须让人们把自己和广告中的产品联系在一起，产生归属感，仅仅喜欢这一广告还不够。譬如，很多香水广告通常以美丽的模特和令人心醉的画面为特色，但总有一些观众很难将自己与这些情景联系起来。香水是一种个人护理品，与每个人的个性和喜好息息相关，因此观众可能难以从广告中感受到共鸣。不同的受众群体可能会难以认同那些主要反映香水公司员工梦想和心理特征的广告。希音很敏锐地抓住了这个机会，从世界各地的 TikTok 用户那里捕捉香水销售机会，展示了华丽的小香水瓶和非常低的价格，没有花钱请模特。[7]

3.当受众缺乏有关产品的事实信息时，就应该给他们提供信息。如前所述，广告公司会争辩说，没人会看这些东西。这是因为，广告公司自己不看信息，它们对产品不感兴趣，它们感兴趣的是广告本身。研究表明，广告中的字数越多，阅读广告的人就越少。这并不奇怪。研究还显示，字数较多的广告销售的产品也更多。这也不足为奇。阅读广告的观众中的5%或10%是我们所寻找的人，是对我们的产品感兴趣的人。

4. 要渲染，不要谦虚。你也许看到过这样的广告，一辆沉闷乏味的小车开过去，引得旁边穿着超短裙的骑车女郎停车驻足，暗送秋波。虽然你可能认为这个广告有些不可相信，但是对购买这辆车的人来说，他真的会觉得每一个人都会向他投来羡慕的目光。

象限 III：不重要 / 消极动机

1. 使用"问题与解决办法"的简单公式："这个污渍怕是永远都洗不掉了。啊哈，怪哉怪哉，汰渍一洗就没了。"宝洁知道，与其他公司相比，它自己擅长的是什么，那就是保持广告单刀直入、简明扼要、一成不变。对于这种乏味无聊，有人可能嗤之以鼻，让他们嗤之以鼻吧。如果令人激动兴奋的东西带不来钱，就不要激动兴奋了。坚持初衷，留住客户，继续赚你的钱。要激动兴奋，等你花自己的钱的时候再激动兴奋吧。做生意是一件很严肃的事情。

2. 未必要让客户喜欢你的广告。这就是为什么头痛药的广告总是让你感到头痛，而非赏心悦目。你在选择止痛药时，不会选择那种品牌个性讨你喜欢的或符合你生活方式的药，而会选择止痛效果好的药，你会使用有效的止痛药。针对缓解流感症状的产品的广告可能让人讨厌，它展示了一些普通人咳嗽和打喷嚏的场景，从而引起更多关注。

3. 关于产品的好处，要竭尽宣传之能事。例如，一个人的头痛几分钟（如果不是几秒）之内就消失了。忽然长了一颗青春痘，今晚又要出去？没问题，可丽莹（Clearasil）涂上脸，痘痘全不见。人们知道这个广告夸张了，可是，如果一个头痛药声称十秒见效，另一个头痛药声称一分钟见效，你会买哪一个呢？图9-3这则广告显然不那么可信，但这不影响它的广告效用。

象限 IV：不重要 / 积极动机

1.情感的共鸣很重要，也是唯一的决定性利益诉求。这个产品就像你这个人，你用什么样的产品，你就是什么样的人，这是广告要传达的主要意思。你喝什么样的可乐，你就是什么样的人；你喝什么样的啤酒，你就是什么样的人。

2.品牌所引发的联想、情感必须是独特的。万宝路就是一个很好的例子。它的牛仔形象是如此独特，以至于只要一幅自然山水、一马一人的画就能令人想到该品牌的香烟。

3.目标受众必须喜欢这个广告。可口可乐、耐克等，都有十分讨人喜欢的广告，代言人是俊男靓女，惹人怜爱。对于此类品牌，借助良好外形和幽默功力效果非凡。如果你卖的是洗洁剂、阿司匹林或汽油，良好外形和幽默功力就爱莫能助了。

4.通过联想塑造品牌形象的广告，手法往往婉转含蓄。关于软饮料、啤酒

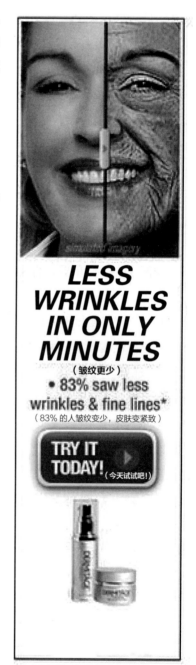

图9-3　一则化妆品广告

和快餐的广告可能会暗示你将变得美丽并交到很多朋友。但它们不能明确说出这一点，因为那可能会让你考虑到这些产品更有可能使你发胖、感到难过、变得懒惰和孤独。

—

了解你面临的销售情境，选择相应的广告规则，因势利导。

—

四象限分析法在罗西特和珀西合著的书中都有详细介绍，十分精彩，在此重写一遍似无必要。不过，有一点是十分明确的，不管目标受众之动机及购买决策的重要程度，将广告设计制作盲目地托付给所谓的"创意人员"的做法，是错误的。

▶ 打破陈规

"我们个个狂野不羁，热情奔放，我们要打破陈规，不落窠臼。"那些广告公司的创意总监们如是说。事实是，广告公司里的大部分人不学无术，他们也许压根儿就不知道原理规矩，他们说不落窠臼，却连窠臼为何物都不知道，因此他们其实无陈规可破，无窠臼可落。下次你去广告公司时，不妨考考他们，看他们是否知道那最基础的广告学教科书里都有的 FCB 方格。

打破陈规是对的，真的是这样吗？打破陈规也要看你是怎么打破的，若你都不知道规矩是什么，打破了什么自己都不知道，那算什么本事。

沃顿商学院的斯科特·阿姆斯特朗教授出版过一本书，书名为《广告说服力》①。这本书很独特，它收集了人类历史上过去和现在几乎所有关于如何做好广告的实证研究数据材料，凝结了一个优秀研究团队的大量劳动成果。阅读这本书也需要执着的精神。

我理解为什么有人不愿意花时间阅读这本书。但为什么要聘请一个拒绝学习有关广告的一切知识的人来帮助你做广告呢？你会选择一个对"哪些治疗方法更有效"丝毫不感兴趣的医生吗？

要打破陈规，必须先掌握陈规。
——马克·吐温

还有一个打破陈规的广告，是洗衣粉广告，公司名字我忘了，洗衣粉品牌名字我也忘了（瞧他们做的好广告），受到了广告业界的一致好评。这是一个生活方式型的广告，主题歌唱道："妈妈，穿上你的红裙子，今晚我们要出去。"[8]

广告中，妈妈在到处找她那条红裙子，结果发现女儿正躲在床底下，偷穿着那条红裙子，裙子上还沾有一块快的化妆品。她笑了（正如所有发现女儿把自己最喜欢的、准备当晚穿出去的裙子用化妆品涂画得一塌糊涂的母亲那样）。啊哈，这个洗衣粉有着神效，使红裙子洁净如新，一家人皆大欢喜。最后一幕，妈妈和英俊的爸爸甜甜蜜蜜出去共进晚餐，那盒洗衣粉默默地立在桌上，意味深长地对着镜头。言下之意：用这个洗衣粉，你会美丽漂亮，会有一个常常约你出去吃饭的英俊老公。如果你卖的是香水，这倒是个好广告；如你卖的是洗衣粉，那绝对是打破了所有不该打破的规矩了。

---

① 中译本由商务印书馆出版，2016 年。——译者注

这广告本身很棒，音乐也很棒，我的学生们都看过，可没一个人知道是哪家公司做的什么品牌的广告。当然，你可以说，我的学生们不是买洗衣粉的家庭主妇，但是我还真没看过几个广告，说选对洗衣粉会帮你找到帅气男朋友的。

你购买的车、烟、酒、衣服决定了你是什么人，但你用什么洗衣粉和你是什么人没关系。

—

你购买的车、烟、酒、衣服决定了你是什么人，但你用什么洗衣粉和你是什么人没关系。

—

M&M's 公司销售各种颜色丰富的纽扣巧克力糖果，里面有不同的填料。从销售情境看，该产品属于重要程度较低、动机积极的象限。广告经理们认为，打破所有规则可以带来创意（让我们再次假设管理层了解这些规则），于是在 2023 年超级碗比赛期间播放了一则广告（花费 700 万美元，时长 30 秒）。该广告完全属于重要程度较高、动机消极的象限。广告提供了大量信息，引发了一种让人不适的负面情绪。广告中出现了一位不太出名的女演员（歌手），她介绍了一个新的品牌名字——MAYA，而不是 M&M's，这则广告应该是有点意思的。但除了制作广告的人，几乎没有人会觉得好笑。广告引发的唯一情感是迷惑，但我不知道为什么，如果你为 M&M's 工作，可能感到很滑稽。她还介绍了一种新的 M&M's 糖果，一种带着巧克力外壳的小贝壳，广告商想让它有趣点，因为它带有一点恶搞倾向，如果你尝试吃它，可能会把牙齿折断。

请相信我，若你一定要混淆人们对你产品品牌名称的记忆，也不应该将你的巧克力糖果与贝壳和折断的牙齿联系在一起。广告效果测评机构 Ad Meter 将该广告评为 50 个测试过效果的超级碗广告中的第 49 名，Ad plan 给它的评级为"D"，Ad Age 给予 2 颗星的评价。从社交媒体响应角度看，该广告还出现在 Hoot & suite 关于超级碗广告的 5 个最差广告清单中。M&M's 在一个 30 秒的广告上花费了 700 万美元，这还不算制作广告的成本和损害品牌形象的严重成本。M&M's 的广告经理要花多少钱，才能在街上花一个下午，用 iPad 向大约 50 个人展示广告并征求他们的反馈？我们知道糟糕广告的表现在任何测试中都很差，就像 M&M's 的这则广告一样。

你必须亲自进行广告测试。如果你使用外部的市场研究公司，你们之间要开会，要有提案，以及进行关于广告测试工具的讨论、统计分析、心理分析，还需要一份"无人阅读"的报告（通常你要花一个月甚至更长时间的调研，再用两小时去展示它）。这就是广告经常没有进行预测试的原因，它太耗时了，而且无论如何，一旦广告制作完成，你再做任何事情都为时已晚，而且几乎所有参与广告制作的人都对了解广告没有兴趣。

那么，如何快速进行预测试？你可以随机在街上找 10 个人，向他们展示广告并询问他们的想法。我收集了一组来自美国的竞争产品的广告，这些广告已经通过各种方式测试了消费者的反应。在我带的中国的 MBA 和 EMBA 班级中，大多数人总是能够迅速识别哪一个广告更胜一筹。他们只需要花几分钟的时间。

你可以通过谷歌搜索轻松找到有关跨行业、跨国界、跨时代的成功广告以及与其相关的详细描述和解释。你要做的是研究与你在同一象限的产品相关的成功广告。

研究使某个广告非常成功的要素、创意思路，然后寻找将该思路应用于你的情况的方法。百事可乐的著名广告已经持续了数十年，它宣称："百事可乐——新一代的选择"。当然，真正的信息是可口可乐是为老年人准备的。事实是，如果你谈论自己，实际上也许你也正在谈论竞争对手。百事可乐通过细分市场展示了如何在广告中与巨头成功竞争。

—

如果你的广告让你觉得不知所云，那么，其他人的观感也将是一样的。

—

- 不要自言自语。

- 商家及其广告公司是最不适合评判其广告好坏的，它们知道的太多了。

- 评判广告的最佳人选是你的潜在客户！

- 不同的销售情境适用不同的广告。

- 品牌知名度是第一大挑战。

- 品牌知名度有两种：记得和认得。

- 记得和认得这两种品牌知名度的情况适用不同的广告原则。

- 不同的产品适用不同的广告规则，要确保你的广告经理和广告公司知道这些规则。

- 了解你面临的销售情境，选择相应的广告规则，因势利导。

- 要打破陈规，必须先掌握陈规。——马克·吐温

- 你购买的车、烟、酒、衣服决定了你是什么人，但你用什么洗衣粉和你是什么人没关系。

- 如果你的广告让你觉得不知所云，那么，其他人的观感也将是一样的。

第 10 章

数字广告

提纲挈领，吊你胃口

- 比较一下电视广告和数字广告
- 数字广告的优势和局限
- 探索全新的广告方式

让我们从宏观的角度开始：2024 年，全球广告支出总额预计约为 1 万亿美元，广告形式涵盖电视、印刷品、数字媒体等。全球广告支出总额每年以约 4% 的速度增长着。[1]

电视广告支出仍然占据总广告支出的 1/3，约为 3200 亿美元，目前以约 2% 的速度增长着，较之前每年约 7% 的增长速度有所下降。

数字搜索引擎广告紧随其后，广告支出达到 2800 亿美元，增长率约为 7%。其中约有 1600 亿美元用于谷歌搜索。

横幅广告（数字），即显示在网站顶部 / 侧边 / 底部的广告，约为 1700 亿美元，增长率约为 5%。

除了这三大领域，还有 4 个小领域：印刷品、广播、广告牌和网红（数字），每个小领域的广告支出都在 300 亿到 400 亿美元之间。数字广告（搜索、横幅和网红）的支出合起来占据了全球广告支出的一半，并预计在 2030 年将占据全球广告支出的 2/3。

那么，让我们比较一下电视广告和数字广告。它们有什么不同？为什么互联网（数字媒体）摧毁了印刷媒体，但尚未摧毁电视？

以下是一篇为电视广告辩护的 (经过编辑的) 精彩解释，作者是道格·加内特（Doug Garnett），他不仅教授广告学（任教于美国俄勒冈州波特兰大学），还是一家专注于电视广告的广告公司的所有者。

通过电视广告，你确实可以获得想吸引的观众。通常，你会准确知道广告何时播出，在哪个电视台播出，你可以使用这些可控因素来确保广告触达你所关心的人群。

互联网广告试图通过微观定位来提供适当的触达。在此过程中，后台会设定一组特定的行为属性（比如"他搜索了福特探险者这款车"），然后确保广告仅被展示给有这些行为属性的人。

然而，由于广告是通过一套复杂的自动化软件驱动并执行选择的，因此你很难知道触达的程度，以及谁被触达，谁又未被触达。

对于直效广告[①]，微观定位可能会有不错的效果，尤其是谷歌、亚马逊等公司已可以利用人工智能进行广告执行和微观定位规范实验。但对于品牌建设来说，这并不是件好事。

电视和数字媒体适用于不同的广告对象。如果你拥有面向广泛市场的产品，从观众数量的角度来看，电视仍是你最有效的广告媒体，你可以知道你的广告受众是谁，并控制你所触达的受众。

—

知道你的广告受众是谁，并控制你所触达的受众。

—

加内特提出的电视和数字媒体适用于不同的广告对象的观点符合一个简单的事实，那就是迄今为止，数字媒体摧毁了印刷媒体，但尚未摧毁电视媒体。为什么会这样呢？让我们来仔细看一下数字广告的现实情况（今天，也许不代表明天）。

---

① Direct Response Advertising，是一种通过直接沟通的方式，旨在激发特定受众采取行动（如订购）或做出反应（如查询或索取资料）的广告形式。如直邮、信函、DM（快讯商品广告）、夹页、传单、邮购、直接信函、电信行销及有线电视购物频道等。直效广告必须是双向的。

　　回顾我们之前关于标题重要性的讨论。在视频中，你看到的前几秒内容就是标题。你只有那几秒的时间。根据 SCS 的杰夫·罗奇（Jeff Roach）的说法[2]："……在过去的几年中，作为营销人员和广告代理商，我们都学到了一些关于数字媒体的东西——没有人能够看完在线推广视频。"

　　但罗奇先生是错误的。并非"没有人"看完。事实是，我们自己看完了我们的广告，在很多情况下，我们的业务经理、广告代理、竞争对手，甚至我们亲爱的家人也都看完了。但罗奇先生也是对的：除了我们自己和我们周围的人，几乎没有人会看完。

　　以下是数字广告触达的数据。当我们购买广告时，我们在购买"曝光"。这些数据计算的不是看到广告的人数，而是有机会看到广告的人数。1 份报纸有 100 万名订户，就算作有 100 万次曝光，1 份有 100 万名订户的杂志可能有两三百万次曝光，因为杂志通常会被转给其他人阅读。一部有 100 万名观众观看的电视节目中播放的 10 秒、15 秒或 30 秒的广告，被视为有 100 万次曝光。从理论上讲，数字电视观众有时可能会跳过广告，但大量研究表明[3]，实际上并不会这样。观众也许会查看手机，与房间里的其他人交谈，使用浴室，做一些家庭作业（我会批改一些作业）。他们或者会从厨房里拿来另一瓶啤酒，同时至少保持一只耳朵或一只眼睛的注意力留在广告上。计算曝光是一门非常粗略的学科，实际上它根本不是科学，不同人对此有着不同的猜测，只要数据足够合理，经理们可以使用相关数据，就可以了。

　　那么，数显设备广告或视频广告是如何计算曝光的呢？下文讲了在线曝光如何被计算为曝光。"广告画面中至少有 50% 的像素必须在广告显示时连续 1 秒（对于展示广告）或连续 2 秒（对于视频广告）内可见。"[4] 这是由媒体评级委员会（Media Rating Council，MRC）制定的正式行业定义，美国和至少其他 25 个国家和地区的所有独立第三方广告验证平台都在使用它。MRC 会告诉你曝光次数。

　　为什么只有一两秒的时间？因为占用更长的时间，比如三四秒，将大大减少数字广告的曝光次数。在线观众手上有键盘。根据英国研究公司

Lumen 在 2016 年的研究[5]，他们基于从 300 名消费者研究小组收集的数据，使用眼动跟踪摄像机，得出了令数字广告商不悦的结论：91% 的广告在不到 1 秒内被看到，5% 的广告在一两秒之间被看到，4% 的广告被看到超过 2 秒。"相比之下，报纸上的整版广告被 88% 的读者阅读，平均曝光时间为 2.8 秒。[6]

传统媒体（包括电视、广播、杂志和报纸）的千次曝光成本（Cost Per Mille，CPM）的范围在 10 到 50 美元。2023 年，数字展示广告在 Meta 或谷歌上的 CPM 在 3 美元左右。数字广告曝光更便宜，但你只有不到 2 秒（最好是 1 秒）的时间传递信息。米勒啤酒查看了数据并决定制作 1 秒的广告[7]。米勒啤酒已经认识到数字媒体对于当前实际广告客户来说是什么：数字广告牌。它与我们在火车站或公路沿途看到并看了一两秒的广告并没有什么不同。

—

数字广告曝光更便宜，但你只有不到 2 秒（最好是 1 秒）的时间传递信息。

—

广告行业似乎仍然困惑于手机、平板电脑、笔记本电脑有屏幕这一事实。行业将这些带屏设备视为智能小电视，并且通过为这些小电视制作小电影来赚钱，乐此不疲。这些广告通常以展示广告公司的创造力为开端。零食品牌多力多滋（Doritos）在 2023 年超级碗推出的玉米片广告，邀请了三位知名音乐人杰克·哈洛（Jack Harlow）、艾尔顿·约翰（Elton John）和蜜西·艾莉特（Missy Elliott）共同演出。广告讲述了杰克·哈洛在寻找创作灵感的时候，由玉米片的三角形联想到三角铁。他利用三角铁的旋律创作出音乐，掀起一股流行热潮。广告从服装、发式到直播装饰，三角形无处不在。品牌通过对产品形状特征的重复，加深消费者对于多力多滋玉米片的印象。

　　在这些短片中，关键信息通常只出现在最后。一般来说，创意是广告专业人员的强项。他们寻找"大点子"，然后努力执行到位。谷歌使用人工智能根据你提交的信息（姓名、标题等）为你构建不同的广告。然后，通过使用不同版本的广告，他们确定哪个版本的效果最佳。这对于直效广告是有效的，但这并没有告诉我们关于品牌建设的问题。大品牌的共识似乎是，目前数字媒体触达的 9% 的受众，并不能满足它们的需求。

　　数字广告技术极大地提高了我们以极低成本触达正确目标受众的能力，但这需要努力。我想起了有线电视，它通常被领先的广告代理公司回避，因为有线电视更为分散，在有线电视上花费 1000 万美元比在常规电视上花费 10 万美元所需要做的工作更多[8]。数字媒体比这还要分散。大品牌发现，网红广告更适合传达品牌价值，但是网红广告依然面临前面提到的问题，即在总体上，你并不真正知道自己触达了谁。

　　数字广告技术未能提高我们吸引目标受众的能力。也许这是技术的问题。但我认为这也是我们管理者的问题。我们的管理有盲点，这是我们的问题。大多数数字广告仍然遵循传统广告的创意习惯，未能考虑人们实际上如何观看这些广告甚至根本不看这些广告。

　　数字广告确实允许我们更好地衡量广告的即时有效性，这是数字广告在全球广告业中占主导地位的一个重要原因。无论如何，即使掌握再多的人工智能技术，我们也不能衡量那些我们没有能力触达的效果，也不能衡量超出即时响应的效果。超级碗的 CPM 为 58 美元，几乎是谷歌的 10 倍。使用数字广告的终极要义是，我们要在保持和建立品牌价值的同时，从数字的优势——精确定位、可测量性、即时性、互动式沟通和低成本中受益。

—

电视广告和
数字广告有不同的用途。

—

▶ 数字革命将持续进行

人们习惯于看电视和上网。但随着奈飞、HBO、Youtube、TikTok 等的出现，这种说法已经不再成立，这也有助于解释电视广告增长明显放缓的原因。在美国，数字媒体已经取代报纸杂志，报纸杂志收入从 2012 年的 450 亿美元逐步下降，到 2024 年预计将只剩下不到 120 亿美元。电视广告的支出预计从 2012 年的 650 亿美元略微增长到 2024 年的 690 亿美元。[9] 显然，广告商将他们的预算从印刷广告转向了数字广告，但还没有转向电视广告。全球广告业的共识是，电视广告和数字广告有不同的用途。

流媒体的大行其道正在改变这一局面。数字正在进入电视，或者说电视正在拥抱数字。Youtube TV 拥有多达 1.2 亿名观众，他们在大屏幕电视上观看 Youtube 上的内容，而不是在笔记本电脑或手机上观看。对于以前通过广播或有线电视分发内容的电视网络，流媒体是它们新的分发替代渠道。流媒体进入了现在濒临消亡的有线电视公司的业务，Youtube TV 提供了众多来自电视公司的内容，包括新闻、体育直播、电影等。观众可以选择免费观看带广告的内容或者付费观看不带广告的内容。鉴于领先广告商愿意支付巨额费用以触达电视受众，无论人们在何时、何地观看电视，我怀疑完全不带广告的观看形式可能会在很大程度上逐渐消失。以前不带广告观看的流媒体服务现在提供了两个层次的选择：一种是较为便宜的带广告观看服务，另一种是较为昂贵的不带广告观看服务。我建议他们提供至 3 个层次：非常昂贵的完全不带广告的服务、中档价格的带有限广告的服务以及便宜的带广告的服务。最后一个层次与我们每看半小时电视就要看 10 分钟广告的情况类似。

美国的超级碗是美国最受关注的现场体育赛事之一，它是通过传统的 30 秒广告触达单一大众受众的最佳场景之一。2023 年，一则 30 秒广告的成本达到了 700 万美元，是 2012 年 350 万美元成本的两倍，成本增长率轻松超过了通货膨胀率。以大规模营销为基础的大品牌迫切希望在一个彻底分裂的媒体环境中保持价值，其中大众传媒已经成为例外而不是规则，大品牌尤其迫切地希望触达年轻观众。大品牌非常愿意为此付费。需求创造供应，我怀疑传统电视广告将以某种方式幸存下来，但它们不会变得便宜，而且可能不会出现在传统电视上。

鉴于传统广告机会的稀缺和昂贵，大品牌公司提出了一个问题：是否有其他方式来建立和维护品牌？

好吧，特斯拉从未在电视广告上花费过巨资，却建立了一个全球范围的大品牌，星巴克、希音也是如此。卡尔·休厄尔也是如此，他认为在卓越的服务上花钱是最便宜的品牌建设方式，这样可以引发基于客户体验而不是言辞上的、持久的情感联系。

如果你的产品确实与众不同且有所创新，或者你的服务独一无二，抑或你的产品价格极低，这可能足以使你的品牌变得著名并备受喜爱。你的客户会帮助你传播你的品牌，但并不是很多公司都有上述选择。

一种方式是完全转向另一种媒体。米勒啤酒得出结论，它永远无法与百威啤酒在电视广告预算上竞争，于是它转向了赞助体育比赛（它的广告最终还是出现在了电视上）。

另一种方式可以说在广告界备受青睐，就是设计一个突破噪声的在线广告活动，旨在明确引发与消费者的情感联系。你最好通过你的网站、通讯稿和电子邮件等方式与消费者建立联系。下一章将介绍几个真正成功的广告活动，可能对此有进一步的说明。希望你可以从那些广告活动中得到一两个创意。

—

设计一个突破噪声的在线广告活动，旨在明确引发与消费者的情感联系。

—

- 知道你的广告受众是谁，并控制你所触达的受众。

- 数字广告曝光更便宜，但你只有不到 2 秒（最好是 1 秒）的时间传递信息。

- 电视广告和数字广告有不同的用途。

- 设计一个突破噪声的在线广告活动，旨在明确引发与消费者的情感联系。

第 11 章
数字媒体营销的
一些经验教训

提纲挈领，吊你胃口

- 加强用户参与感
- 人们乐于分享消费统计数据
- 纪录始终是吸引眼球的，但不要忘了活动初衷
- 一些值得深思的反例

▶ 优衣库

优衣库是一家日本快时尚零售公司，它通过零售店，当然也通过互联网，销售时尚服装。你可以将其描述为与希音截然不同的品牌，却同样具有庞大的规模和丰厚的利润。优衣库的年销售额有 150 亿美元，产品不能算太廉价，简约时尚。相反，希音的年销售额约为 220 亿美元（2022 年），主打价格优势，紧跟时尚步伐。[1]

2017 年，1000Heads 在澳大利亚为优衣库推出了一项名为"Uncover"的活动，以推广优衣库的新 HEATTECH 系列，该系列采用了一种旨在保暖的新面料（澳大利亚的冬天可能相当寒冷）。该活动在优衣库店铺前的数字广告屏上以极快的速度显示一个可供详细了解的广告活动码。这些图像移动得如此之快，以至于你必须使用智能手机拍照后才能扫码，并在观看解释新 HEATTECH 系列是如何使用革命性面料的短视频后，获得一件免费的保暖内衣。该活动取得了显著的成功，在澳大利亚吸引了 3.5 万名新客户，使 HEATTECH 系列的销售额翻了一番，活动很可能还为优衣库的其他系列服装带来了额外的销售量，触达了澳大利亚 2500 万人口中[①]的 400 多万人，还触达了 2.5 万名新的优衣库信息订阅者。[2]

---

① 2017 年数据。——编者注

这项活动成功地宣传了优衣库的新产品系列和科技概念，但并未被除澳大利亚举办活动以外的地区以及其他国家和地区复制。这是一种非常典型的现象。我怀疑每个国家或地区都有自己的营销组织和本地数字代理机构，不愿从其他国家或地区借鉴想法。雀巢总部明确解决了这个经典的"不是我们发明的"问题，有意在世界各地为雀巢产品寻找独一无二的成功活动，然后努力将这些想法传播到其他地方。

优衣库凭借广告活动的趣味性获得了巨大的成功，因为除非你拍下店铺前的广告活动码，否则你无法进一步操作，这种设计自然会吸引购物者的注意，让他们想知道为什么人们在拍摄广告屏。人们喜欢玩，喜欢游戏，喜欢手机，喜欢分享。与我们过去的广告相比，数字化为营销中的创造力提供了无限的空间。因此，不要满足于广告公司提供给你的那些无厘头短片，只有 9% 的观众在最初的一两秒内观看了这些短片。[3] 那是新瓶装旧酒。如今，创新的营销机会多的是，你必须逼着广告公司做出改善。

—

人们喜欢玩，喜欢游戏，喜欢手机，喜欢分享。

—

▸ Spotify

每年年底，音乐流媒体公司 Spotify 都会推出"Wrapped"功能[①]。该功能为 Spotify 用户提供了一份关于他们过去一年听歌习惯的总结报告，内容包括曲目、歌手和音乐流派。Wrapped 非常受欢迎，每年有 1.2 亿名用户

---

① Spotify 利用音乐的各种属性来对歌和人分类。然后它每年会为你提供一份年度报告。

（共有 5.5 亿名用户）在年底使用该功能。他们会在社交媒体上分享自己的年度报告，并与朋友发布的结果进行比较，这一报告总计可以接触数亿用户（包括已有和潜在的用户）。

　　这里有一个重大的启示。人们喜欢有关自己的统计数据，并乐于分享。如果你能引入年末统计数据，那么你就是一个赢家。一些健康应用会告诉你，你在过去 26 周的平均步数。我很怀疑是谁在运营这些应用。没有人知道什么是"过去 26 周"，也没有人会发布他们过去 26 周的平均步数。但如果在年关，我们收到一条消息，告诉我们过去一年自己一共走了多少步，爬了多少阶楼梯，燃烧了多少卡路里，我非常确定，会有很多人在 Meta、Instagram 等社交媒体上分享这些统计数据，甚至和碰巧与他们一起庆祝新年的人分享。由于年关正好是旧一年结束、新一年开始之际，人们都在立新年目标，因此这也正是让新用户注册的最佳时机。

　　在亚马逊上，你可以分享你在过去一年里从他们那购买了多少东西、你购买了什么，了解你通过使用亚马逊信用卡节省了多少钱（或者在附带信用卡优惠的情况下，你本可以节省多少钱）。

　　Trip 网站可以告诉你在过去一年里，你通过该网站总共去了多少地方、你住了哪些酒店，还可以在世界地图中标记你去过的地方。该网站也可以在你从 Trip 购买的服务中标记这些数据。你应该有添加你去过的地方的选项，这样你就可以看到你一生中去过多少个省份了，并计划至少每个省份去一次，依此类推。统计数据，尤其是年底的统计数据，是一个推广利器。

　　能为个人用户统计数据，尤其是在年末为个人用户统计数据的商家，会是赢家。今天我们有了大数据，我们需要考虑我们拥有的关于客户的数据，以及我们如何在营销中创新地使用这些数据（避免无意识地重复发送垃圾邮件）。

—
能为个人用户统计数据，尤其是在年末为个人用户统计数据的商家，会是赢家。
—

▶ 红牛、黄金海岸、茅台

从《吉尼斯世界纪录大全》的经久不衰中可知，创造纪录是一种能够长期有效地吸引眼球的方式。这本书本身就源于吉尼斯啤酒的营销活动。红牛是一个将"纪录"营销做到极致的例子。它是一种能量饮料（实际上比一杯普通咖啡的咖啡因要少一些），其通过赞助极限运动，将品牌与高能活动联系在一起。红牛 2012 年的"Stratos"活动耗资 2000 万美元，赞助菲利克斯·鲍姆加特纳（Felix Baumgartner）进行了一次创世界纪录的太空跳伞。鲍姆加特纳于 2012 年 10 月 14 日从距地面 38 969.4 米高的氦气球上跳伞，等待了 4 分 20 秒后打开降落伞，并成为第一个突破声障的人，其下降速度达到每小时 1357.6 千米。红牛在 YouTube 和自己的官网上进行了活动的实时直播。这一活动在 YouTube 上吸引了超过 800 万名实时观众，这一数据也创下了纪录，活动在全球产生了数十亿次的媒体曝光。红牛将品牌与冒险、刺激、极限运动能量等关联在了一起。

《黄金海岸公报》决定通过组织最长的一英里①比基尼游行来吸引关注，该游行位于澳大利亚东海岸。之前的纪录是在开曼群岛（2010 年），有 331 名穿着比基尼的女性进行了一英里的游行。黄金海岸创下了 357 名女性的

---

① 1 英里 = 1609.34 米。

新纪录。该活动的媒体关注度非常高，而且其影响力是国际性的，以至于佛罗里达州巴拿马城的海滩随后以 450 名女性进行一英里比基尼游行打破了这一纪录。然后，在中国辽宁省的葫芦岛市，有 1085 名女性穿着泳衣游行了一英里。《黄金海岸公报》的人想要重新夺回他们的纪录。[4]

　　数字媒体扩大了此类活动的潜在影响，也提供了比这些纪录更令人兴奋的机会。在下一个活动上，他们或许可以这样做：排队的女士可以自愿拍照参加在线选美大赛。当然，获胜者将获得奖品。但更好的是，活动方将在为获胜者投票的人中随机选出 10 位幸运的人，他们将获得在黄金海岸度过一周免费假期的机会。如此一来，人们就在营销活动中增加了玩法。

—

创造纪录是一种能够长期有效地吸引眼球的方式。

—

　　在现实数字世界中，触达更多的人并通过我们的推广工作实现更大的参与度不会花费更多的钱。它需要更多的想象力，需要我们更多地思考如何才能让推广和与用户的沟通变得有趣。这不仅是从我们自己的角度出发，更多的是从潜在用户的角度来说的。太多的数字广告只是在新媒体上发布的传统广告。数字媒体能够建立品牌，并与营销人员想要触达的客户建立情感联系，但这无法通过传统广告的数字化来实现，譬如搜索引擎或横幅广告。同时，这也无法通过靠高度分散的数字影响力者[①]来实现。我们必须设计一个故事，它必须与品牌相关（如穿着比基尼的美女与海滩相关），它最好包含乐趣以及让客户积极参与的机会。

---

① 能够以积极或消极的方式影响公众舆论或改变消费者行为的在线消费者、在线记者和在线分析师。

—

数字媒体可以建立品牌，但必须有一个故事，它必须与品牌相关，让顾客和潜在顾客积极参与进来。

—

茅台是另外一个例子。想象一下茅台打破了生产史上最大的茅台瓶的纪录，它限量生产500瓶，将酒卖给了在茅台网站上出价最高的500位竞拍者，所得款项用于支持贵州最贫困村庄的教育。这种纪录瓶可能会引起广泛关注，对竞拍者来说也会是一笔极好的投资。如果有100瓶被留给"幸运的茅台获奖者"，它将更具数字吸引力。任何人都可以报名参加，其中100人将被随机选为"幸运的茅台获奖者"。数字世界充满创新机会。

随着数字化世界的来临，广告业得以持续增长。这并不奇怪。优秀的数字营销推广比传统的电视和纸媒广告需要更多的工作量和创造力。通过媒介数字化来节省获客成本是件好事，明智的做法是将部分节省出来的钱用到刀刃上，用更大的力度实现信息的数字化。设计玩法、统计用户数据、创造纪录，希望这些案例经验能给大家一些启发。你也可以看看大家的玩法，了解更多信息。当你拜访新的广告公司时，也要问他们可能为你之前的广告活动增加什么，你又错过了什么机会。

▶ **德龙、尼桑**

让我也给你举一些反例。这里有一个警告。不要因为促销而忘乎所以，忽视了你的主要任务：**打造你的品牌**。让我给你举一个反例。来自意大利的德龙是世界上最大的家用咖啡机制造商，尤其以其浓缩咖啡机而闻名。该公司创造了一个最大杯咖啡的吉尼斯世界纪录，他们在伦敦的一个地铁站安置了一个咖啡杯（可容纳 13 000 升的咖啡），并放置了整整一天。在我看来，除非你在咖啡公司工作，否则在地铁站喝一杯最大杯咖啡是很难令人兴奋的。我难以想象拍一张照片并用它来打扰我的朋友，会有什么意义。大咖啡杯的照片不是和小咖啡杯的图片一样大吗？有人在谷歌上搜索过"一杯世界上最大的咖啡"吗？但也许只有我一个人没搜过。而且，这种纪录本质上是一类模拟信号媒体 ① 上的推广活动。假设用电子邮件发送自拍照就有机会赢得 100 台意式咖啡机中的一台的话，这将更加符合数字营销的特质。任何发送自拍照但没有获奖的人都可以通过电子邮件获得一张折扣券。

　　但在上述案例中，推广的真正问题是，纪录与品牌特质几乎无关，甚至与品牌特质完全矛盾。美式咖啡是大杯咖啡。"Americano"是第二次世界大战（以下简称"二战"）期间在意大利的美国士兵发明的，他们在意式浓缩咖啡中加入热水，如果发现热水太少，咖啡味道会太浓。意大利咖啡杯是那时世界上最小的，即使在那时，咖啡也只装了一半。德龙"世界上最大的一杯咖啡"完全违背了意式浓缩咖啡品牌的小、优、浓的品质定位。在对自己的推广沾沾自喜时，不要忘记自己的品牌。

　　日产提供了另一个更天真、更搞笑的例子。他们自豪地宣布，他们在迪拜机场拥有世界上最大的室内发光广告牌，这打破了一个最无聊的世界纪录（这将是吉尼斯世界纪录中一个搞笑的新类别）。除了室内照明广告牌生产商，没有人会在谷歌上搜索它。保险公司和会计师可以将他们的品牌与无聊联系起来，并从中获利。汽车公司应该与刺激联系在一起。记住：推广和沟通是手段，而不是目的。不要让你的手段破坏你的目的。

—

推广和沟通是手段，而不是目的。
不要让你的手段破坏你的目的。

—

---

① 　常见的模拟信号媒体有磁带、黑胶唱片、传统电视、无线广播等。——编者注

- 人们喜欢玩，喜欢游戏，喜欢手机，喜欢分享。

- 能为个人用户统计数据，尤其是在年末为个人用户统计数据的商家，会是赢家。

- 创造纪录是一种能够长期有效地吸引眼球的方式。

- 数字媒体可以建立品牌，但必须有一个故事，它必须与品牌相关，让顾客和潜在顾客积极参与进来。

- 推广和沟通是手段，而不是目的。不要让你的手段破坏你的目的。

第 12 章

奥格威的广告基本原理
在数字媒体中的应用

提纲挈领，吊你胃口

"广告艺术"的基本原理

奥格威的"十诫"

　　世界上已知的最古老的印刷广告出自中国宋代，内容大意是："济南刘家功夫针铺：我们用高质量的钢条，制作精美的细针，您随时可以在家中使用。"文字的中间显示着店铺的标志——一只拿着针的兔子（见图 12-1）。[1]

图 12-1　济南刘家功夫针铺广告 [①]

————————

①　铜版长 12.4 厘米、宽 13.2 厘米，铜版的上方标明"济南刘家功夫针铺"，中间是白兔捣药的图案，图案左右标注"认门前白兔儿为记"，下方刻有说明商品质地和销售办法的广告文字："收买上等钢条，造功夫细针，不误宅院使用，转卖兴贩，别有加饶，请记白。"——编者注

自那以后人们学到了很多东西，其中大部分都是由著名的大卫·奥格威总结的，他通常被称为广告之父。实际上，他更像是广告界的孙武。在这个古已有之的领域中，他是第一个总结出知识并提出一系列规律性概括的人。《孙子兵法》至今仍是世界各地军事院校的必读书，因为战争的基本原理仍然是军事的基础。因此，让我们研究一下奥格威总结的"广告艺术"的基本原理——一共有"十诫"。

▶ 第一诫　你的任务是销售，不要远离广告的唯一目的

根据奥格威的说法："如果你希望人们购买你的产品，你必须尽可能简洁明了地说明你在销售什么，以及购买你的产品将如何改善他们的生活……如果你认为你应该用你的文字和创意来给他们一个惊喜，这没有问题，但永远不要以损害销售为代价。"图 12-2 展示了奥格威为赫莲娜·鲁宾斯坦（Helena Rubinstein）创作的简明扼要且非常成功的广告标题。

请注意在标题之后还有多少文字。你可能认为没有人会阅读它们。我的确不会阅读它们，但我不是一位 35 岁以上的女性。

在阅读印刷媒体时，读者可以选择阅读文本或翻页跳过：这与在网络平台上选择点击或不点击、视线是否要在广告上多停留几秒，或者根本就不停留的情形差不多。

这则广告利用了读者瞥见标题的那一秒时间来引导读者"点击"。在数字广告中，你第一秒看到的就是标题，你的网站内容可以被视为广告的其余部分。这个标题被选为奥格威与马瑟广告公司十大最成功的标题之一。我想知道在今天，这个标题能够带来多少点击量，特别是如果加上了一个著名的品牌名称（考虑到互联网上有太多的噪声和无意义的东西）。

译文：
35 岁以上的女士
如何显得更年轻

图 12-2　奥格威为赫莲娜·鲁宾斯坦创作的广告

▶ 第二诚　明确定位：是什么，是为了谁

例子：休息一下，吃一块儿奇巧巧克力

这则广告将奇巧（KitKat）巧克力定位为办公室员工的零食，简单明了。广告也只强调了这一点。它取得了巨大成功，雀巢公司在之后的几十年里将这个广告在世界各地播出。不需要 30 秒的时长，也不需要网站，一个一两秒的数字广告就足够了。这是一则广告牌广告，表达并呈现了产品宣传语，只展示了包装，没有说话的头像。一个一秒的广告可以承受很多曝光，使得消费者在商店看到它时会认出它的品牌，这正是我们对快速消

费品广告的期待。只要我们将广告设计成一秒广告，数字媒体在实现召回和识别方面就可以优于电视。多年来，美国的高尔夫频道一直为广告商提供播放一秒广告的选项。

我还要引用史蒂芬·D. 列维特（Steven D. Levitt）的话。他是《魔鬼经济学》一书的作者。他说："一秒广告是如此之短，以至于无论我是否愿意，每当我看到它时，我都无法阻止自己的大脑思考广告中的产品。信息太少，以至于我感到大脑需要填补空白。"[2]

▶ 第三诫　做足功课，详细研究你的消费者以及产品

"如果你不做功课，就没有机会制作成功并使产品畅销的广告。"根据奥格威的说法，你必须研究：

- 你为谁创作；
- 受众的思维方式；
- 受众的需求；
- 关于产品的一切。

没有其他方法可以写出有趣的、让人直不起腰的东西，这是我们制作广告时的一大问题。撰写广告的人可能对广告了解很多，可又对产品了解多少呢？当劳斯莱斯要求奥格威策划一个新的广告活动时，他花了三周时间研究该公司生产的汽车的一切，包括它是如何被制造出来的、它有什么不同之处，等等。然后，他提出了一个被认为是有史以来最好的广告标题之一，导致劳斯莱斯的销售额大幅增长了50%："在时速60英里时，这辆新劳斯莱斯最大的噪声来自它的电子钟。"（见图12-3）。

除了劳斯莱斯，奥格威还研究了其他东西。他研究了过去一些非常成功的汽车广告。在他撰写这一则优秀的广告标题时，他无疑已经看过了1937年宣传的广告："新普利茅斯是如此安静，以至于你可以听到手表的嘀

答声。"。而普利茅斯从 1932 年的皮尔斯·阿罗广告中获得了灵感："在新的皮尔斯·阿罗车上，唯一能听到的声音是电子钟的嘀答声。"

译文：在时速 60 英里时，这辆新劳斯莱斯最大的噪声来自它的电子钟。

图 12-3　劳斯莱斯广告

因此，让我补充一下你应该研究的内容：过去的成功广告。

▶ 第四诫　将消费者视为女性，她们想要知道你能提供的所有信息

事实上，奥格威认为，应该向包括男性在内的所有消费者提供所有的相关信息。确实，大量研究证实，约有 80% 的消费者支出是由女性推动的。[3]

请研究一下那则让劳斯莱斯的销售额在一年内增长了 50% 的广告主体文字，然后问问自己：关于你的产品和公司，你向客户提供了哪些信息？

然后再开始工作。

　　以下是上述广告的主体文字。

1. "在时速 60 英里时，这辆新劳斯莱斯最大的噪声来自它的电子钟。"根据《汽车》杂志技术编辑的报道，车上装有三个消声器在声学上屏蔽噪声。

2. 每台劳斯莱斯发动机在安装前都要连续运转 7 小时，每辆汽车都要行驶数百英里进行测试。

3. 劳斯莱斯被设计为自用车类型。它比最大的美国国产车短 18 英寸 ①。

4. 该车配有动力转向、动力刹车和自动换挡器。驾驶和停车都非常容易，不需要司机费力操作。

5. 成品汽车在最终测试车间停留一周，进行微调。在这里，汽车经历了 98 道单独的测试。例如，工程师使用听诊器来听轴承的响声。

6. 劳斯莱斯有 3 年的质保服务。有了新的经销商网络和全美各地的零件库，服务不再是问题。

7. 劳斯莱斯的散热器从未改变，只是在 1933 年亨利·罗伊斯（Henry Royce）爵士去世后，RR 字母的颜色从红色改为黑色。

8. 敞篷车上过五道底漆，每道底漆之后都要手工抛光，然后再上九道表面漆。

9. 通过在方向盘上移动一个开关，你可以调节减震器以适应道路状况。

10. 一张法国胡桃木饰面的餐食板可以从仪表板下滑出。前座后面还有两张餐板。

11. 你还可以自选一些其他的额外配件，比如一台浓缩咖啡机、一台录音电话机、一张伸缩床、一台冷热水机、一把电动剃须刀或一部电话。

---

① 1 英寸 = 0.0254 米。

12. 劳斯莱斯有三个独立的制动系统，两个液压制动，一个机械制动。一个系统的损坏不会影响其他系统。劳斯莱斯是一款非常安全的汽车，也是一款运动感十足的汽车。它在 85 英里的时速下平稳巡航，最高时速可超过 100 英里。

13. 宾利是劳斯莱斯厂商制造的。除了散热器，它们有着相同的汽车生产线，由相同的工程师在同一家工厂制造。那些开劳斯莱斯感到不习惯的人，可以买一辆宾利。

广告显示，一辆劳斯莱斯的售价为 13 995 美元。

你在广告中投放的信息越多，阅读广告的人就越少，因广告而售出的产品也就越多。那么，你到底想要哪个？你想要更多的人阅读你的广告还是想要更多的人购买你的产品？信息越多，产品销售得越多。所以，我常问经理们：你们究竟能告诉客户什么呢？我在做公司培训时，经常使用这个例子作为练习案例。当人们开始思考，他们的公司或产品到底有多少有趣和了不起的地方时，热情就会被激发出来，这会让他们爱上自己的公司和产品，而这些是他们的广告公司和客户确实无法感受到的。记住：卖家对产品感兴趣，买家对产品感兴趣，广告公司只对广告感兴趣。

今天，数字广告的优势在于，向客户提供的信息没有限制，也没有额外费用产生。你热爱自己的公司和产品（我希望如此），因为你了解它。告诉你的客户你所知道的一切，他们也可能会开始喜欢上你的公司和产品，这就是建立强大品牌的过程。

但我也要再重复一遍，如果你的数字广告的前一两秒被浪费在创意和故弄玄虚上，那么什么都无法实现。

▶ 第五诫　用受众每天使用的语言与他们交流

根据奥格威的说法："使用他们的语言，他们每天使用的语言，他们思考的语言。"在电视、广播或互联网视频中："用那种与坐在你对面的老朋友说话的方式跟你的广告受众沟通。当你为你的广告受众写文案时不要以为他们正挤在体育场中听你讲话。人们阅读你的文字是单向度的信息传输。因此，你得想象自己正代表客户给他们每个人写信。"不要用广告商的语气说话。

▶ 第六诫　重视标题，80% 的资金将得到正确投放

正如奥格威说过的："当你撰写标题时，你已经花了 1 美元中的 80 美分。""永远不要使用晦涩难懂或不知所云的标题……人们看广告时一扫而过，很难瞬间理解你背后想说什么。"这里有两个标题："追踪包裹不应该比追踪一个人更容易"和"现在你不必等到回家才能用谷歌搜索约会对象了"。感兴趣吗？也许你要寄包裹，但为什么要等到回家才搜你的约会对象呢？难道不是应该在约会之前就搜索他们吗？你没有手机吗？无论如何，第一个标题是摩托罗拉试图销售卫星手机用的。我已经试了很多次，从来没有人猜到这是卫星电话广告的标题。第二个广告标题是 LG 销售智能手机用的。的确是富有创意的"头条新闻"，既棘手又无关紧要。事实上，有人想出了这些"头条新闻"，并自豪地告诉了朋友和家人。那很好。朋友和家人当然会热情地点头，向创作者保证这是一个令人惊叹的标题。真正令人惊叹的是，在许多公司会议上，没有人站出来表示这些"头条新闻"毫无意义。

有一次，我的一个学生进行了一番长篇大论，但我完全听不懂。我向全班同学求助："很有趣，谁愿意评论一下呢？"但其他人也不知道他说了什么。我学会了看着他的脸，模仿他的表情，无论大笑还是严肃，然后说"太好了。是的。谢谢。"我怀疑大多数经理也会这么做。他们不看事实，也不听争论，只盯着谈判桌上老板的脸，模仿他们的表情，明智地说些不痛不痒的话："我不怕告诉你，我一直在朝着同样的方向思考。""重要的是

我们要向前迈进。"……特别是一些成功的公司,它们可以雇用大量的"假经理",这些人的绝对重量确保这艘船迟早会沉没。

以下是建议。请广告公司事先准备一些广告,这些广告看起来很酷,但标题不知所云,也因为呈现信息的版面太小而无法被阅读。然后组织一次会议,邀上十几二十名你的营销和广告经理参加。当这些无用的广告被呈现在大伙面前时,你微笑并点头,看看会发生什么。

▶ 第七诫 如果你足够幸运地写出一个好广告,一定要在它过气前不断重复使用

根据奥格威的广告原理:"许多优秀的广告会在失去效力之前就被舍弃,主要是因为它们的赞助商对它们看腻了。舍温·科迪英语学校 42 年来始终播放同一则广告——'你在英语学习中犯了这些错误吗?'如果你足够幸运地写出了一则好广告,请一定要重复播放,直到它不再吸引你。"广告经理和广告代理商自然在创建广告后便会对看到的广告感到厌倦。他们的倾向是开始设计新的广告。如果一则广告一直有效,请继续使用它。因此,要小心那些带有笑话的广告。这类广告不会持续太久,因为重复的笑话非常烦人,特别是在半小时内重复多次的。

—

一定要在优秀广告失效前不断地重复使用它。

—

▶ **第八诫 不要做模仿者，还没有人通过模仿别人的广告建立品牌。模仿可能是"最真诚的剽窃形式"，也可能是卑劣者的标志**

好吧，奥格威说了上面这句话，但我们也看到他从哪里得到了他有史以来最成功的标题。奥格威不介意打破自己的规则。因此，我修改了这条规则，具体如下。

▶ **第九诫 不要模仿你的竞争对手今天所做的事情，但要记住从过去的经验、其他行业或其他国家的成功案例中寻找伟大的想法**

许多智能手机公司在起步阶段试图让自己看起来像苹果公司，化妆品公司试图让自己看起来像法国公司。不要这样做。让苹果继续是苹果，让法国人继续经营法国公司。他们擅长这个。要取胜，你必须选择自己的道路。但是，你可以在过去、其他行业或其他国家中找到灵感。产品和技术会发生变化，但人不会改变太多。

要取胜，你必须选择自己的道路。

▶ **第十诫 是整体品牌个性，而不是那些微不足道的产品差异，决定了产品的最终市场地位**

品牌个性是指什么？假设你是个卖牛奶的。你必须从牛奶本身出发。关于你的牛奶，你能告诉广告受众什么，就像奥格威对劳斯莱斯所说的那样，奶牛饲养在哪里、奶牛平时吃什么，等等。但品牌不仅仅是产品、产品生产方式、产品益处以及任何特别之处。品牌还包括：谁是首席执行官？谁是创始人？有多少人信赖这个品牌并每天购买你的牛奶？宝妈们更喜欢你的牛奶吗？你的工厂是什么样的？你的公司为穷人、环境、母婴健康、学校、国家做了哪些善事？你雇用了多少工人？你为改善工人的生活做了什么？你为中国的儿童教育做了什么？一杯牛奶是帮助孩子开始做作业的好方法吗？还有哪些帮助孩子更好学习的好方法？你公司有多成功？每年你公司的增长率是多少？……所有这些加起来就是你的品牌个性。数字媒体为打造品牌个性提供了有史以来最好的机会。你不能只靠卖牛奶获胜。要获胜，你也必须营销自己。数字媒体为你提供了这个机会。

—

要获胜，你不仅要卖好产品，也要卖你自己。数字媒体为你提供了这个机会。

—

- 一定要在优秀广告失效前不断地重复使用它。

- 要获胜，你不仅要卖好产品，也要卖你自己。数字媒体为你提供了这个机会。

第 13 章

你的广告公司不是
你的合作伙伴

提纲挈领，吊你胃口

- 你的广告公司不是你的战略宣传合作伙伴 -
- 多用几家广告公司 -
- 比照测试多个创意方案 -

▶ 广告公司

我最好的朋友有在广告公司工作的，这一章内容对广告公司来说十分不友好，所以我请求他们跳过这一章，不要看。这样，我还可以和他们继续做朋友。反正他们不看也知道这里会讲些什么。至于其他人，请你们一定要认真阅读，管理好你的广告公司是件很重要的事情，广告好比是你的喉舌。我觉得不应该把自己的喉舌外包给别人，但是有的公司正是这样做的。

你在进行外包的时候，必须认真谨慎地管理好你的广告公司。你也许需要它们的专长，但是你最好先搞清楚它们到底有没有你所需要的专长。此外，你一定要牢记，你的广告公司的利益和你的利益是不一致的，你们并不志同道合。一家广告公司能给你的公司带来增值吗？如果你管得好，它的确能给你带来巨大的增值。如果你不好好管理它，这就难说了，也许你很幸运，如果是这样也就罢了，但更有可能的是，它做出来的广告的效果还不如你自己去做广告来得好。

▶ 广告公司生来就是帮它自己的，而不是帮你的

记住，你不能指望你的广告公司帮你评判广告。同样，你也不能指望你的广告公司帮你设计和制作出适合你的产品的最佳广告。对广告公司来

说，为客户做的每一个广告也是它为自己做的广告。

　　广告公司的创意人员在为你设计广告时，会情不自禁地想，怎样才能在你的广告中展示他们的创意工作，好吸引一些潜在客户。这就是为什么广告公司和它们的创意人员有一种很强的偏向——"为它们的广告本身做广告"，而不是为你的产品做广告。看一下你的产品广告，自问一下，它有多少空间和时间花在你的产品上了，又有多少花在它本身上了。

　　广告公司的经理在参加我的课程时，每次都对我的这个观点表示强烈反对。但是，利益驱动行为并决定认识，不管他们爱听不爱听，这是人性使然。在这一点上，广告公司和我们大伙儿没有太大的区别。私利决定信念嘛。比如，全球性广告公司都力倡广告全球化，而本地广告公司则坚持广告本地化。

如果你相信你的广告公司，你就会得到你该得到的，那就是一无所获。

　　另一个问题是，太多的公司喜欢在各家广告公司之间引入竞争，"比武招亲"。于是，各家广告公司竞相捧场，各显神通，使出浑身解数，展示它们的创意。创意，这个神奇的东西，是它们的竞争武器。在这个阶段，没人理会广告效果。各家广告公司好比在参加选美大赛，每家都有一个上午或一个下午的时间来展露姿色。用气球啦、请乐队啦、请女孩跳舞啦……应有尽有，创意无限。公司经理们和广告公司的主管们都坐在椅子边上，抱臂观看，十分兴奋；而放眼望去，不见一个客户。这足够让我怆然泪下了。

　　下面这段文字描述了摩托罗拉是如何找到其广告代理商——灵狮公司（Ammirati Puris Lintas，APL）来制作其卫星电话铱星（Iridium）的精美广告的。据《华尔街日报欧洲版》报道[1]：

> 灵狮公司在做演示时分发的一堆堆雕塑黏土，已被参加座谈会的潜在客户揉得一团糟，这表达了旅行者对技术的愤怒。为展现创意，摩托罗拉的经理们坐在那里，他们面前摆放着一块块黏土。
>
> 灵狮公司还提供了一份调研报告，受访者是 600 名经常出差、周游全球的经理人……"他们自认为是公司里的佼佼者：与众不同，更坚毅"，灵狮公司的罗伯特·奎斯（Robert Quish）表示，"但是，矛盾的是，他们也会担心，怕别人认为他们外强中干，还担心自己出差在外，不了解办公室斗争的局势，会错失良机，他们害怕自己经常不在家，孩子会疏远他们。我们可以利用他们担心、害怕的心理，让他们觉得有了我们，就可以掌控局势、安神放心、炫耀身份，总之，铱星必胜。"奎斯先生激情澎湃地结束了他的演讲。
>
> 于是，灵狮公司一举中标。灵狮公司纽约办事处设计了夺魁的创意广告："使用一系列的神秘图片和口号，旨在恭维、吓唬那些有权势的强者。"

灵狮公司的广告没有展示手机，而展示了一些有点吓人的美国境外的风景照片。恭维、吓唬？销售电话的事怎么说？对受众的蔑视、对商务舱和头等舱里的主管们的不屑，倒是可以被察觉的。它是如此轻率地高估了一个广告的影响力，极尽奉承，惊世骇俗，令人哭笑不得。这个广告针对的不是企业资深高管，而是广告公司对企业资深高管的扭曲而失真的印象。5 个月之后，平均每个星期约有 150 个受这个广告"恭维、吓唬"而购买了卫星电话的经理人，平均每个客户的广告费用为 15 000 美元。干得漂亮，灵狮公司。你在做调研时，有没有问那些高管，他们到了一个没有电话联系的地方的情况多不多？会有两种答案：一种是很少，一种是从来没有。

然而，我们不应该指责灵狮公司。它只是尽其本分，为了捕获客户，该做什么做什么，无可厚非，而且它也的确做成了，赚到钱了。如何选择广告公司这一游戏规则并不是它设计的。我们要指责的是客户，在此例中，是摩托罗拉公司。令人奇怪的是，客户会让广告公司做一些市场调研，作为参赛竞标的一部分；客户很可能觉得这样就可以趁机"捞一票"（他们得到的是来自几家广告公司的免费"研究"和黏土块等）。

—

广告公司所谓的免费调研是"羊毛出在羊身上"，不值得你去占这个便宜。

—

摩托罗拉花了几十亿美元建立了一个覆盖全球的卫星电话网络，却硬是不愿花一点点钱做潜在市场的调研和营销方法的分析。这里我有一个大胆的设想，也许摩托罗拉应该请一个市场调研公司做做市场调研。更大胆的设想是，也许摩托罗拉应该自己找潜在客户谈谈，发些雕塑黏土。

不过摩托罗拉还不是个特例，星巴克的创始人霍华德·舒尔茨（Howard Schultz）先生在他所著的《全力以赴》[2]一书中写道："我们管理团队会见了4家广告公司，我向它们解释了星巴克的目标，它们做了市场调研，然后它们都发现了一个叫人不安的事情……我们的宣传力度不够，我们的故事讲得不够好。"

我看了忍不住发笑，4家广告公司，每家分别独立去做市场调研，最后得到完全相同的结果：星巴克要做更多的广告。这岂不是很奇怪吗？这概率能有多大啊？

说句公道话，你不能指望一家广告公司为了一单买卖，自己掏腰包大做市场调研，回头还得跟它的潜在客户说，根据调研结果，客户的市场营销战略根本就是错误的。以铱星为例，有可能大型轮船的船主才是它更好的目标人群，因为卫星电话在室内没信号，且笨重如砖块，你要是带着它去东京、法兰克福的话，够你烦的，也不管用；相反，要是你在游艇上，出海时带着它，那可就太棒了。你觉得广告公司会这样做市场调研，然后告诉你，你的广告活动又贵又不合适，劝你不要做吗？

广告公司会说，它要成为你的战略宣传伙伴。有一家广告公司的内部文件声称，"客户上床，我上床，客户起床，我起床，起居同步，息息相通，他做决定，我必在场。"这对广告公司是好的，对你可不好。

广告公司若是你的战略宣传伙伴，那么汽车销售员就是你的战略交通伙伴，这岂不荒唐。

—

如果广告公司是你的战略宣传伙伴，那么汽车销售员就是你的战略交通伙伴，股票经纪人就是你的战略投资伙伴。

—

▸ 应该用几家广告公司呢

桂格（Quaker）燕麦片公司是第二次世界大战以后第一批选用多家广告公司的企业，这在当时被认为是相当激进的做法。[3] 索尼也采取了相似的措施，索尼认为引入竞争机制才能提高绩效，[4] 不知道它是从哪里学来的这种想法。

麦当劳是世界上把广告做得最具创意，而且最持之以恒打广告的公司之一，麦当劳曾经同时用了 50 家广告公司。大城市的加盟店协会都有权选用自己的广告公司，做自己的广告；如果一个地方的一个广告效果非凡，其他地方的加盟店都会纷纷采用这个广告。如果一个地方的广告公司制作了一个走红的广告，它就好比挖到了富矿脉，一下子就声名鹊起、财源滚滚了。麦当劳在广告领域的成功大部分要归功于各地加盟店和当地广告公司的紧密合作，它们在电视节目上做广告、针对孩子做广告、用一个小丑作为代言人，等等。[5]

不要只用一家广告公司。

同时使用很多广告公司，引入竞争机制，这种做法的一个极端例子就是目前的新潮流：由使用者制作广告。当然，这些使用者不是普通的使用者；他们之中，有些是爱好广告、制作广告成癖的人，有些甚至是职业广告制作人，他们想要抓住机会在全国舞台上展现他们的才华。一家广告公司的创意部门真的可以打败所有参赛的使用者，让后者相形见绌吗？[6]"我们是专业做广告的，尽管做广告看起来很容易，但其实并不是这样的。使用者制作的广告让我意识到，我拥有这份工作是有道理的。"维恩·贝斯特（Wayne Best）这样写道，"维恩·贝斯特是纽约精品广告公司 TAXI 的创意总监"，这段话出现在他写给《商业周刊》的乔恩·芬恩（Jon Fine）的电邮中。[7]维恩·贝斯特能拥有他的这份工作也许是有道理的，但是他是个特例，奥美广告的前首席执行官格雷厄姆·菲利普斯（Graham Phillips）说："今天太多的广告毫无意义，使得打广告完全是在浪费钱……有观察者评论说，广告公司似乎更感兴趣的是卖它自己的产品，而不是卖客户公司的产品。打那之后，这种情况愈演愈烈了。"[8]

人们错误地认为，使用者制作广告的潮流是指，那些对某件产品钟爱至深、充满激情的消费者，为了表达他们炙热的感情，忍不住自己制作广告，来为这件产品做宣传，所以那些不能给人们带来激情的产品是不适合这种潮流的。乔恩·芬恩认为，香皂这样的产品是平淡无奇的，所以香皂使用者是不大可能制作一个广告来宣传自己钟爱的香皂的。我猜他是对的，香皂使用者是不会出于激情而制作广告的，也许 1 万美元或 10 万美元的奖金也不会让他们动心。但是，有很多广告专业人士和业余爱好者会制作作品来参加竞赛，以期获得 10 万美元的奖金。任何一个聪明的、哪怕是只有几百万美元广告开支的公司，都应该举办广告创意大赛，看看大赛是否能够产生一个让广告公司相形见绌的好广告（就算没有也没关系，它至少会让你的广告公司加倍卖力地干活）。

—
举办广告大赛，
获得更好的创意。
—

有一次我去拜访一家公司，它的广告公司代表正好也在，我建议举办使用者广告创意大赛，那位广告公司代表的反应很有意思，他在一开始时对我展现出的温情友好瞬间灰飞烟灭。他对我这个主意嗤之以鼻，指出举办广告创意大赛需要大笔的宣传费用。我倒是第一次听到广告公司担心客户在宣传上破费，挺新鲜。其实广告创意大赛的宣传不需要花多少钱，再说这钱你也不会白花，就算大赛没有选拔出好广告，公司和产品还是得到了宣传的。你先设定大赛的奖金，比如 10 万美元，然后只需要召开一个记者招待会，在一些流量平台或你的网站上直播该活动就好了；你也可以发几个电邮给几家电影学院和广告学校，一传十，十传百，很快大家就都知道了。你甚至可能收到来自名字你都没听说过的国家或地区的参赛者的作品。

- 如果你相信你的广告公司，你就会得到你该得到的，那就是一无所获。

- 广告公司所谓的免费调研是"羊毛出在羊身上"，不值得你去占这个便宜。

- 如果广告公司是你的战略宣传伙伴，那么汽车销售员就是你的战略交通伙伴，股票经纪人就是你的战略投资伙伴。

- 不要只用一家广告公司。

- 举办广告大赛，获得更好的创意。

第 14 章

关于品牌价值的
真知灼见

提纲挈领，吊你胃口

- 品牌价值来自品牌对于客户的价值
- 你的产品和服务塑造了你的品牌
- 小心读市场营销书的工程师
- 如果品牌很重要，你就要身体力行地展示你的品牌

▶ 珍贵的品牌

人们讨论品牌、打造品牌时很少提到品牌对于客户的价值，"品牌价值"这个词是指品牌对于卖方的价值，而不是对于买方的价值。然而，只有当一个品牌能给买方带来价值时，它才能给卖方带来价值。

曾经有一个家具生产商请一家广告公司做有关新品牌战略的策划演示，邀请我列席参加。广告公司的演说精彩纷呈，幻灯片制作精美，苹果、星巴克、亚马逊等知名品牌的故事层出不穷，关于我们如何借鉴它们的成功经验打造我们的品牌，制作精美的幻灯片上都有，箭头图、箱形图等五花八门的图片把诸如成本控制、客户、产品等众多概念全都串联在了一起。

只有一个东西没有讲到，那就是我们这个新品牌能为客户提供的价值。广告公司的演说都是关于宣传的，而不是关于产品的。它全都是关于如何说的，而不是关于要说什么的；全部都是关于品牌建设能为公司做什么的，没有提及品牌能对客户做什么。所以，本章首先要讲一下品牌给客户带来的价值，然后再讲品牌给厂商带来的价值。

▶ 首先要问，你的品牌能为你的客户做些什么

不幸的是，我们只有"品牌"一个词来描述四种非常不同的现象。关于

品牌的文献主要关注品牌对于公司的价值，即从公司管理的角度看待品牌，却很少关注不同品牌在为客户提供价值的意义和方式上截然不同的事实。如果我们要理解和管理品牌对于公司的价值，首先必须理解品牌对于客户的价值。品牌通常以四种不同的方式为客户提供价值。

　　第一，发现价值。一个品牌可以帮助客户更容易地做出决策。麦当劳不是高档时尚的餐馆，但麦当劳这个品牌是世界上所有餐馆品牌中最强大的品牌之一。你去雅加达、北京、东京或马德里时，你很可能会去麦当劳吃饭，就是因为你认识它的标志——你看到它，就知道自己会吃到什么，知道自己不会花太多钱，也不会被欺骗。当你不知道该去哪里时，麦当劳就是一个很好的选择。而麦当劳及其各种各样的子品牌，比如巨无霸和快乐儿童餐，大大降低了你的决策成本。我们选择去麦当劳，不一定是因为我们更喜欢那儿的食物，而是因为我们喜欢那种因为熟悉而放心、放松的感觉，也是因为这样选择很容易。

　　从某种意义上讲，麦当劳就好比是妈妈做的菜——假设你妈妈现在还在家照顾你的饮食起居。她也许不是世界上最优秀的厨师，但是当她烧好菜盛出来放在你面前时，你总会吃。妈妈烧的菜的口味你很熟悉，不会让你大吃一惊，那种熟悉、温馨、平淡、舒适的感觉也不失为一种幸福。所以，麦当劳这个品牌给你带来的不仅仅是便捷，它好比在帮你烧饭洗碗，帮你省去了很多麻烦，不然你还要去寻找餐馆、评估餐馆、权衡点菜、和餐馆斗智斗勇，以及确保不被餐馆当一次性游客欺骗。

—

品牌使得决策更容易。

—

　　第二，降低风险的价值。对于很多产品，我们很难判断质量，有的产品即使买了、用了，我们还是不知道好坏。品牌则可以通过降低风险来提供价值。那些有实力的人会雇用最著名的律师，想去最知名的医院及医生那里就诊。当你需要手术时，不会尝试寻找"便宜货"。当你去城里最便宜的医院时，你也会遇到城里最便宜的医生。为什么他们在最便宜的医院工作？也许是因为他们经常在做手术前喝醉，所以被顶级医院开除了？你不知道，也不想知道。如果我们负担得起，或者有人为我们支付账单，我们更愿意去声誉较好的医院，即使那里价格稍高一些。我们想去市长及其家人就诊的医院。

　　同样的情况也适用于选择油漆工、维修汽车、购买葡萄酒、购买化妆品或者药品。我们愿意为了与知名度较高的公司做生意而多付一点钱，只因这家公司在同一地点经营的时间更长、有更多的顾客，等等。这些都是建立信任的因素，都是完全理性的行为。如果一个品牌非常知名，那么它有一款好产品的机会就更大，含有可能伤害我们的廉价成分的概率也较低。当我们从一个知名且受尊敬的公司购买产品或服务时，我们承担了较少的风险，因为理性的品牌所有者希望保护他们品牌的巨大价值。因此，我们信任并愿意为宝洁、联合利华、雀巢等公司的产品多付一点钱。著名品牌以其较高的价格来降低风险。

—
品牌可以降低风险。
—

　　第三，表达价值。对于某些产品，品牌可以用来宣传购买者自己。产品更贵以及人们知道它更贵这一简单的事实，对购买者个人而言很有价值。品牌的价值在于它表达了你个人的价值观。我们可能想要宣传自己很酷、很爱运动、很有趣、很普通、值得信赖、很老练、很时尚，等等。品牌身份可以用来表达我们的身份，比如，喝红牛让我们看起来更年轻、更有活力、更酷、更爱冒险；拿着星巴克的杯子会给我们的形象增添一些老练感；喝百威让我们看起来是个普通人；等等。

　　麦当劳是一个非常有价值的品牌，它是一个不提供这种表达价值的品牌的示例。它是中性的。当你走进办公室与漂亮的前台小姐交谈时，你不会拿出你的麦当劳纸袋炫耀，但你也不觉得需要把它藏起来。不过，你可能会更长时间地拿着那个星巴克咖啡杯，即使你已经喝完了咖啡。

—

品牌可以表达价值观。

—

第四，提效价值。在某些产品类别中，一个知名的品牌可以提高产品的效能，令感知成为现实。如果我们喝一种我们认为很有名、很昂贵的酒，它会比我们认为它很便宜时更好喝。你可以把非常便宜的酒倒进昂贵的酒瓶里，看看你的朋友会不会喜欢。当我们闻到我们认为很贵的香水时，它闻起来比我们认为它很便宜时更怡人。当我们使用我们认为很贵的药物时，它的疗效会比我们认为它很便宜时更好。在以上情况下，感知创造了现实。品牌创造了额外的效能。[1]

这方面最精妙的例子莫过于高级饮用水行业。我听说现在甚至有专门的斟水服务员，就像斟酒服务员一样。美国路易斯安那州的肯特伍德水取自一个很深的蓄水层，据说水是大约 5000 年前从 1000 英里以外的阿巴拉契亚山脉流下来的雨水，经过了千年的过滤，富含矿物质。肯特伍德人会在超市购买肯特伍德饮用水，尽管他们肯定知道这水和他们早上冲澡用的水、当地加油站冲洗马桶用的水是一样的。

你可以说这些人简直是在发疯，但这还算好的，更有甚者，花大价钱购买从法国运至洛杉矶的巴黎水（Perrier）①，他们会说："我更喜欢喝巴黎水。"肯定是巴黎水中的苯戏弄了他们的味蕾（1990 年，人们发现美国的 Perrier 水中含有苯，后来人们在欧洲的 Perrier 水中也发现了苯[2]）。

▸ 品牌价值几何

你的品牌会给你的公司创造价值，前提是你的品牌首先给你的客户创造了价值。Interbrand 和《商业周刊》合作，每年公布世界上价值最高的品牌排行榜，可惜这个排行榜似乎主要是根据公司的利润确定的，而没有考虑一个事实，那就是有的公司之所以大赚特赚，靠的并不是品牌。当然，说句公道话，Interbrand 是靠提供品牌咨询赚钱的，所以它们把一个公司的所有收益都归功于品牌，也无可厚非。[3]

"赢者通吃"所实现的垄断地位，也能实现高利润。举例来说，每个人都离不开越来越难用的 Microsoft Word，只是因为每个人都在使用 Microsoft Word。对 Microsoft Word 来说，品牌重要吗？如果微软公司把品牌名称改成"丑陋狗文字"（Ugly Dog Word），你会停止使用它吗？另外，利润也可以来自独特的技术实力，就像 Space X 公司一样。因为规模经济导致行业内规模更大的公司成本更低、利润更高，正如 PIMS 研究所研究的那样。稀缺性也

---

① 巴黎水号称是世界上独一无二的天然含气矿泉水，被誉为"水中香槟"。——编者注

能产生利润。如果你在稀土行业，就不用浪费时间和金钱去担心你的品牌。

根据 Interbrand 2023 年的排行榜，苹果是世界上最值钱的品牌，这听起来挺合理。[4] 当然，苹果拥有一个优秀的品牌名称。但是，它的利润也部分源于用户对其应用生态系统的黏性、学习使用安卓系统的烦恼、领先的设计实力、规模经济，以及作为大型零部件采购商的实力。排在榜单第二位的是谷歌。看看谷歌的三个部门：谷歌服务（搜索、横幅广告和 YouTube 广告）、谷歌云和其他投资。后两者经常出现运营亏损。[5] 我经常使用谷歌搜索，因为它提供了非常好的搜索结果。其他 90% 的用户也是如此。我曾尝试过雅虎搜索和必应搜索，它们明显不如谷歌。有一次我的默认搜索引擎被奇怪的病毒更改为雅虎搜索，我立刻注意到了。谷歌之所以著名且盈利，是因为它的产品。它之所以盈利，不是因为它有名。品牌名称与谷歌的利润和成功毫无关系。即使谷歌把名字改成 X 或 Y，我也仍然会使用谷歌搜索（或者更可能使用 ChatGPT 或 Bard，就像许多人一样）。

与上述品牌相比，可口可乐一直在最有价值的品牌中排名前六。在任何一个超市里，一瓶 2 升的可口可乐比超市自有品牌的 2 升可乐的价格都要高出 50 美分，尽管客户其实喝不出它们在口味上有什么不同，它们的生产成本也没有任何差异。这样的品牌是创造了价值的，可口可乐让人们觉得它更好喝，所以它真的更好喝。喝真正的可口可乐比喝山姆·沃尔顿的可乐感觉更好、更体面，为此多付 50 美分很合算。这里有一些表达价值，而且多花 50 美分真是一个划算的交易。这才是真正的品牌价值。

——

品牌不是丰厚利润的唯一来源。

——

品牌价值也有可能是负面的，我不知道 Interbrand 有没有发现任何有负面价值的品牌。在这里举个例子。通用汽车曾经做过一个品牌调研，给一组客户看了庞蒂克 Grand Am 这款车，它事先没有告诉客户这是庞蒂克，同时展示给客户看的还有几款日本和欧洲的车，结果通用汽车的这款车获得了有史以来最高分，60% 的客户都说在这几款车中，他们最喜欢通用汽车的这款车。不幸的是，当通用汽车公布这款车的品牌是庞蒂克时，其中三分之一的人就不再喜欢它了。[6] 换言之，同一辆车，如果打上庞蒂克的品牌，要实现同样的销售额，它就必须降价。这就是负面品牌价值的例子。

微软可能也已经意识到，其品牌名称未必有助于销售。索尼在许多品牌中使用公司名称：索尼 Playstation、索尼 Xperia、索尼 Alpha、索尼 Trinitron。微软决定不使用自己广为人知的大名来推销其非常成功的 Xbox 或 Minecraft，但它确实在不那么成功的 Microsoft Teams 中使用了自己的名称。幸运的是，对微软品牌来说，它与 OpenAI 的合作将为这个名字增添新的光彩和吸引力。也许他们最终会在 Xbox 上轻轻地加上微软的名称："微软 Xbox"。

▶　品牌战略

品牌并不总是重要的。对于许多产品，我们并不知道或关心它们的品牌是什么。比如，你已经坐了十年的沙发是什么品牌？但当品牌重要时，它就是很重要的。以下是品牌为公司提供的价值。

1. 价格价值。当品牌战略很重要时，客户就愿意支付更高的价格。即使是在化学品等大宗商品中，具有良好品牌声誉的公司也可能获得高出 1% 或 2% 的价格。请记住，就不同行业的平均水平而言，1% 的价格差异意味着 11% 的利润差异。在大多数品牌至关重要的行业中，价格溢价当然要高得多。

2. 独特价值。品牌无法被模仿。有法律禁止这样做。竞争对手可以模仿并改进你的产品、提供更低的价格、进行更多的广告宣传，并提供更好的服务，但他们不能复制品牌本身的特质和身份。一只仿造的劳力士手表可能比真货更好用，也许没有人能看出它是一只仿造的劳力士手表，但它仍然是一只仿造品。即使没有其他人知道，只有你自己知道，你可能会买一只戴着玩，但买来它也不会让你自己感觉更好。你不会天天戴着它。

3. 渠道力量价值。消费者为领先品牌支付的更多，商场也支付的更多。商场必须销售领先品牌的产品，否则消费者可能会开始在其他地方购物。但如果商场只销售领先品牌的产品，它们就很难有利润。商场是领先品牌的"奴隶"，而小型无品牌制造商则是商场的"奴隶"。

4. 推广价值。著名公司的广告更容易被观众记住。较小公司的广告经常被误记为著名公司的广告。

5. 口碑价值。良好的品牌名称有助于快乐的客户传播其口碑。谷歌把某个词刻意拼写错误，展示了谷歌的广泛互联网搜索。但是当有人告诉别人要使用"googol"时，后者不一定知道原词或如何拼写它。他们会猜测"Google"是正确的拼写方式。因此，在口碑非常重要时，Google 在与更大的现有搜索引擎竞争时成立了品牌名称。

当品牌重要时，它就是很重要的。品牌战略必须驱动所有的 4P 和 4C 决策。反过来，这些决策应该驱动其他所有决策，如人力资源、财务、并购等方面的决策。当品牌战略重要时，公司应该成为其品牌。用哈佛商学院教授约翰·迪顿（John Deighton）的更漂亮的话来说："品牌所面临的挑战与拥有它的公司的文化之间存在重要的互动。"[7]

迪顿提供了斯纳普（Snapple）①这样一个非常有启发性的例子。斯纳普是一个由几个朋友共同建立的时尚饮料品牌，他们基本上是在通过自己的业务来表达自己。在桂格燕麦片收购斯纳普后，该品牌遭到了其管理人员的"摧毁"。桂格燕麦片把拥有一个酷品牌的斯纳普公司变成了一个不酷的公司。霍华德·斯特恩（Howard Stern）、拉什·林堡（Rush Limbaugh）和

---

① Snapple 的中文译名为斯纳普，它是 20 世纪 80 年代美国纽约的知名软饮料品牌。Snapple 以时尚、另类的风格著称。

斯纳普（Snapple）女士，这三个在视觉、政治和社会上都"不正确"的三人组合，让该品牌出名的老偶像很快就被解雇了。

桂格燕麦片在佳得乐这一品类上取得了很大的成功。该公司拥有出色的管理人才，但受限于自己的文化和体制约束，它无法管理古灵精怪的斯纳普。谁要是提议让霍华德·斯特恩这样的人作为公司发言人，谁就不可能在桂格公司内部生存下来。在桂格公司以超过 10 亿美元的亏损出售了斯纳普之后，该品牌很快被新所有者 Triarc 扭转了局势。在收购后的第一个星期，后者不仅重新雇用了斯纳普女士［一个非常吵闹（请原谅我）而且水平不高的流水线工人］，还把她的照片印在了瓶子上。桂格燕麦片的问题在于，其文化根本不允许经理们古灵精怪，无论他们有多么认可变得古灵精怪是该品牌所需要的。桂格燕麦片可以购买斯纳普，但他们不能成为斯纳普。

—

当品牌对你很重要时，你必须身体力行地展示你的品牌。

—

- 品牌使得决策更容易。

- 品牌可以降低风险。

- 品牌可以表达价值观。

- 品牌不是丰厚利润的唯一来源。

- 当品牌对你很重要时，你必须身体力行地展示你的品牌。

第 15 章

营销数学

提纲挈领，吊你胃口

- 提高效率容易，却不是目的 •
- 利润带来市场份额 •
- 保持高价格是营销部门的职责 •
- 不要用奖金激励数学家

▸ 营销数学

对市场营销经理们而言，数学并不是他们喜欢的一个科目，但数学是一个极为重要的科目。在本章中，我会向你说明，有时候常识并不是我们的朋友。我相信你肯定会对本章中的一些内容和结论感到目瞪口呆，比如效率和利润率并不能兼得，再比如当你降低价格后，需要增加多少销售才能维持原先的利润水平。看完本章后，你还会知道金钱激励有哪些缺点。

▸ 提高效率不是目的

我的同事对我在高级经理培训课程中讲营销数学大惑不解，他们认为这是经理们最不愿意听的内容。但实际上这是我最受欢迎的一门课。所以请你不要跳过本章。我保证内容不会过于复杂。先讲一个小案例。

部门长官比率先生（Ratioman 的直译）对销售经理詹森先生（Jansen）不满。他把詹森叫进办公室，责令后者解释一下为什么销售部门的业绩这么糟糕。比率抱怨说："詹森先生，一年前你要求增加销售人员。当时你有三名销售，你告诉我说还要三个。我信了你，又给了你三个。今天早晨我检查了一下你在过去一年的销售业绩，我简直不敢相信自己的眼睛！销售费用占销售额的比重几乎上升了 50%，人均销售量却下降了，甚至顾客的人均销售额也下降了。我们的开支增加了，收入却减少了。你应该早在半年前就向我反映这个情况。更糟的是，我发现你的部门的销售费用占销售额的比重是所有部门中最高的，而我最不能容忍的是，其他部门都成功地削减了销售费用，而你们的销售费用不降反升。你希望得到提拔，算了吧，我建议你还是另谋高就……"

如果你是詹森，你会说什么？道歉吗？你不应该道歉。恰恰相反，你应当告诉比率先生，他提到的那些数字都是无关紧要的，这些数字的变化也是正常的。你还应当告诉他，他对此大吃一惊让你感到很意外。

为什么说比率先生提到的那些数字是无关紧要的呢？因为在营销中，你追求的绝不是效率最大化：不管是平均客单价，还是销售收入，或是任何其他平均值，你都不应该去追求最低的销售成本、广告费用或是任何其他费用。你应该做的只是使总利润，也就是你最终获得的利润最大化。而且我们会看到，利润最大化和效率最大化二者不能兼得。在数学上这是不成立的。[①]

然而，有许多公司为了实现（营销）效率而牺牲了利润，令人不解。比如，有的公司在评估销售经理时，除了收入和增长指标，还要考察诸如平均客单价、销售员人均销售额、销售费用占总销售额的比率等指标。这些不合理的指标促使销售经理们为了达到一些无聊的比率而分散了使总利润最大化的精力。

为了说明这一点，我们一起来看一下以下这家业务简单的公司，研究一下它基本的营销数学。

---

① 理论上有个特殊情况，那就是利润正好等于零，不过这里这种情况不值得我们讨论。

甲公司销售服装。它每月支出的固定总费用为 20 000 美元，包括房租、电费、工资，此外，它每月发给一个外部销售员 5000 美元的固定工资。所以，它支出的固定总费用是每月 25 000 美元（不管有无销售，每月的固定费用是免不了的）。甲公司卖衣服的平均毛利率为 25%（毛利率是销售收入扣除直接成本，如原材料或部件后，占销售额的比率；甲公司的直接成本是其销售衣服的成本）。除了购买布的成本和固定费用（包括销售员的工资），甲公司没有其他费用支出。

问题 1：甲公司销售的盈亏平衡点是多少？

答案 1：（25 000 美元 ÷25%）= 100 000 美元。

固定成本除以平均毛利率得到销售盈亏平衡点，在该点上，你不盈也不亏。

问题 2：甲公司当前的销售额是 95 000 美元，但是甲公司在雇用外部销售员之前的销售额为 60 000 美元，甲公司应该留下这个销售员吗？

答案 2：应该留下这个销售员。

（销售收入 × 毛利率）– 固定成本 = 净利润或净亏损

在有销售员的情况下：（95 000 美元 ×25%）– 25 000 美元 = – 1250 美元，公司亏损 1250 美元。

在没有销售员的情况下，（60 000 美元 ×25%）– 20 000 美元 = – 5000 美元，公司亏损 5000 美元。

新的销售员帮助甲公司将亏损从 5000 美元降到了 1250 美元，是不是应该再增加一名销售员呢？

问题 3：假设甲公司又招了一个销售员，月薪也是 5000 美元。公司的销售额增加了，但这次只增加了 30 000 美元，总额达到了 125 000 美元。甲公司深感失望，销售员的人均销售额大幅下降。甲公司应该解雇这个销售员吗？

答案 3：应该解雇这个销售员。

甲公司现在赚了（125 000 美元 ×25%）– 30 000 美元 = 1250 美元。

公司终于赢利了。但是我们发现，在雇用这个新的销售员之后，销售费用占销售额的百分比几乎上升了50%。

当一个销售员都没有时，销售费用比为0%（0÷60 000美元）。

当有一个销售员时，销售费用比为5.26%（5000美元÷95 000美元）。

当有两个销售员时，销售费用比为8%（10 000美元÷125 000美元）。

销售费用显然完全失控了。比率先生的问题非常严厉："出了什么事？你都做了些什么？你的指标是业界最糟的。"他言之凿凿。如果你在出去找工作时告诉雇主，在你的领导下，销售费用比上升了50%，那你肯定惨了。

公司在业绩不佳时，首先想到的总是削减成本。我从没听说过，"在听到公司业绩不佳后，首席执行官先生立即决定将营销预算增加一倍"之类的事。面对困境时，人们的直觉反应是提高效率。那么提高效率的捷径何在呢？削减开支。如何削减开支呢？降低生产成本吗？这不容易，也不会有立竿见影的效果。这样一来，你就会减少广告，降低销售支出，削减研发费用。在这些领域，你可以很快地降低成本，并自动提升效率。

所以，假设老板对你说："回去降低成本，少花钱，多办事。"作为市场营销经理，你应该说什么呢？应该说："没问题，老板！"然后逐个审视你的销售员，开除销售额最少的那个。不能遍访顾客了？没问题。挑出那些购买量较小、较偏远的顾客，让他们另觅"新枝"。这样一来，你的销售费用比就降了下来，差旅费占销售比也降了下来，而你的总销售费用也降了下来。剩下的那些销售员对你感恩戴德，因为销售指标更加容易完成了。而你也好评如潮，你成了一个明星经理。如果你想另谋高就，这些数字基本上能确保你的新老板会欣赏你。

—

在市场营销中，没有比提高效率更容易的事情了。

—

当然，你还没有做到十全十美，总销售额会下降，但你又有什么错呢？行业不景气，谁都知道这一点，所以你只能削减成本。你意志顽强，敢于迎接挑战，努力工作，想方设法少花钱多办事，与此同时，还要给团队打气。真了不起！他们称你为 Chainsaw Al，[1] 然而公司的亏损也达到了史无前例的水平。也许公司需要像你这样的老板。

并不是说你不用削减成本。公司在经营过程中会积累起一些"赘肉"，但是"减肥"应该是一个持续进行的过程。如果你当了三年的首席执行官，然后需要对公司来一次"减肥"的大手术，我觉得董事会就要来问一下到底发生了什么事情。是不是你领导不力，让不必要的开支积累起来了？或者更糟的揣测是，你削减成本只是为了表现一下？你或你的经理们到底打算削减哪些成本？疯狂削减成本，然后公司业务慢慢地萎缩，这种事情经常发生。

如果低效率并非坏事，那么低效率的界限在哪里呢？你怎么计算呢？比如说，你应该雇用多少个销售员？

问题 4：如果甲公司每个月再花 5000 美元雇用一个销售员，那么销售额至少应该增加多少，对甲公司来说才划算呢？换句话说，甲公司需要增加多少额外的销售额才能赚回销售员的 5000 美元工资呢？

答案 4：5000 美元 ÷ 25% = 20 000 美元

只要增加的销售员能够实现 20 000 美元的增量销售额，甲公司就应该增加销售员人数。介绍一个有用的公式：

1 ÷ 毛利率 = 市场营销杠杆

在此例中，甲公司的市场营销杠杆等于 1 ÷ 25% = 4 倍

这意味着甲公司在市场营销上花的每一元钱，都必须带来至少 4 倍的额外销售额。公司里的每一个人都必须铭记这个市场营销杠杆底线，哪怕它和营销决策过程没有什么关系。这个数字是块试金石，不管是做营销决策、推广预算、评估广告和促销成果，还是确定销售队伍的规模——总而言之，有关市场营销的任何投资，都需要用这个数字来检验。

—

市场营销杠杆底线是在做营销决策时要考虑的关键比率，是营销投资决策的试金石。

—

你的市场营销经理们应该想方设法多花钱，只要他们多花的钱能够带来至少 4 倍（如甲公司的例子）于支出的销售额。对市场营销经理而言，这是一项艰巨的任务，它比削减成本、提升效率要困难得多。他们必须出新招，也必须对结果进行测算（这总是不失为一个好主意）。在广告领域，衡量广告效果通常不是广告经理和广告公司喜欢做的事情，但新的成本意识和数字媒体正在终结那些美好的过去时光。数字媒体在广告支出中的主导地位与其可测量性和实效性同等重要。

如果销售增长太快，达到了你的产能极限，怎么办？你也许不得不稍微涨涨价，比如涨价 1%。如果价格上升 1%，净利润会上升多少呢？一般而言，涵盖所有行业的平均值是 11.3%，如果公司能够将价格提高 1%，其净利润就会增加 11%。[2] 价格提高 1%，利润能够如此急剧地增加，你感到吃惊吗？让我们来看一下下面这个小案例。

▶ 营销部门的职责是提高价格

部门经理比率先生对市场营销经理张先生也不满意。他把张先生喊进了办公室。"张先生，你 6 个月前决定把产品价格提高 10%，我同意了。现在 6 个月过去了，我们的销售额下降了 15%。任何人都能算出来，尽管价格提高了，但我们赚的钱比以前少了。显然，我们产品的价格弹性很大（对价格的敏感性很大），我应该想到在你决定提价之前让你算一算产品的价格弹性的。显然你不了解我们的客户。"

如果你是张先生,你该如何应答?我接触的大多数经理,对于价格的变化与相应的可以接受的(保持利润)销售额变化之间的关系缺乏常识,这令我深感意外。同样令我意外的是,市场营销教科书中也没有简单的公式来计算降价或提价后,销售额发生变动的令人可以接受的范围是什么。这些教科书会提到价格弹性,而它们带给学生的印象是,如果需求的价格弹性高,降价带来的需求增加的好处就会超过降价的坏处。相反,如果需求的价格弹性低,就应该提价。如果你的直觉如此,那么我可以告诉你,直觉不是你的朋友,你应该好好往下读。首先,由于市场营销中没有一个简单的公式来帮你做决策,因此我为你创造了一个。

原有销售毛利率除以新销售毛利率,得到新销售收入(底线)占原有销售收入的百分比。

或者

新销售收入底线 =(原有毛利率 / 新毛利率)× 原有销售收入

举例来说:

问题 5:假设甲公司提价 10%,销售额(按美元计)下降了 15%。甲公司是应该维持高价,还是回到原来的价格?

答案 5:甲公司应该维持高价。

原有的毛利率为 25%(0.25)。这样,甲公司一件售价 100 美元的衣服的成本为 75 美元。现在服装的价格提到了 110 美元,新的毛利率为 0.318(35 美元 ÷ 110 美元)。套用前述公式,得到 0.25 ÷ 0.318 = 0.786(78.6%)。

这意味着甲公司提价 10% 之后,只要新的销售收入至少达到原有销售收入的 0.786(78.6%),甲公司的利润就更高。由于销售只减少了 15%,甲公司的利润比以前增加了。

原来的毛利:0.25 × 125 000 美元 = 31 250 美元。

新的毛利:0.318 × 0.85 × 125 000 美元 = 33 787.50 美元。

固定成本呢？我在解释上述结果时经常有学生提出这个问题。固定成本是不变的，为 30 000 美元。减产 15% 之后，固定成本还是 30 000 美元。那现在每件产品的平均固定成本不是更高了吗？是的，更高了。但是你何必操这份心呢？不要去做除法，不要动不动就算比率。最重要的是毛利总额和净利总额，而不是每件产品的成本或办公室每扇窗子的成本。既然毛利总额从 31 250 美元增加到了 33 787.50 美元，而固定成本不变，则净利润从 1250 美元增加到了 3787.50 美元。不错。更妙的是，你释放了 15% 的产能，可以用来生产别的东西。

用一个类似的公式可以计算新的销售量的底线。

原有单位产品毛利除以新的单位产品毛利，得到新的销售量（底线）占原有销售量的百分比。

或者

新的销售量底线 =（原有单位产品毛利 ÷ 新的单位产品毛利）× 原有销售量

问题 6：假设甲公司产品的售价为 500 美元（毛利率仍为 25%，所以产品的进价为 375 美元）。现在假设甲公司将产品的价格提高到了 550 美元。甲公司可以承受多少销售量的损失呢（维持原先的利润）？

答案 6：可以承受 28.6% 的销售量损失。

原有产品的单位毛利是 125 美元，新的单位毛利是 175 美元。因此，甲公司只要达到提价前 125 ÷ 175 = 71.4% 的销售量，就可以维持同样的利润。也就是说提价之后，它可以承受 28.6% 的销售量损失。

这个结果出人意料，不是吗？不用惊奇，许多人和你有同感。每次我把结果告诉大家时，台下的经理们都十分意外。这说明许多出于直觉的关于定价的讨论和建议对公司而言都不是最优的。经理们一般倾向于使收入最大化，而不是使利润最大化。

我们来计算一下降价的结果吧。

问题 7：假设甲公司降价 10%，销售量至少要增加多少才能维持原来的利润呢?

答案 7: 原有毛利率 ÷ 新的毛利率 = 0.25 ÷ 0.166 = 1.506

原有单位毛利 ÷ 新的单位毛利 = 25 美元 ÷ 15 美元 = 1.67

原先卖 100 美元的布现在只卖 90 美元了。单位毛利从 25 美元降到了 15 美元。所以, 毛利率从 25% 降到了 16.6% (15 美元 ÷ 90 美元)。这样, 销售额必须上升超过 50% (0.25 ÷ 0.166) 才能弥补 10% 的降价, 而销售量需要上升 67% (15 ÷ 25)。

—

降价是最昂贵的市场营销策略。

—

对这一结果, 经理们总是大呼意外, 有些人根本就不信。然而, 在直觉和数学之间, 我们还是应该相信数学, 直觉并不总是我们的好朋友。而且, 如果销售量必须上升 67%, 固定费用可能就不再固定了。你也许得另建一个新厂。

这里有一个深刻的问题: 市场营销人员并不仅仅是在出售产品。只要价格足够低, "傻瓜" 也能当销售。市场营销的任务是以一个好价钱把产品卖出去, 为顾客提供价值。这也是为什么我们要标新立异, 要细分市场, 要提供各种服务。简而言之, 市场营销的目的是, 避免将价格作为竞争的武器。保持低成本是生产部门的职责, 保持高价格是营销部门的职责。

—

保持低成本是生产部门的职责, 保持高价格是营销部门的职责。

—

市场有时可能会迫使你降低价格, 但是低价极少能让你致富, 价格低 (而非成本低) 并不是实力的标志。(沃尔玛是一个例外, 市场营销中总会存在例外情况。）低价通常是缺乏竞争力、缺乏想象力、缺乏客户忠诚度、缺乏稳固客户关系的标志。

市场份额呢？市场份额难道不重要吗？有时候确实很重要。比如，如果几种彼此有竞争关系的技术标准中只有一种最终会留下来，那么，一种标准早期在市场份额上的领先地位将是至关重要的。不过这也属于例外情况。换句话说，如果你有市场份额，而我有利润，我完全就可以通过购买你的公司来获得市场份额。

—

利润高于市场份额，也会带来市场份额。

—

我们不应该将利润仅仅视作我们昨天行动的结果，还应该将其视作一种投入，视作我们明天保卫自己、赢取胜利的工具和武器。没钱的公司无法保护它们的市场、维护它们的技术优势，甚至连生存都无法保证。

古训教导我们：长期规划，压低价格，市场份额至上。日本公司为我们做了一个很好的大型实验，来检验企业的无利润扩张是否可行。有些记者信以为真，对华尔街追逐短期利润嗤之以鼻，老是说"华尔街太急功近利了，只关注季度利润"。但是你千万不要上当。短期利润正是治病的良方，它能带给你长期利润。当然，我在这里说的是真正的利润，而非财务部门制作出来的利润。

—

追求短期利润无可厚非，有了短期利润才会有长期利润。

—

▶ 不要用奖金激励数学家

销售经理詹森对新来的销售代表帕吉特（Padgett）很满意，帕吉特正在负责一个价值 200 万美元、技术复杂、涉及新业务的竞标项目。帕吉特是个优秀的电气工程师，是数学专业本科毕业的。如果帕吉特能让公司获得这个标的，詹森就会在他的基本工资之外多给他 4 万美元的奖金。詹森为了争取这笔奖金，和上司颇费了一番口舌，解释说像帕吉特这样的人才可谓炙手可热，他专门做这种技术标的，可以随时跳槽去另一家报酬更高的公司。詹森估计，如果帕吉特不卖力，这个项目竞标获胜的可能性就只有 30%；如果帕吉特卖力一点，获胜的可能性就会上升到 40%。所以，公司承诺给帕吉特这笔奖金绝对是很合算的。帕吉特也真诚地告诉过詹森，他希望自己卖力工作后，公司能多给他 1 万美元。那么帕吉特会卖力吗？我们应该承诺给他多少奖金以确保他会全力以赴？ 4 万美元足够了吗？

当人们决定要不要卖力工作时，他们首先计算的是卖力工作对于结果是否有更大影响。帕吉特当然很会计算，佣金达到多少，才值得他卖力工作。首先，我们来看一下他是否卖力工作对于结果的影响。

- 公司赢得这个项目标的，帕吉特可以得到 4 万美元的佣金。
- 如果他不卖力，他获得 4 万美元的概率为 30%，即 1.2 万美元。
- 如果他卖力，他获得 4 万美元的概率就上升到 40%，即 1.6 万美元。

1.2 万美元和 1.6 万美元之间的差异实在太小了，帕吉特不值得为了这点小钱卖力工作。他也跟詹森讲了，他希望这个差异至少是 1 万美元，4000 美元是不够的。所以，奖金数额从 4 万美元上升到 10 万美元，帕吉特才会心动。遗憾的是，10 万美元对公司来说可能太高了，公司承受不了。

这番计算要说明的道理就是，人们不会只为了工资、事业而卖力工作，只有当卖力工作比不卖力工作带来的对工资和事业的影响足够大时，他们才会卖力工作。卖力工作只是成功的因素之一，此外，成功还有很多其他因素，比如公司的产品和服务、竞争对手的行动、经济形势的变化、纯粹的运气，等等。

　　既然成功取决于一系列的变量因素，那么一个销售代表工作努力不努力，可能对他的收入没有很大影响。很多员工凭着直觉，会在心里算这笔账，如果一个人算下来觉得卖力工作加薪拿奖金不合算，他就不会卖力。

—

你的销售代表和市场营销经理工作卖力不卖力，会有什么区别吗？

—

- 在市场营销中，没有比提高效率更容易的事情了。

- 市场营销杠杆底线是在做营销决策时要考虑的关键比率，是营销投资决策的试金石。

- 降价是最昂贵的市场营销策略。

- 保持低成本是生产部门的职责，保持高价格是营销部门的职责。

- 利润高于市场份额，也会带来市场份额。

- 追求短期利润无可厚非，有了短期利润才会有长期利润。

- 你的销售代表和市场营销经理工作卖力不卖力，会有什么区别吗？

第16章

定价策略

提纲挈领，吊你胃口

- 价格也能表情达意
- 价格是最后一个 P
- 差别定价是生财之道
- 定价的重要性再怎么强调也不为过

▸ 定价的知识无穷无尽，至关重要

我在第 15 章中已经强调过生产部门的职责是确保低成本，营销部门的职责是确保高价格。在本章中，我会介绍一些你的市场营销经理可以用来抬高价格的策略，你最好不让客户注意到价格上涨了。对市场营销经理来说，所幸的是大部分消费者不是数学家，所以他们有很多方法可以让人们在变得更穷的同时更快乐，至少不会更不快乐。卖方有权努力得到更高的价格，就像买方有权努力得到更低的价格一样。但是，要小心，不要做了一单高价生意，换来一个不高兴的消费者。接下来，我会介绍一些市场营销中我们所知道的道理和做法。

▸ 附加服务

在电子商务中，消费者在比价上变得更加容易。最初人们以为这对买家是有利的。但实际上，卖家已经找到了一种对策，可以让比价变得更加困难，还有助于提高价格，这就是提供"附加服务"。消费者在找酒店时，公司既可以提供全价信息，也可以先说明基本价格，然后再增加其他消费项：税费、房间预留费、早餐费、房间取消保险费、俱乐部贵宾室使用费等。同样地，航空公司也已经领悟到可以通过分别收费来赚取更多钱的方法，费用包括餐食费、选座费、商务休息室使用费、行李托运费等。消费者会因为被较低的基本价格吸引而点击链接，然后被告知额外费用选项以及相应的可选附加服务。几乎所有研究都显示，消费者对基本价格的敏感度要高于对附加服务价格的敏感度。[1]

简单地说，在"150+50+50=250"这个等式里，当消费者在网购过程中第一眼看到 150 美元时，相比于 250 美元，这很少，随即额外需要支付的费用陆续跳出来，升级服务的机会和其他各种选项也会呈现在消费者面前。这种"隐藏最终价格"的做法，与早已有之并被证明行之有效的"分拆好消息，打包坏消息"的做法正好相反。在后者的做法中，商家会告诉消费者："我们给您这个，再加上这个，再加上那个，等等，所有这些仅需250 美元。"这种做法适用于非互动电视广告或印刷广告，消费者只负责决定买还是不买。商家不会在电视上打广告说："这个收取 150 美元，那个收取 50 美元，还有那个要收取 50 美元。"但是在电子商务中，我们最好还是遵循汽车经销商、家具店、大型家电商场等卖家的传统做法，用基本价格吸引消费者进店，销售人员先在消费者购买前搭上话，基于低基本价格开始对话，然后通过附加服务赚取利润。重要的是，消费者通常对附加服务的价格不太敏感。选择了含有一次中转行程机票的消费者，在接到转坐直飞航班的提议时，愿意支付额外的 50 美元，而这正是中转航班相较于直飞航班可以省下的钱。[2]

▶ 百分比和绝对数字是两码事

有一个调查，让精神病学家决定要不要释放某一精神病患者，当精神病学家被告知"100 个相似的患者中有 20 个"会在被释放后 6 个月内发生暴力行为时，59% 的精神病学家会选择释放这个患者；而当被告知"相似的患者有 20%"会在被释放后 6 个月内发生暴力行为时，79% 的精神病学家会选择释放这个患者。[3] 精神病学家的决策当然主要是出于对公众安全的考虑，但很有意思的是，即使是看似很专业的判断，也会在很大程度上受到不同数字表达方式的影响。人们存在一个心理定式：百分比不是人数本身，只有具体的人数人们才会感知到。这就是 100 个人中的 20 个人听起来比 20% 的人要多的原因。

所以，如果你希望人们把一个数字想得大一点，你就讲绝对数字，而不是百分比；如果你希望人们把一个数字想得小一点，你就讲百分比。汽车公司搞促销，优惠条件是如果消费者在月底前买车，就可以享受"2000 美元的现金折扣"，2000 美元听起来比 8% 的折扣（假设汽车售价为 25 000 美元）要大得多。

相反，华尔街金融怪才——基金经理们每年只收取 1.9% 的"费用"（根据所投资金计算）。这可能有些叫人摸不着头脑，但是不管怎么说，听起来似乎钱不算很多。而且，这些是"费用"，不是吗？费用，投资者当然得付，天经地义，更何况此费用只占 1.9% 而已。

但结果是，一个有 50 万美元的 301K 计划[①] 的投资者每年要付给基金经理 1 万美元的费用。假设这个投资者的税前工资为 9 万美元，净到手 6 万美元，这就意味着他每年整整白干 2 个月，因为他要将这 2 个月的工资付给另外一个把他的钱从通用电气挪到家得宝公司（Home Depot）然后再挪回来的人。人们总是很担心支付给政府的税太多了，而同时，投资者向金融行业企业支付了巨额"咨询税"，还从不抱怨，很有可能是因为他们根本就不知道付了多少钱。金融行业企业的定价工作实在是做得太棒了。沃伦·巴菲特做过计算，在美国，企业利润中有三分之一流向金融行业，作为为了做出将你的养老金投入这只股票、那只股票或者对冲基金的决定而支出的费用。在你退休之前，你的养老金中有三分之一会消失。金融行业企业在定价方面做得相当出色，即在收费时讲百分比，在打折时讲绝对金额。

---

① 是一种由雇员、雇主共同缴费建立起来的完全基金式的养老保险制度。——编者注

—
在收费时讲百分比，
在打折时讲绝对金额。
—

▶ "三"之威力

麦当劳有三种规格的炸薯条和奶昔；很多餐馆的午市套餐都有三种价位；仔细观察，商店打折的衬衫也有三种价位。这些都是三种选择，提供三种选择有何独特之处呢？

如果我出售两种规格的卡布奇诺，小杯 2.69 美元，大杯 3.29 美元，也许有一半人买小杯，另一半人买大杯。如果我再加一个超大杯，价格为 4.29 美元，也许没有人会买超大杯，但是现在只有 20% 的人买小杯了，而 80% 的人会买大杯。所以，推出第三种选择的目的是让更多的客户去选择第二种，同时，我还可以在店外挂出"幌子"：卡布奇诺，最低只需 2.69 美元。

戴夫·托马斯（Dave Thomas）说，他在 Wendy's [①] 推出三层汉堡时，有些经理表示反对，说是没有人有这么大的嘴巴来吃这三层汉堡。戴夫·托马斯表示同意，的确，三层汉堡并不受人欢迎，但是一经推出，双层汉堡的销量大增。[4]

▶ 从上至下

不少路边摆摊的小商贩喜欢漫天开价。聪明的客户只是笑笑，然后把

---

① Wendy's 系美国第三大汉堡快餐连锁店。——译者注

这个明显高得离谱的价格砍掉三分之二。接着，双方进行激烈的讨价还价，成交价大约比小贩的初始报价的三分之一稍高一点，皆大欢喜，客户甚至还觉得有些内疚。其实大可不必，转过街角，客户会发现，百货公司里同样东西的价格还不到自己付的一半。

有个相似的例子，著名的心理学家和影响力研究专家罗伯特·西奥迪尼（Robert Cialdini）[5] 做了个实验，对于来买台球桌的客户，有的商家先给他们看 3000 美元的台球桌，有的商家先给他们看价格低一点的台球桌，结果，前者成交价平均为 1000 多美元，而后者成交价平均为 550 美元。

在心理学中，这种效应被称为"锚定效应"。3000 美元的台球桌也许大大超过客户的预算，但是它会使得客户在购物时愿意增加开支。古董家具店中打折的货品标的原价总是高得离奇。客户进来一看，嗤之以鼻，觉得傻瓜才会花这么多钱去买这个东西，然后花 2 倍于预算的钱买了一堆东西，还挺乐呵。

胡乱地说一大堆毫不相干的大数字也有帮助。如果你要卖掉价值 50 万美元的房子，你就要多说几遍"100 万"。比如，你可以说："我们市区大概有 100 万人口"，或者"这样大小的房子在大多数其他城市的售价都会超过 100 万美元"，甚至是"我跟我老公说了 100 回，要把用过的饭碗放进水池里。"

▶ ## 多讲价值

要看清一个产品带来的价值并不总是很容易的。要记住，你的客户很少是你所卖产品方面的专家，而你自己必须成为专家。你要搞清楚：产品的价值何在；价值的决定因素有哪些。哲学家们对于这个问题已经思考了几千年了。古希腊人就琢磨过这样的问题：水比黄金更珍贵，但是黄金的价格比水高，为什么？

你也许有台电视机，但你知道它的价值何在吗？我这样问我的学生：

假设你准备买一台全新的 8K 高清电视机，牌子要么是夏普，要么是凯马特[①]，两台电视机都是由一家电视机厂生产的。夏普的价格为 5000 美元，凯马特的价格为 4000 美元。纯粹从经济的角度来看，你会选择买哪一台？

　　凯马特牌的电视机似乎是更好的选择。但是，再假设你在纽约皇后区花 50 万美元买了套公寓，其中最重要的位置是客厅，而放电视机的那一平方码[②]地板空间或者挂电视机的那一平方码墙面空间是最中心、最重要的位置（就算是在电视机关着的时候，我们也会看到它），在这最重要的一平方码的空间中，最重要的两平方英寸是品牌商标占的位置——夏普或者凯马特。也就是说，你电视机的品牌是你那最重要的资产的重中之重。

　　把凯马特的商标放在你最重要的一项资产的最中心位置，这样做是否明智呢？当你想要卖掉这个房子时，你觉得会怎么样呢？你也许会发现你们楼里其他人的房子都卖得很快，只有你的房子卖不动。为什么？也许是因为人们潜意识里会根据电视机牌子的贵贱来判断墙上挂的画是画廊里买来的昂贵画作，还是你孩子的涂鸦之作，他们还会判断木地板的贵贱、门是塑料的还是实木的、厨房的碗柜是实木一体的还是凯马特的打折货品，等等。所以，你买的凯马特的电视机可是"不便宜"啊（我在这里不是抨击凯马特或沃尔玛，你买衣服、家具、装饰艺术品、植物、橱柜等，尽可去凯马特或沃尔玛买，然后买一台最贵的等离子电视机挂在墙上，就万事大吉了）。

—

开发价值，宣传价值。

—

---

① 凯马特（Kmart）公司曾经是美国国内最大的打折零售商和全球最大的批发商之一，已于 2006 年正式关闭了所有业务。——编者注

② 1 平方码 ≈ 0.84 平方米。——编者注

▶　不要谈价格

有一次我走过中国香港的一条小巷，两边全是小摊贩，卖什么的都有，衣服、皮手袋、手表、纪念品等。你就不要想轻轻松松地观光了，每个人都要卖东西给你——五花八门的东西。有个人一直执著地跟着我，口中喊着："只要 20 港币，只要 20 港币！"

他卖的是什么？我当时不知道，以后也不会知道。这个人违反了市场营销的一个重要规则——价格是市场营销 4P 理论中的最后一个 P，而不是第一个 P。市场营销做得好的人会尽量推迟说出价格的时间，价格是你和客户关系中的一个负面因素。

美国的彩虹吸尘器公司深谙此道，[6] 这个公司的吸尘器能卖到 1000 多美元的"天价"。在其上门推销的潜在客户中，大多数人已经有吸尘器了，普通的吸尘器只要 50 美元，贵的也就 300 美元。这么贵的彩虹吸尘器怎么会有人买呢？

和其他吸尘器相比，彩虹吸尘器有一个独特的区别：灰尘不会被吸到一个纸袋里，而会被吸到一个装水的容器里，吸尘后，你就可把脏水倒掉。据说这样可以吸住更多的灰尘，如果这些灰尘留在空气里，也许会伤害你的肺、加重呼吸问题、使得哮喘恶化、让你过敏，等等。

对它感兴趣的客户自然想知道价格是多少。销售代表知道，一提价格，对话就算结束了，所以他们会说："我不想告诉你价格是多少，我不希望你是因为价格低才买这个产品，我要确保你是因为的确需要这个产品才买它。"他们会做一个很戏剧化的演示，把一个枕头放在塑料袋里，然后用彩虹吸尘器将它吸成一个很小的硬块。

客户可能会再次问到价格，销售代表就回答，不着急，如果他和客户都确定了客户的确需要这个吸尘器，他会以个人名誉担保，客户能买到这台吸尘器。这位销售代表进一步演示这个产品的所有价值，如不用再买普通吸尘器纸袋省下的钱、不用看医生买药省下的钱、不请假少扣工资省下的钱、该吸尘器不会像普通吸尘器那样吸不干净导致地毯磨损过快省下的钱，等等。这账一算，不得了，客户可以省下一大笔钱，甚至可能会想，政府为什么不强行规定大家都用这种吸尘器。这样一来，没有两三个小时，不到客户差不多要跪下来求这位销售代表告诉他价格的时候，销售代表是不会告诉他价格的。

你可能会认为，一台吸尘器卖到1000美元甚至更高的价钱是不可能的，特别是卖给那些已经有吸尘器的人。但只有想不到，没有做不到，彩虹吸尘器的销售代表只要跨进了客户家的门，三次当中必有一次能将产品成功卖出去。

情人眼里出西施，同理，客户眼里出价值，但是，你要是不向客户解释价值，他未必看得到价值。因此，一定要成为专家，对你的产品能给客户提供的价值了如指掌，对产品价值进行研发，先把价值放到客户眼中、心中，然后再谈价格。这样，看起来不可能的事情就变得可能了。

—

要谈价值，而不是价格。

—

　　你可能在想，怎样才能避免谈价格。一种方法就是像我们刚才所讲的例子那样，在关于价值的讨论结束之前拒绝谈价格；另一种方法是像路边摆摊的小商贩那样，开一个高得荒唐的价格；还有一种方法是，开一个低得荒唐的价格，但是这样做能让你最后得到一个更高的价格吗？

　　这样做不仅可以让你得到更高的价格，而且可能会帮你卖掉那些本来卖不掉的产品。约翰·斯塔克（John Stack）在 eBay（易贝）网上卖餐馆设备。一开始，他根据自己能够接受的价格来报价，不幸的是，没有人来竞买。所以，他就改变了策略，把标价改成 1 美元，这就像没标价似的，那么结果如何呢？

　　一台工业用冰淇淋制造机原来标价 999 美元，无人问津，后来斯塔克将标价改成 1 美元，这次竞买者"趋之若鹜"，最后以 2000 美元的高价拍卖掉了。一系列的实验表明，这还不是"侥幸成功"，现在，斯塔克拍卖的二手设备有 95% 都标价 1 美元。他的这一举措十分成功，更妙的是，他都不用担心定价的问题，客户自会帮他定价。[7]

　　斯塔克说："标价 1 美元，会吸引人们来竞买，他们竞买后，就对这一产品产生了一种依恋，即使最后的拍卖价高出他们原来计划支付的价格，他们也会忍不住买。"毫无疑问，这种感情因素是很重要的。还有，参与竞拍本身变成了一种投资，如果客户不再继续往上报价，就像失去了一份投资。你现在已经知道了，人是多么讨厌失去。

　　不过，我认为这里还有一个因素很重要：当我们标示这台设备的价格为 999 美元时，客户就会把注意力放在这个价格上；当我们标示价格为 1 美元时，客户就会把注意力集中在这台设备本身的价值上。价格是负面因素，如果有可能，我们要尽量等到把价值向客户介绍清楚之后再谈价格，而不是一开始就谈价格。

—

价格永远不是第一个 P。

—

▶ 价格信号

客户往往只是大概知道一件商品应该是什么价格，但只是大概，因为时间太少而商品又太多了。这就是为什么客户会用一些暗示价格的信号来判断一件商品的定价是否合适。

高价信号包括宽大而典雅的真皮沙发、厚地毯、深色木板、勃艮第酒、水晶、穿着三件套西装的人发出的雄浑的声音等。奔驰车的展厅里都放着皮沙发，高档服装店里的店员甚至可能会给你端上一杯葡萄酒。有一次，我们几个朋友一起吃饭，有个朋友想请大家喝杯干邑，服务生推荐了几个牌子，他就随机选了一个。然后我们看到服务生端上的"高价信号"：一个装在漂亮樱桃木盒里的皮制封面的大本子，服务生让那位朋友签名，她解释说，买这个牌子干邑的宾客都可以在这个本子上签名。

低价信号包括荧光灯、降价的标牌、廉价地板、长相一般的员工、长罩衫工作服等。请注意，高价信号未必比低价信号成本高。长罩衫工作服可以是漂亮的暗红色的，也可以是凯马特的那种淡蓝色的。成本可能是一样的，但传达的信号是不一样的。

一个常见的低价信号是价格以 9 结尾。因为客户会通过信号来判断价格高低，所以很可能价格从 34 美元上升到 39 美元时，销售收入反倒增加了。[8]

如果价格尾数是 9，卖方就是在含蓄地传达这样一个意思：这个价格是经过精心设计的。9.99 美元和 10 美元的实际差异微乎其微，但当尾数是 0 时，客户会怀疑这个数字是四舍五入的结果，卖方不在乎买方怎么想。垄断的价格和惩罚性的价格都是以 0 结尾的，比如酒店里的上网收费标准、洗衣收费标准、停车罚单或者延迟报税罚单等。

　　当然，有些狡猾的商家会把高价信号和低价信号组合在一起，不仅仅是那些房产中介，还有那些银行，展示的初始贷款利率都低得惊人，比如只有 6.99%，后来就悄悄上升到 18.99% 了。不过，因为一般来讲，低价格的卖家会用低价信号，高价格的卖家会用高价信号，所以理性的消费者还是可以根据价格信号来判断价格的高低的。

—

低价信号对买方管用，
所以对卖方也管用。

—

　　还有一些商家会把低价信号和高价信号组合起来，如果高价信号能够优化客户体验，给客户提供增值服务，或者商家想靠回头客和口碑宣传发展业务，那么这一招效果十分显著。Zea Rotisserie & Grill 和 Semolinas 就是两个很好的例子，这两家连锁餐馆表面上看起来奢华昂贵，实际上价位中等。

　　所以，如果你要提高销售收入，你可以选择进一步降价（不过，你现在已经知道了，这个办法的代价是最大的），或者可以增加一些高价信号：买一座雕像、一个枝形吊灯（蜡烛烧一半时吹灭，以后就再也不要点上了），等等。如果你做的是家电维修生意，也许你可以买套漂亮的工作服和一个干净的工具箱。如果你是个汽车经销商，经销现代汽车，也许你可以建造一间比奔驰车行更漂亮的休息厅，客户来修车时可以在那儿休息、等候。休息厅里要摆放精美的画册、现磨的咖啡和鲜榨果汁，提供免费网络等。多做一些这样的小投资，增加高价信号。客户看到这些高价信号，再看到你的实际价格，会大吃一惊——这么合算，大家会秘而不宣。

　　此前，我把沃尔玛和凯马特分别描述为中等收入群体的平价店和工薪阶层的平价店，其实这两家店的产品和价格也许差不多，但是，相比于沃尔玛，凯马特的低价信号更多、更强，而沃尔玛的实际价格也是低的，但传达的价格信号是中等价位的。

—

实际价格是低的，但是看着不低，这招可能对你管用。

—

► 价格尾数

在西方国家，最常见的价格尾数是 9，不过，在东亚，8 也很常见。中国香港的餐馆，菜牌上的价格 40% 以上都以 8 结尾。8 不是价格信号，而是质量信号，8 代表的是发财和好运。我在中国做过一个实验，有 1250 名女性参加，并成为受试者。大部分受试者发现，尾数是 5、8、9 的价格更能让她们接受，而最糟糕的尾数是 1。例如，实验表明，对于某种特定的药品，看到价格为 31 美分的女性中，有 62% 愿意购买；而看到价格为 35 美分的女性中，有 73% 愿意购买。可能对那些在看价格时会四舍五入的消费者来说，以 5 结尾的价格更为有效。[9]

尾数是 1 的价格很不和气。10.01 美元？那多出来的 1 美分简直是罚金，是税款。数量则正好相反，不要把洗发水定为每瓶 11.9 盎司[①]，可以定为每瓶 12.1 盎司。

—

价格尾数写 9，数量尾数写 1。

—

▶ 有特价优惠，快来买

商店里的货品标上"特价优惠"的字样，销量就会上升 50%，哪怕价格根本没变。[10] 这样看来，购物者似乎缺乏理性，其实不然，因为在大多数时候，"特价优惠"的标牌的确表明产品的价格比平常要低。客户假设，尽管他们自己可能并不知道真实价格是多少，但总有些购物者是知道的，所以商店不会冒险在实际没有打折的货品上打上"特价优惠"的字样。这种假设也是很理性的，杂货店里的购物者这样推理在大多数时候都没错。但是，有些货品的价格到底是多少，几乎无人知晓，比如家具。家具销售商就可以给货品标一个很高的价格，再挂上"特价优惠"的标牌。

有"特价优惠"的标牌可以提高销量，原因之一是客户认为更物有所值了，另一个简单的原因是，任何挂着标牌的货品都会吸引更多的注意。所以，在这些货品上挂上气球也同样奏效。我为台克利鸡尾酒连锁店做过

—————————

① 1 盎司 ≈ 30 毫升。——编者注

一个实验，对于不同的台克利鸡尾酒，比如什么白俄罗斯、庆功酒等，消费者付的价格是一样的，但其实对商家来说，它们的成本和利润率很不一样，所以我就建议，在利润率最高的那几种酒罐上牵上气球，果不其然，那些酒的销量上升了。

餐馆力推利润率高的菜，标上"今日特惠""特价优惠"，不过他们也可以在菜单上在这些菜后面标上小气球，说明是"大厨推荐"，当然并不用解释厨师为什么会推荐这道菜——是因为最好吃，还是烧起来最方便，还是厨师的报酬与毛利挂钩。

不过，特价优惠不可滥用。芝加哥的一家超市做了一个实验，当30%以上的冰冻果汁饮品都挂上"特价优惠"的牌子后，这个品类的总销量反倒下降了。[11]当"特价优惠"的标牌太多时，消费者得到的信息是优惠价格不可信，所以正常的价格也不可信。

▸　差别定价

2023年10月19日，荷兰皇家航空公司从阿姆斯特丹到新奥尔良的单程公务舱机票价格是4954美元，而购买同一航班以及十天后返程的机票价格一共只有3222美元。这就是价格歧视的美妙和疯狂之处。买单程机票的一般都是商务人士，而游客几乎都买往返机票。

当然，你也可以要小聪明。有一次，我从阿姆斯特丹飞往上海，单程，为了省钱，我买了往返程的机票。但这件事给了我一个重要的教训：不要自作聪明。当我把机票拿到我们学校财务部报销时，工作人员告诉我："不行，对不起，欧盟有规定，你要先完成机票行程，然后才能报销。"我大跌眼镜，真是要活到老学到老，不能要小聪明。

—

不要自作聪明。

—

需求曲线说明了价格和在这个价位上能达成的销量之间的关系。需求曲线上的每一个点都代表了消费者，消费者愿意用这个价位或以低于这个价位的价格购买你的东西，但是如果价格超过这个价位一分钱，消费者就不买了。也就是说，这个产品的价值对于这个消费者最高就值这个价位。理想的状态是，我们根据每个消费者愿意支付的最高价格向消费者收钱。

但我们没有足够多的信息来达到这个理想状态。因此，公司尝试通过将客户分类的方式接近这种理想状态。分类后的客户群体将对产品附加更大或更小的价值，或者在其他地方有更少或更多的选择或激励。公司会根据价格敏感性对客户进行细致划分。

例如，公司总是很好心地给老年人和学生提供特价优惠。实际上，在美国，大多数年长的消费者比 30 多岁的夫妇有更多的钱可以花。30 多岁的夫妇上有老、下有小，要付房贷、车贷、学费贷款、信用卡，但是，老年人有更多的时间进行挑选，货比三家，所以公司会给老年人折扣，不管他们有钱还是没钱。学生也会花很多时间货比三家，因为他们没钱。而已经上班的年轻人，如果和父母一起生活，他们的经济实力则更强，但可支配的时间相对较少，因此商家并不会因为他们年轻就提供特殊折扣。所以，公司给老年人和学生提供折扣不是在发善心，而是尽量根据每一个人的支付意愿程度进行定价的一种体现，旨在尽可能向每个人收取更多费用。

在你的客户中，对哪些人群可以提价，对哪些人群应该降价？你是否能在你的高价产品和低价产品之间创造差异化，把它们区分开来？你可以根据消费时间来区分（例如，时间早的表演价格低一些，周六的航班价格低一些），也可以根据下单渠道来区分（例如，网上订购的价格低一些，提前三周订购的价格低一些）、根据选项的多少来区分（例如，有五种选项的产品价格高一些、只有一种选项的产品价格低一些）、根据购买地点来区分（在有风景的露台上，啤酒价格高一些；在室内，价格低一些）、根据人们对于生活困苦的咖啡豆农的可怜程度来区分，等等。你的工程师发明新产品，你的市场营销经理则应该发明差别定价的新工具。

—

运用创造力、新发明、研发等
来寻找差别定价的新方法。

—

但是，要小心，除非你是个垄断者，否则不要人为地降低你的低价产品的质量。某些高端餐厅决定对不同类别的顾客采取不同的定价，以实现最大化收益的目标。他们为高端顾客提供昂贵的菜单选项，并对其进行高价定价，而为普通顾客提供相对便宜的菜单选项。然而，为了保持低价选项的利润，餐厅可能错误地降低了这些菜肴的质量，使用了廉价的原材料或简化了烹饪过程。还有一个为了进行差别定价而错误降低质量的例子：巴黎的华美达酒店先给了我一个便宜的房间，然后把我的房间升级为了一个更贵的房间。一开始我没有看出任何不同，后来才意识到便宜的房间没有价值 20 美元的咖啡机或者价值 10 美元的吹风机之类的小东西。玩这种把戏只会给竞争对手留下机会。

▶ 商业道德

没有人会抱怨商家为老年人提供专属折扣。但如果你的差别定价是不公平或充满陷阱的，就会让消费者怨声载道。

蒂姆·哈福德（Tim Harford）的《亲爱的卧底经济学家》（*The Undercover Economist*）[12] 一书，讲述了伦敦咖世家（Costa Coffee）咖啡店的故事，这家咖啡店有一种咖啡是用"公平贸易"咖啡豆磨制的，价格比普通的咖啡高 2 角。"公平贸易"咖啡豆是从贫穷的咖啡豆农处收购来的，每磅价格比别的咖啡豆高出 1 美元，算到每杯咖啡里成本也就高了 2 分，也就是说，本来应该给贫穷的咖啡豆农的钱，90% 进了这家咖啡店的腰包。商店从那些对价格不敏感、好心的顾客那里获得了 90% 的额外收入。咖世家利用其虚伪的"公平贸易"选项，巧妙地向不同的顾客收取不同的费用。当蒂姆·哈福德向咖世家询问公平贸易费用中有百分之几的钱给到了咖农时，该公司"明智"地决定停止这一做法，按需提供公平贸易咖啡，并且不再额外收费。

—

差别定价没问题，
但不要像咖世家那样做。

—

改变你的收费标准：计价标准的新科学

在中国采取什么样的定价战略最好？我常被问及这个问题。我常常半真半假地回答说，在中国根本没有好的定价战略，因为总是有人愿意比你亏更多的钱。不过，我以中国的定价战略为主题，制订了一个为期三天的讲座计划。很明显，一定有一些定价战略是值得我们探讨的，其中之一便是：改变计价标准。

什么是计价标准？计价标准是指你以什么为标准进行收费。购买牛奶按升计价，乘出租车按公里计价，坐飞机按里程（食物免费）计价，攻读EMBA学位按文凭计价，等等。各行各业的不同企业在传统模式的基础上，采取了各式各样的收费方式。有时候，传统模式是行之有效的；有时候，由于技术变革或者客户发生变化，你有机会改变收费标准，进而改变定价"游戏"。

收费标准的选择远比我们意识到的多。许多健身俱乐部收取会员年费，会员可以无限制地使用器械。其他的收费标准还包括会员每周仅限两三个小时、仅限上午或仅限工作日使用器械；健身俱乐部还可以对毛巾、淋浴、游泳池以及果汁和点心等分开收费，甚至还可以按健身效果收费，如按减去多少公斤重量，胸围、二头肌增大多少厘米等收费。

那么，什么才是最佳计价标准呢？你不妨问自己以下几个关键问题，了解自己是否希望改变收费标准。

1. 你能把价格与服务成本联系得更紧密吗？

如果你能把价格与服务成本联系得更紧密，你就能吸引更多低成本客户，同时把高成本客户推向你的竞争对手。例如，一般来说，美发店对女性的收费要高于男性，这是因为女性的头发通常较长，需要更精心细致的打理。然而，在20世纪六七十年代，西方男士开始留长发，与此同时，许多女性则选择了短发造型。我并没有听说有哪家美发店对短发女性降低了收费标准，反而许多店开始对长发男子提高收费标准，对短发男子则相应降低收费标准。如此一来，那些坚持一价制的美发店自然会在失去短发顾客的同时吸引长发顾客。

同样地，在美国，电子消费品店开始对顾客征收15%的退货费，因为它们发现总是一些老面孔在以各种理由退货。通过改变计价标准，对退货单独收费，商店会流失高成本顾客，这部分人会转而把产品退给竞争商家。但是，通过提高退货收入或降低退货处理成本，商店可以降低产品售价，从而把顾客从竞争对手那里争取过来（但很有可能争取过来的只是那些没有退货习惯的顾客）。

2. 你能把价格与竞争优势结合在一起吗？

通用电气公司推出的飞机发动机按小时计费制度阐释了商家是如何把价格与竞争优势相结合的。由于持久耐用型发动机所需维护较少，加上公司财务实力雄厚，按小时收费制度为通用电气公司在价格竞争中创造了显著优势。

公司并没有对操作成本较低的发动机制定过高的价格，而是按照发动机的运行时间进行收费，因此其价格低于竞争对手。

3. 你能运用价格来改变顾客的行为，从而降低成本、提高收入吗？

哈佛商学院教授古维尔（Gourville）进行的一项实验展示了商家是如何运用价格来改变消费者行为的。实验证明，健身俱乐部在推行月卡而非年卡后，确实改变了消费者行为。月卡的推行吸引了更多会员在整年内反复光顾（也许是因为信用卡或银行账户的月结账单提醒他们去使用自己的会员卡），于是有更多人续订了一年的会员资格。

但是，务必注意那些沿着错误方向去改变消费者行为的方式。有些餐厅在提供早午晚自助餐时，根据顾客取用的食物重量进行收费。这一做法的初衷是提醒顾客不要浪费食物。但是，餐厅很快发现，顾客不再取用分量重的食物，如土豆、面条和米饭，转而只用贵的食物来填饱肚子。

4. 你能实施差别定价，为价格敏感度较高的顾客提供较低价格吗？

安特卫普（Antwerp）酒店就是一个根据顾客价格敏感度的不同运用差

别定价的例子。酒店每晚仅收取 29 欧元的住宿费，但是，停车费 25 欧元、上网费 18 欧元、早餐费 19 欧元。这家酒店的收入主要来自其服务设施，而非房费。因此，它同时满足了商务型顾客和经济型顾客的要求。顾客会把车停在街上，不在酒店吃早餐，去网吧上网。

同样地，电影院售卖的爆米花和可乐价格很高。这一举措是为了让富人多掏钱，穷人少掏钱。这并不是因为电影院嫌富爱贫，而是因为它们想从每个人身上尽可能多地获取利润。电影院实施差别定价可以吸引更多人来看电影。票价很低，但爆米花和可乐要价很高，这样不仅可以帮助电影院留住穷人（把爆米花和可乐偷偷藏在衣服里面带进来）和中等收入群体（几人分食一包爆米花或只喝一杯可乐），还可以从富人和第一次带女朋友出来约会的小伙子那里获取最大化的利润，因为他们既会买可乐，也会买爆米花。

因此，如果你无法提价，担心这样会赶走你的客户，或者，如果你无法降价，担心这样会导致你亏损，那么或许你可以找到一个新的解决方案：改变你的定价标准。

▸ 结论

平均来讲，一个公司的产品价格哪怕只上涨 1%，利润也会上升 11.3%，所以你在定价策略上花再多的精力也不算过分。相比于促销和品牌打造，定价得到的注意力和尊重是远远不够的。大部分公司会与广告公司和公关公司合作，却没有自己的定价公司，其实应该有。这样，很多公司都可以从中获益。很清楚的一点是：价格不是简单的数字，人们也不是天生的数学家。你在其他策略上发挥的创造力，在定价策略上也应该有用武之地。

—

定价的重要性
再怎么强调也不为过。

—

- 在收费时讲百分比，在打折时讲绝对金额。

- 开发价值，宣传价值。

- 要谈价值，而不是价格。

- 价格永远不是第一个 P。

- 低价信号对买方管用，所以对卖方也管用。

- 实际价格是低的，但是看着不低，这招可能对你管用。

- 价格尾数写 9，数量尾数写 1。

- 不要自作聪明。

- 运用创造力、新发明、研发等来寻找差别定价的新方法。

- 差别定价没问题，但不要像咖世家那样做。

- 定价的重要性再怎么强调也不为过。

第 17 章

分销

提纲挈领，吊你胃口

- 高效率不是自然而然产生的结果
- 个体的理性未必会给集体带来好结果
- 努力成为你的渠道系统中有话语权的人

▶ 积极管理公司以外的事务

市场营销要获得成功，你就必须成功地管理好你的市场，也要管理好公司内外涉及市场营销的各项职能、活动和人员。很多人忙着分销、销售、购买、消费、处理我们的产品，他们中的一些人并不是我们的员工，但是我们也要积极管理他们。现在，价值越来越多地产生于公司之间的协作，本书接下来的几章正是围绕这个重要主题展开的。

本章先讲分销问题，我将向你说明，为什么众多公司合作共事，却不能自然而然地提高效率。我会用分销的例子来说明其中道理，但其实它是个普适性的道理。有独立决策权的个人或组织，比如厂商和分销商、最终用户、营销公司、银行等合作时都会碰到类似问题。

我的观点是，你在管理公司外部事务时应该追求的目标并不是提高效率，而最重要的是获得支配力。如果你能很好地管理你的支配力，你就能促使你所在的渠道网络中的所有公司提高效率，让大家都受益匪浅。

▶ 分销的关键问题

分销的关键问题是次优化，意思就是系统中的每一个成员都只想着自身利益，而不是整体利益。当渠道中的某一成员花钱做营销时，渠道中的所有成员都会获益。但是当他做营销投资决策时，他其实只关心自己的利润会不会增加。

举例来说，一个厂商花了10万美元做广告，发现增加的销售量给他带来了8万美元的额外利润，入不敷出，他当然不会继续做广告了。然而，广告增加的收入还给产品的分销商增加了8万美元的利润。如果厂商和分销商是一家人，那么广告就成功了，因为投入10万美元，产生了16万美元的利润。但是他们并非一家人，所以广告就难以为继了。

解决这个问题的一个方法是经销商和厂商联合出钱进行促销。比如，思科公司和它的经销商就联合成立了共同营销基金。但是，这种解决方案要想行之有效，前提是谈判成功、合作紧密、互相信任。而我们的价值链中有很多不同的公司，它们的利益取向、资源配置、时间期限等都各不一样。相比于自由市场解决方案，这种谈判型解决方案的问题在于，首先必须谈判，涉及的各方必须愿意参加谈判。

经销商同样也要决定投入多少市场营销费用。对经销商来说，那些无利可图的或小或远的客户往往被忽略了。但是，如果同时考虑生产厂商的利润，就不应该忽略这么多的客户。结果就是厂商早早地结束了广告，而经销商忽略了太多的客户。这样一来，在两个虚拟的玩家组成的系统中，利润没有最大化。如果厂商和经销商是同一家公司，他们就会在广告和分销上投入更多。不幸的是，他们并非同一家公司。

定价也一样受到次优化问题的困扰。假设一件商品售价100美元，每卖出一件，厂商能赚10美元，经销商也能赚10美元。现在来了一位客户，他对经销商说，如果给他每件优惠8美元，他的订购量就翻一番。经销商会给他这个折扣吗？当然不给，因为如果降价，每件产品给经销商带来的利润就下降了80%，销量翻一番也不够补偿这个损失。当然，如果经销商把厂商赚的利润也算进来，经销商就会接受这个客户的条件，因为这样经销商和厂商加在一起的总利润会上升，但是经销商考虑的只是自己的利润。

产品设计也受到次优化问题的困扰。厂商在设计产品时，更多优先考虑的是生产制造的难易程度、制造成本，以及是否有销路。很自然地，他们不会优先重点考虑这一产品是否好修。庞蒂克的 Montana 小面包车火花塞装在汽车底部，要想换火花塞必须把整个车举起来。为什么？因为好用、好修的利益首先是经销商和最终用户得到的，而厂商在设计产品时则不会优先考虑这方面因素。招聘顾客作为共同设计师之所以是个好主意，避免次优化是其中一个很重要的原因。

渠道中的玩家（指参与者）越多，次优化问题就越突出。当今由于外包之风日盛，任一产品的生产和销售涉及的玩家都越来越多，因而我们需要对这一问题更好地进行管理。那么，我们应该怎样做呢？这就是我们接下来要讨论的题目。

—
当众多公司合作共事时，高效率不是自然而然产生的结果。
—

▶　分销犹如囚徒困境

分销渠道中的各方玩家面对的次优化问题是一个囚徒困境问题。什么是囚徒困境呢？假设你我合谋作案，不幸被抓住了。如果我们两个都不招供，我们都会被判 5 年监禁。但是若警察将我们隔离，并向你提出了一个交换条件：如果你招供，你今晚就能回家，而我将被判 20 年监禁。警察向我提出了同样的条件。警察又警告我们，如果我们都招供，我们都要坐 10 年的牢。如此一来，我该招不该招呢？你会怎样做呢？

如果你真的招了，我也必须招供。坐 10 年牢总比坐 20 年牢来得好。

如果你不招供，我还是得招。这样我就可以免除囹圄之灾，不用坐 5 年牢。

这个决策很容易做，毫无悬念可言，我不用猜想你会怎样做——不论你怎样做，我只管招供就是了。你经过同样的考虑也会得出同样的结论——招供。这样一来，我们都会被判 10 年监禁（而如果我们死不认账，只有 5 年徒刑）。我们都觉得自己蠢到家了，但其实我们都是理性的，我们是理性的傻瓜。

—

个体理性的决策未必能给集体带来好结果。

—

对研究博弈论的经济学家而言，囚徒困境是一个有趣的学术课题；但对罪犯来说，这可是一个增加其犯罪成本的实实在在的问题。那么，罪犯该如何解决这个问题呢？罪犯们加入地下组织。地下组织说："如果你招供我们就杀了你。"这个威胁也许会彻底改变罪犯的想法。罪犯都不会招，所以都只坐 5 年牢而不是 10 年牢。罪犯出狱之后还会感谢地下组织，"感谢他们当初威胁我们说，如果我们招供就杀掉我们。"这样地下组织降低了罪犯的犯罪成本，作为回报，罪犯会将部分收入上交给他们。

渠道成员所处的地位和上述的囚徒大同小异。每个人都争做第一，但当每个人真的都争做第一时，谁都得不到好处。解决的办法非常简单：不管你是分销商，还是零售商，还是生产厂商，尽量成为你所在渠道系统中有话语权的人。系统中的所有成员都会庆幸有这样一个人，而你当然是所有人中最幸福的。

—

成为你所在渠道系统中有话语权的人。

—

换句话说，你对渠道中其他成员的控制能力越强，你就越能够强迫他们做违背其本身意愿的事，你也越有能力解决次优化难题，这对大家都有好处，特别是对你自己。有许多关于市场营销的文章都对渠道支配力这一问题进行了论述，下面会讲到，研究结果并不能令人满意，不过我们从中还是可以受到一些启发。

▸ 渠道支配力：市场营销之观点

市场营销文献中对于渠道支配力的论述相当多，市场营销学界人士对于自己在这个学术领域取得的成就颇感自豪。我还记得当年读市场营销学博士时，导师在介绍这个领域的学术成果时用了"丰硕"一词，让我顿生逃脱次优化陷阱的景仰之心。

不幸的是，这个领域的学术成果更多地强调市场营销学是有实践意义的，与具体的渠道管理关系不大。商界实战人士对学术理论有一种普遍的不信任感，觉得学术理论都是纸上谈兵、隔靴搔痒。和物理学界人士不同，商界人士把"理论"视为"现实"的反义词，有关渠道支配力的文献存在同样的问题。

市场营销学文献中有关支配力的定义是从社会学[1]中借用过来的，社会学将支配力宽泛地定义为惩罚的权力或者奖励的权力。这个定义有些不符合我们的直觉判断，按照这个定义来讲，奴隶也有支配力，因为他对自己的主人有奖励的权力。这个且不论，总之，社会学关于支配力的定义就是这样的。

从这一定义顺推下去，社会学就提出了以下公理：A 对 B 的支配力完全等同于 B 对 A 的支配力。按照社会学的定义，主人和奴隶的支配力是等同的。一方的强制性支配力与另一方的非强制性支配力处于平等地位。当然，这并不能反映人们对支配力这一概念的一般理解，不过这一理论也能自圆其说。

营销学借用了社会学对支配力的定义，区分了强制性和非强制性的支配力，但是忽略了定义中的隐藏条件——双方支配力永远是平等的。[2]营销学更多关注的是在诸如生产厂商—分销商关系中的哪一方拥有更强大的支配力，以及更强大支配力的源泉，等等。

20 世纪 70 年代，人们进行了大量的这类研究工作，而且不出意料地、"俯首帖耳"地找到了符合当时政治需求的结论，即奖励的权力比惩罚的权力要好。所有社会科学的通病就是它必须被社会接受。当 10 个学术研究项目每一个都给出结论"A 比 B 好"时，我们可以有以下几种解释：（1）10 个研究项目均证明 A 比 B 好；（2）100 个研究项目中，有 90 个证明 B 更好，但是这些结果没有被发表，也没有被社会广泛接受；（3）总共做了 10 个研究项目，研究员篡改了数据，硬是证明 A 比 B 好，这样才能发表。今天，我们嘲笑 18 世纪研究颅相学的人，因为他们根据头盖骨形状推测人的性格。

可别笑得太开心。现在还不是一样吗！

《凯洛格论市场营销》（*Kellogg on Marketing*）（凯洛格商学院属于西北大学，该商学院的市场营销学科是世界一流的）一书收集了有关营销学的经典理论，其中一段论述正好反映了对于渠道支配力认识的根本性缺陷。

举例来说，厂商会发现经销商对自己的产品线投入的精力太少……经过分析，厂商发现原因在于经销商出售竞争对手的产品获利更多……厂商可以运用自己"奖励的权力"提高给经销商的折扣率（让利于经销商）。[3]

但凡有点常识的人都明白，当厂商不得不牺牲自己的利益，给予经销商更高的折扣率时，这并不是什么厂商成功地运用了"奖励"的权力，而是经销商成功地运用了自己的（惩罚的）权力，从厂商那儿"压榨"了更多的钱。既然我们有时无法通过市场营销文献给我们指明方向，我就只好辛苦一下，亲自释疑解惑了。[4]

—

把钱给经销商，并不能证明你有支配力。

—

- 当众多公司合作共事时，高效率并不是自然而然产生的结果。

- 个体理性的决策未必能给集体带来好结果。

- 成为你所在渠道系统中的有话语权的人。

- 把钱给经销商，并不能证明你有支配力。

第 18 章

支配力

提纲挈领，吊你胃口

- 干活卖力也许赚不到钱
- 支配力带来钱
- 你要做增加支配力的工作

▸ 支配力决定谁得多少

我们总是试图提高效率和提升效果，其实，效率和效果并不是一切，也不是最重要的，而更重要的是支配力。简单来讲：效率和效果决定了总共有多少钱，支配力决定了谁得到多少。

当然，这样讲太简单了一些。支配力也可以是效率的来源，比如，在前面的章节中已经讲过，怎样通过解决渠道中的囚徒困境问题来提高效率。反之亦然，效率也可以是支配力的来源。如果你的成本低于你的竞争对手，你就可以威胁说要打价格战，这种威胁有可信度。效率给你带来的支配力会威慑你的潜在竞争对手，使他们不敢靠你太近。

支配力的来源还包括专利、强大的品牌、关键资产的所有权等。我们在做决策时，很重要的一点是不要只考虑效率，也要重视支配力和控制力的问题，甚至要更重视这些。

正如我在前面所讲的那样，工商管理文献资料对于支配力这一权力的研究结果都不太理想，我不知道为什么，我猜想是因为权力这个概念建构往往带有负面色彩：权力滋生腐败，等等。但是，不管这个概念是否带有负面色彩，有权力总比没权力好，所以我把这章纳入本书。

▶   谁会变富，谁会变穷

在自由市场经济中，我们如何分配财富？我们如何决定谁富谁穷？我在问学生这个问题时，有的学生会回答，赚多少钱取决于"你干活多卖力"，而有的学生对于这样的回答会嗤之以鼻。实际上，干活是否卖力并不是收入分配的决定性因素，收入的多少取决于更多因素。

—

干活是否卖力并不是收入分配的决定性因素。

—

有人可能会说，这不公平。但不公平的效率很高，你想，一天到晚辛苦干活的人太忙了、太累了，哪有时间和心情去花钱？把钱给不干活的人，他们有时间和心情去花钱，这样的安排效率最高，岂不更好。我家也是这样安排的，效率很高。我现在就在辛辛苦苦地干活，不花一分钱。

干活最多的人拿到的钱最少，为什么？因为支配力决定了财富分配。如果我对你有支配力，我就要两样东西：第一，我要你帮我干活，这样我就不会累着了；第二，我要你把你的钱给我，这样你干活时我就有事做了，那就是去花钱。工作和收入是负相关关系，其原因就在于支配力这个因素。

—

公司应该提高对权力管理的重视程度。

—

▸ 支配力管理

回到社会学关于囚徒困境的讨论。显然，我们都希望拥有更大的强制性权力，而非奖励的权力。一个强盗拿着枪喝道："给钱还是给命！"被抢的人当然有给还是不给的权力，两种权力是平衡的。即使平衡，我也宁可当拿枪的人而不是拿钱包的人。

因此，你设置分销管理的目标时切不可只盯着提升渠道的效率和效能，或是如何把蛋糕做大，你必须同时想着如何平衡渠道系统中的各种力量，使它们为公司所用，强化公司对整个蛋糕的控制权和切分权。说到底，吃力不讨好的效率，提升了又有什么意义呢？

—

效率提高对服务方而言没有任何好处。

—

任何一家公司都需要基本的利润来维持运营，但在底线之上，利润多多益善。公司之间权力的平衡决定了谁能够获得最多的利润。

回到前面讲到的《凯洛格论市场营销》一书中提到的例子，一个经销商可能会决定多代理几家生产厂商，哪怕并不赚钱，其目的只是改变与现有厂商之间的力量平衡。如果现有的厂商不得不将渠道系统中更大的一块利润让给他，其目的就实现了。营销学的文章将厂商的牺牲让利视作厂商行使其奖励的权力；我则将其视作厂商权力失控、支配力管理的失败。

一般而言，建立权威或"拿枪而非拿钱"的秘诀在于创建别人对你的依赖性。一旦创建起这种依赖性，你只管拿提成就是了。对别人的奖励也是创建其依赖性的一种行之有效的工具，但是这种奖励必须十分特别，必须能够带来依赖性。比如，一家百货连锁店向一家厂商提出，要扩展该厂商产品的陈列空间，并保证增加其销量，前提是厂商停止向其他店铺供货。这家厂商明智地拒绝了这个诱人的条件，原因是担心一年之后店家会要求更高的折扣。

—

积极管理关系，尽量增强渠道伙伴对你的依赖性。

—

积极管理整个分销渠道的所有环节

分销过程中总要碰到一些大问题：哪些分销工作应该由公司自己承担？哪些应该由渠道商承担？为了回答这类问题，公司应该考虑的不只是效率。根据我们前面的讨论，对于那些建立并维护其在渠道中地位的分销工作，公司应该毫不放手。只有这样，公司才可以迫使其他渠道成员提升渠道的整体效率，并获得其应有的甚至更多的回报。

—

应该自己去做那些能增强你对渠道支配力的分销工作。

—

经销商一般会尽量不让厂商知道自己是在何处如何销售厂商产品的。显然，这对他们来说是个明智的决策。信息就是力量，而力量就是金钱。相反，聪明的厂商应该想方设法克服渠道伙伴不愿与其分享信息的障碍，全面而系统地收集信息，成为渠道管理的专家，不断增强对渠道的支配力和控制力。

你可以开展促销活动，目的不是促销，而是增强你的支配力，维护你的利润率，以摆脱被渠道伙伴压榨的命运。

举个例子，假设你生产一种百货用品，而卖场通过垄断市场，增强了与你讨价还价的能力。再假设你的品牌还不够强大，如果不进卖场，消费者就会忘了你。你该怎么办呢？你可以推出一个重复购买的促销方案。重复购买的消费者可以收集你产品的包装，到时候可以用它们兑换免费的礼品。假设促销是要花钱的，对于销售的影响为零，而且只有 10% 的消费者参加。这个促销计划失败了吗？

如果仅仅把这一促销计划看作促销工具，该促销活动确实不成功。但如果将这一促销活动看作一个分销工具，以提高你和卖场讨价还价的能力，那么该促销活动有可能是成功的。如果卖场不卖你的产品了，它就可能会失去参加产品促销活动的回头客。哪怕你的顾客中只有 2% 的人会到其他商店或者网店中继续购买你的产品以兑换免费礼品，卖场都不会把你赶出门。采购经理不会愿意仅仅因为压价不成而撤换供应商，从而导致客户流失（或投诉），最终被商店经理责备。对超市而言，今后他们对于厂商可以进行哪些促销活动应该多加小心。

调查结果表明，厂商在店内做的促销活动多半是亏钱的，[1] 销量的增加不足以弥补其花费。厂商也很清楚这一点，然而厂商还是会不断增加店内促销的经费。促销的直接效果不能解释这种情况，可能的解释是，促销改变了厂商和日益强大的零售商之间的力量平衡状况，增强了厂商的支配力。

—

任何一个 P 都可以
带来任何一个 C：
促销可以增强渠道支配力。

—

▶ 大挤杀：中国市场上的品牌大战

身处中国，人们可以亲眼见证历史是如何上演的，真令人兴奋。许多在其他地方需要几十年才能演进完成的事情，在中国不到十年就能完成。例如，在过去一个世纪中，我们目睹了传统的自由市场经济中的"品牌大战"。现在，这场战争打到了中国来，不过时间被大大压缩了。

100 多年前，当批量生产和市场营销创建了全国性大品牌之后，品牌大战就开始了。品牌的建立并没有给批发商和零售商带来多少好处；正相反，消费者的品牌忠诚度削弱了他们的议价能力，从而压缩了他们的利润空间。

这也是大量的批发商和零售商不是倒闭破产，就是兼并联营的重要原因之一。到了 20 世纪 30 年代，连锁商店取代了原先的独立零售商。连锁店充分利用它们批量采购的规模优势，大肆挤压弱势品牌，但是对于强大的品牌，它们还是无可奈何。许多中小品牌自此就销声匿迹了，而这又进一步增强了大品牌的实力。

接着，零售商又要求那些小厂商代它生产产品，宣传零售商的品牌。如今，在很多卖场里，我们可以看到许多产品既有价格高昂的知名品牌，又有价格低廉的销售商自有品牌，它们并肩排列在一起。出售低价的自有品牌，卖场获得的利润往往比出售高价的厂商品牌所获得的利润更高。

这一段品牌大战正在中国上演，而整个过程被浓缩到了 5 ～ 10 年。我曾为一家快速消费品生产商提供咨询，在它所在的市场上，我看见整个过程只用了 3 年的时间。对于一些主要的产品，来自连锁超市的销售收入，从占这家生产商销售总额的 20%，跃升到了 70%。与此同时，一个对手气势汹汹地杀过来（据说是受到了几家大型连锁超市的联合教唆），严重威胁到了这家公司的霸主地位。

连锁超市落井下石，要求在不降低零售价格的前提下，令出厂价下浮10%。往年，净利润大约占生产商销售额的 10%，日子确实相当好过。一降价，好日子便到头了。

零售店的整合浪潮风起云涌，全国各地的小厂商将继续遭受零售店的"挤杀"。一家商超的采购工作指南如此教导它的采购员："切记，厂商的销售员是你的一号'死敌'。"

不过大品牌总能够从中渔利。店铺只能进青岛啤酒和红塔山香烟，或是其他名牌，它们别无选择。因此，想挤压大品牌的利润空间，没有那么容易。而它们的小兄弟们，即那些小品牌，可就惨了。连锁店可能会让它们无利可图、无路可走。大品牌乐得隔山观虎斗，坐收渔利。

小品牌该如何应对呢？到菲律宾、泰国或是印度尼西亚找个避风港吧（上海的一家消费品公司正是这样做的），也可以去欧洲或美国。此处不留君，自有留君处。

或者可以在国内找到一个安全的缝隙市场。控制住占整个市场中 5% 的细分市场的 100%，而不是整个市场的 5%。聚焦资源，抓住一个渠道或一个细分市场，全力以赴，打拼出安全的立足之地。

- 干活是否卖力并不是收入分配的决定性因素。

- 公司应该提高对权力管理的重视程度。

- 效率提高对服务方而言没有任何好处。

- 积极管理关系，尽量增强渠道伙伴对你的依赖性。

- 应该自己去做那些能增强你对渠道支配力的分销工作。

- 任何一个 P 都可以带来任何一个 C：促销可以增强渠道支配力。

第 19 章

营销新概念：诚信

提纲挈领，吊你胃口

■ 诚信是最宝贵的资产 ■

■ 不诚实将造成滑坡式的灾难 ■

■ 偷钱是不对的，偷时间也是不对的 ■

■ 你会这样对待你的母亲吗 ■

▶ 营销与诚信

营销与诚信好比牙疼与快乐，看起来风马牛不相及。人们普遍认为，搞营销的人说不上和罪犯一样坏，但也好不到哪里去，比老实的工程师还是差远了。

这种对营销者的怀疑和不信任由来已久，在古希腊，每个不同的行当都有自己的神，商人和窃贼共尊一个神——赫尔默斯，这个神的脚上长有小小的翅膀，关键时刻开溜得快。当时，如果一个商人以两分钱的价格买进一个鸡蛋，再认四分钱的价格卖出，人们会质疑这和小偷有什么区别；而农民则不同，他们至少是从鸡那儿拿来的鸡蛋——这种观念一直延续至今。很久以前，《营销杂志》发表过一篇文章，题为"你愿意将女儿嫁给一个做营销的人吗？"（即使女儿自己也是做营销的，你大概也不愿意）。[1] 有一本畅销书，书名直白地叫作《营销人都是大骗子》。[2]

即使营销人员都是骗子，但这并不意味着你也要去撒谎。本章将提出一个观点——诚信和诚信的声誉可能是一项很有价值的资产。我先讲一讲隆加伯格公司（Longaberger）的神奇故事。

▶ 隆加伯格公司

隆加伯格公司的故事肯定是有史以来最罕见的成功故事之一。[3] 这家公司生产的是由薄板条编制的篮子，1880 年前后，这种木篮子很流行。你去野餐时可以带上一个装食物，也可以直接放在桌上当装饰品。

我们这里讲的这个行当现在几乎被淘汰了，塑料一问世，木篮子就很少见了。隆加伯格公司创办于 20 世纪 70 年代，创始人名叫戴夫·隆加伯格（Dave Longaberger），6 年制的中学，他花了整整 9 年才读完，主要是因为他的阅读能力不太好。到 1997 年，他把这个公司打造成了一个年销售额为 7 亿美元、员工人数多达 8000 人的公司。他决定建造一座外形像一只木篮子的六层楼高的总部大楼，一时名声大噪。

这位隆加伯格先生成功的秘诀是什么呢？简言之，就是诚信，他诚信得要命。隆加伯格先生是那种老派的人，他坚信没有什么是比事实更重要的，认为向客户撒谎可不是闹着玩的，即使能提高销售和利润，也是绝对错误的。

人生一世，很多时候要做选择，选这条路或者那条路，选了就不能倒退重选。有时我们选对了，有时我们选错了。人是这样，公司也一样。让我们来看看，隆加伯格先生和他的公司选对了哪些路。

隆加伯格先生编木篮子的手艺是跟他父亲学的，他父亲编篮子给他母亲用，买杂货、放洗好的衣服、放在餐桌上装面包和水果，等等。起初，隆加伯格先生在商店里卖这些自编的木篮子。后来，有位名叫查琳·库克文奇（Charleen Cuckovich）的顾客毛遂自荐，说要建立一个销售系统，由她来销售这些木篮子。她做得十分成功，又招了很多人来帮她卖木篮子。

有一天，隆加伯格去参加查琳的产品推荐会。推荐会上，查琳就每一个篮子讲一个故事。她介绍说，其中一个篮子是隆加伯格家的孩子们用来放从鸡棚里捡来的鸡蛋的，篮子正好可以盛放 12 个鸡蛋。听众很受感动，特别是在她演示这个篮子刚好可以盛放 12 个鸡蛋时，听众更喜欢这个篮子了。销售推荐会十分成功，但是隆加伯格先生事后并不高兴。查琳问他："你觉得怎么样？"他回答说："我们家从来就没养过鸡！"两人都笑了，不过笑完他严肃地对查琳说："下一次有什么说什么。"[4]

这是这家公司历史上无足轻重的一个时刻吗？我想不是。路到了这里有个分叉。这家公司的真实故事是，它的产品都是由真人手工编织的，是按照隆加伯格看到他父亲编织木篮时学会的方法编制的。当然，对于一个没有事实依据的鸡蛋篮子的故事，我们也可以一笑置之，但是，如果我们开始在真实的故事中添加不真实的部分，哪怕真实的故事还是占90%，这样一来，我们讲的任何一个故事都变成有可能是真的，也有可能是假的了。隆加伯格制定了一个铁的原则：诚信和事实比一个优美的销售故事更重要。

能否销售成功，完全取决于那些组织产品推荐会、独立销售木篮的代表们是否充满激情、全力以赴。我毫不怀疑这家公司在招募和训练销售代表提高工作绩效时会十分重视声誉、正直、诚信这些价值观。就像有些人会告诉你的那样，不管是谁，当他真的相信他卖的东西时，他都可以成为杰出的销售。

一家公司坚持诚信的原则，可以培养更好的销售代表，获得更大的销量，不仅如此，还有一个好处是：如果员工知道自己所在的公司不会为了提高利润而向客户撒谎，他们也就知道公司不会为了提高利润而向员工撒谎。

前面我也讲到过卡尔·休厄尔的例子，他的理念是，任何一个 P 都可以用来改善任何一个 C。的确是这样，任何一个职能都可以用来提高另一个职能的绩效。比如，市场营销的工作可以提高人力资源部门的绩效。在市场营销中讲究诚信，很可能帮助你招聘到更高素质的员工，加强他们的敬业精神和对公司的忠诚度。

有一次，隆加伯格公司陷入了严重的财务困境。为了挽救公司，隆加伯格先生请求独立销售代表和经销商接受更低的佣金。大家都答应了，不仅不抗议，还纷纷表示支持，同舟共济。为什么？因为他们知道，隆加伯格先生不会撒谎，他说如果他们不帮他，公司就会倒闭，那肯定是真的。诚信和诚信的声誉也是资产，尽管它们没有被反映在财务报表上。有时候，这项资产会救你于危难之际。

—

诚信是公司最宝贵的资产之一。

—

前面提过，《营销人都是大骗子》[5]一书中提到，市场营销往往就是给人们讲故事，帮助他们自欺欺人，让他们相信自己需要某些其实并不需要的产品。有些学生也对我说，诚信和正直已经被淘汰了，再说，仁者见仁，智者见智，想看到事实的人自然看得到事实；如果人人撒谎，你不撒谎怎么生存。我认为刚好应该反过来。商品的稀缺性会增加而不是减少其价值，至少上次我查书的时候书上是这么写的。

如果别的营销者都撒谎，大家也都知道他们撒谎，这时你应该坚持不撒谎，做最后一个不撒谎的营销者。请问，你的公司有多诚信？

—

你的客户、投资者、员工认为你的公司有多诚实？

—

▶ **你难以分割诚信或不诚信**

诚信是不可分割的，隆加伯格在对客户的不诚信行为刚露端倪时就果断地将其掐灭。所以，他的公司内部及与外界各方面的关系信任程度很高。如果你对你的员工不诚信，这种不诚实就会扩散，会影响公司几乎所有的内外部关系。

对于鲍勃·纳德利（Bob Nardelli）在家得宝公司的表现，我们应该引以为戒。他在杰克·韦尔奇接班人的竞选中败北后，去家得宝公司做了首席执行官。在他 6 年的任期中，家得宝公司的股价涨了 6%（其中一半是在他被炒鱿鱼的最后一天涨的）。同期，家得宝公司的直接竞争对手公司的股价上涨了 250%。家得宝公司到底出了什么事呢？

纳德利一年的报酬就高达一亿美元，他是这样为自己"无功受禄"进行辩护的："如果你看一下销售收入、成本、利润等财务数据，就知道我其实功劳不小，至于股价怎么走，这又不归我管。"我们再来听一下家得宝公司的客户斯科特·伯恩斯（Scott Burns）是怎么说的，他碰巧是当时某知名社交媒体财经栏目的撰稿人：[6]

> 家得宝公司会欺负客户吗？……家得宝公司总是不把客户的时间当时间……我和我太太曾经很喜欢家得宝公司，以前那里的营业员训练有素，知识渊博，乐于助人；现在家得宝公司的店里连个营业员都找不到……有一次我在那儿等了很久也没人来招呼我，我只好两手空空地回去了。我太太去买地毯——整个新房子用的地毯，也等得很抓狂，后来她去别的店买了。家得宝公司不把我们的时间当时间。

可以注意到，这个客户觉得自己被欺负了，被一家他曾经深爱的店"虐待"了，而他的时间被浪费了。纳德利的财务报表数据是不真实的。家得宝公司把它的品牌资产套现了，经验丰富的全职员工被换成了工资低廉的兼职员工，优质客户服务奖金大大削减，客户服务降到了最低水平。2006 年，在密歇根大学的各大零售商客户满意度调查排行榜上，家得宝公司已经垫底了。[7]

问题就在于做假账——不是藏匿债务、虚增收入、偷卖资产，等等。纳德利做假账的手法更隐藏，尽管品牌资产和客户忠诚度十分重要，但它们并不会出现在公司的资产负债表上，如果你把不反映在资产负债表上的资产套现，钱就神奇地"从天而降"了。

纳德利可以自欺欺人，自认业绩非凡，但他骗不了股市。尽管纳德利忙着编报越来越好看的报表数字，但公司的股价就是不涨。不过，纳德利还是骗了一些人。当纳德利谢幕退出时，《哈佛商业评论》《商业周刊》《快速公司》（*Fast Company*）等杂志刊登了不少对他歌功颂德的文章[8]（这些文章的作者并不是家得宝公司的客户、员工或股东）。

家得宝公司的老员工失去了本来自以为很稳定的工作，他们给公司带来的增值是巨大的。但是，解雇他们可以立竿见影地提高公司利润，而利润下降是以后的事情。结果，客户本来很喜欢这家公司的店，现在却觉得被欺骗和"虐待"了，被浪费了时间，对于到底应该买什么材料和工具，没有人给他们指导。股东的权益也受到了侵犯，那段时间正好是住房建设的高峰期，本来公司股价是可以大幅上升的。诚信和不诚信是不能分隔的。你欺骗员工，也就欺骗了客户，最后也欺骗了股东。

　　我说不诚信，不是指纳德利是个不诚信的人，我所知道的有关他的一切，或者说有关他的一切报道，都毫无疑问地证明他的个人品行是没有问题的。这也就是为什么你必须问其他人：我的公司有多诚信？

　　不要这样想："我很诚信，所以任何人对我公司的诚信表示质疑都是错误的。"

—

不诚信将造成滑坡式的灾难。

—

　　我前面建议过像"折磨客户"那样折磨自己，感同身受。《快速公司》杂志描写过，纳德利在办公室里可以通过录像系统实时看到所有门店和店内客户的情况。他应该这样做：跟踪一个客户，在这个客户排队等了 30 分钟时，他也必须在办公室里站起来，在那儿干等 30 分钟，什么也不能做。他应该每天这样等两次。也许这样，家得宝公司的客户服务就不会像这样一败涂地、臭名昭著了。现在提及纳德利，人们首先是想起他在争夺通用电气负责人"宝座"时败北，其次是想起在他执掌下的家得宝公司的服务臭名昭著。

—

像"折磨客户"那样折磨自己，
感同身受。

—

▶ "虐待"客户

　　我觉得斯科特·伯恩斯投诉家得宝公司时用的词很有意思，他说他被"虐待"了。很多公司都有"虐待"客户的恶习。这是因为严酷的金融市场要求公司不断增加利润和销售收入。这种要求早晚会碰到物质限制、市场限制或其他限制。结果是，公司被迫走上这样一条路：起初是努力超越客户的期望，随后仅满足客户的期望，最后演变为欺骗客户。

公司会用各种方法"抢劫"我们的时间。他们为了节省成本，让我们在客户服务柜台前排起长队；他们设置烦琐复杂的流程和政策，让我们在购买产品或解决问题时需要耗费更多的时间和精力。如果你打电话询问，各种按键选择和排队的时间可能就有半小时。这是绑架，这是抢劫时间。

—

偷钱是不对的，
偷时间也是不对的。

—

在本书一开始我就提到，在很多公司里，如果一个经理能想出一个法子让公司节省一元钱而让客户多花一百元钱，这个经理就很可能会被提拔。如果公司事先直截了当地告诉客户会收取多少钱，这样做可能并不是很明智。如果公司事先不告诉客户将会多花多少时间和金钱，说白了就是在欺骗和抢劫。不管是哪种情况，当新进入这个行业的公司决定自己多花一元钱而替客户省一百元钱时，这个行业原来的公司就岌岌可危了。还记得当年个人计算机行业的公司给客户维修计算机要花几个星期的时间，结果是自掘坟墓，帮戴尔"堆土造山"。

—

偷客户的时间和金钱，
是很危险的生意。

—

▸ ## 你会这样对待你的母亲吗

再来看看航空业。经济型航空公司，比如瑞安航空、易捷航空，还有捷蓝航空公司，它们在市场上站稳脚跟、赢得客户喜爱很容易，为什么这么容易呢？

原因是，原来的那些大航运公司所做的大广告并不能提高客户忠诚度，常客计划也不能提高客户忠诚度。只有优质服务才会提高客户忠诚度。前面我也提到过，在你下飞机后，航空公司是不会再管你的，那么你在飞机上时，他们会照顾你吗？

我在这里讲的不仅是那些被忽视的服务细节。有一次暴风雪，美国西北航空公司把乘客囚困在机舱内达七小时之久。用逃生滑梯让乘客撤离是要花钱的，这个我明白，但是美国西北航空公司竟然"趁火打劫"，向饥饿的乘客收取垄断价格的餐食饮料费，乘客忍无可忍，群起反抗，将餐食饮料分抢一空。[9]这个我就不明白了，为什么花几百万美元做广告，然后冒着负面宣传、影响恶劣的风险去多赚几百美元？美国西北航空公司并不是特例，越来越多的空中冲突事件被认为是公共文明退步的表现。在某种程度上，这件事也是美国航空公司公共文明退步的表现吧？你在制定政策时，不妨问一下自己：我会这样对待我的母亲吗？坚持诚信，这是市场营销领域最好的创新。你在寻找差异化的新方法吗？诚信就是。

—

检验客户服务的简单标准：
你会这样对待你的母亲吗？

—

- 诚信是公司最宝贵的资产之一。

- 你的客户、投资者、员工认为你的公司有多诚信？

- 不诚信将造成滑坡式的灾难。

- 像"折磨客户"那样折磨自己，感同身受。

- 偷钱是不对的，偷时间也是不对的。

- 偷客户的时间和金钱，是很危险的生意。

- 检验客户服务的简单标准：你会这样对待你的母亲吗？

第 20 章
公司外部的世界

提纲挈领，吊你胃口

- 在价值链的各个环节提供增值 -
- 做不花钱的事 -
- 不要"瞎忙" -
- 市场营销的成败取决于公司外部 -

▶ 公司外部的世界

在这一章中我想讲的一个道理是，我们怎么管理公司的外部事务远比我们怎么管理公司的内部事务重要。不幸的是，我们总觉得管理公司的内部事务会更自在、舒服。我还会讲一个奇怪的事实——有些点子实施起来成本很小，甚至没有成本，有的还能帮我们省钱，而且这些点子对于销售收入、利润和客户满意度都有着巨大的正面影响，可对于这些点子，公司似乎最不感兴趣。对此，我给出了我自己的理论，并针对所存在的问题提出了一个纠正方法。最后我要指出的一点是，有时候，公司似乎没有人在管，当然，表面上看起来大家都东跑西颠、十分忙碌，不停地发表演讲、召开会议，但是没有实事做成，更不要说创新了。我想说的是，说到底我们还是要做实事的，我们要不断尝试，采取行动，最后让市场决定好坏。成败取决于公司外部，即所谓"功夫在诗外"。

▶ 也要管理公司的外部事务

一家公司的组织架构图展示的是一个由员工组成的金字塔，它是根据雇用关系的法律性质确定组织边界的。其实你应该问问自己：为什么你的销售代表出现在你的组织架构图上，但是你的经销商的销售代表没有？为什么你的人力资源副总裁出现在你的组织架构图上，而那个购买你 40% 产品的连锁商店的采购经理没有？

你的研发经费中的一部分应该用来研究你的产品离开公司后发生的事情，把所有参与营销你产品的有关方都列在一张图上，这张图才是你真实的组织架构图。

—

组织架构图应该展示所有参与营销你的产品的人和公司。

—

你在找出公司内外部所有参与你的产品营销的人后，就应该去积极管理他们。确保对于你的产品成败有影响力的所有人员都接收到了产品的相关信息，确保所有人员都得到了你的大力支持，从而更有动力和能力去营销你的产品，以助你获得更大的成功。

比如，汽车公司应该给 4S 店的销售代表送去新车的模型玩具，还有显示这款车扫过蜿蜒的山路，卷起千堆落叶的日历，诸如此类的东西。汽车公司还应给他们的服务人员、机械师、前台接待和秘书送这些礼物，他们对于车的形象、质量体验、销售收入等也都有影响力。

我想，在世界秘书日当天，在你不忘对自己的秘书表示感谢的同时，也不要忘了你经销商的秘书，就把这当成与人为善吧。与人为善花不了你多少钱，还有利于增进你的健康，让你自我感觉良好，也让你生活的世界更美好。而且，与人为善其实是最合算的。

—

任何一个对于你产品的成功有着直接或间接影响的人，都应该是你宝贵的客户。

—

▶　从公司的内部和外部来支持你的组织

善待我们经销商的员工，这是最低要求。我们可以做得更多——向赛捷（Sage）软件公司学习。赛捷软件公司发现它的很多经销商只有一个销售代表：业主。这些业主很不愿意去招销售代表，因为他们害怕招进来没有用、成本大、风险高。他们的这种担忧很正确：只有 32% 的销售代表能工作 1 年以上；只有 15% 的销售代表能工作 2 年以上。经销商不愿意招销售代表，这自然给赛捷带来了巨大的潜在销售损失。赛捷决定采取措施解决这个问题。首先，经销商每招一个销售代表，赛捷就给他 1 万美元的奖金，降低经销商招错人的成本。其次，赛捷积极参与经销商的招聘过程，确立了赛捷软件全国顶级销售代表特征画像，设计了帮助经销商找到优秀销售代表的测试，和经销商一起面试，降低招错人的概率。

进行一些科学管理很有帮助：赛捷经销商现在招的销售代表中，有 78% 能工作 1 年以上，65% 能工作 2 年以上。赛捷为经销商做的这些事情是单个经销商没有能力做到的。我们自己省一元钱，让客户承担更大的成本，这样做太容易了，赛捷却反其道而行之，它自己花钱、学习专业技能，帮助经销商大大降低了成本。[1]

—

你帮助了渠道，
也就是帮助了自己。

—

宜家家居（IKEA），这家全球最大的家具零售店之一，在销售区域的导购并不多，但它在顾客满意度方面的得分高于行业平均水平。宜家是如何做到的呢？

宜家会确保产品标识信息详细、准确，因为产品标识信息成本不高，又体现了优质服务。当顾客对销售员提问时，已经意味着客户服务的失败，说明商家未能提供必要的产品信息。宜家采用了一种不同的思维方式，它通过做一件小事，节省了巨额成本，使得客户更高兴，销量更大，皆大欢喜。[2]

—

小事做好了，
大事自然水到渠成。

—

厂商没有在管理商店，也不支持商店的工作，也不会去商店看看，他们不知道商店发生的情况。他们难道没听说过宜家吗？他们花时间在宜家商场里学习过所有能学的东西吗？沃尔玛的创始人山姆·沃尔顿（Sam Walton）曾说，他估计自己花了三分之一以上的时间去参观和研究竞争对手的商店。宜家竭尽所能确保产品上有客户可能需要的所有信息，但大多数家具店不是这样做的。

再说一次，厂商不是零售商，因此他们不管理商店、不支持商店，也不会在商店里工作，他们看不到商店内部发生的事情。但他们应该这样做。站在金字塔的顶端，厂商可以通过不同的经销商和零售商全方位地审视业务。他们身处一个完美位置，以至于可以推动整个公司内外网络的学习。这给厂商提供了绝佳的机会，但是厂商并没有抓住这个机会。

我在这里举的是零售店的例子，其实所有的公司都有"商店"。对医药公司来说，药店、医生的办公室和医院就是商店。对工业机械的制造商来说，展会就是商店。对住房开发商来说，房地产经纪人就是商店。对保险公司来说，互联网、电话和独立代理人就是商店。要管理并控制好你的商店，即便你并不真正拥有它们。

可以学习一下美国前进保险公司（Progressive）的成功故事。作为一家保险公司，前进深知它的销售任务是帮助人们购买产品。你帮客户节省时间和金钱，你自己也会省钱。该公司的网站和销售代表主动提供前进保险的价格信息，而且还有前进保险与竞争对手的价格比较，这是一个十分激进又成功的措施。该公司通过它的网站、搜索营销和电视广告推广比价销售。顾客更愿意访问前进的网站，而不是在五个不同的网站上填写所有信息。前进会显示是否可以在其他地方获得更低的价格。当顾客看到更低的价格时，他们会去其竞争对手的网站吗？当然有许多人会这样做，但也有许多人不会。在比较价格的同时，他们还能看到前进的价值：美国排名第二的汽车保险公司、拥有商业促进局（BBB）A 级评定[①]、在全美用户满意度调查中得到了 863 分（满分 1000 分）。也许有其他公司的价格更便宜，但如果发生事故会怎样，它们还会继续经营吗？它们会迅速赔付，还是要在六个月后才会进行赔偿，等等。[3]

—

管理你的商店。

—

▸ 施比受好

市场营销管理者可能认为，在商店里，教育客户是商店的工作，不是厂商的工作。不要计较这是谁的工作，关键是要把工作做好。唯一重要的是你的体系渠道一定要获得成功，你要分享更多的成功果实。如果你的竞争对手并没有看到这一点，那么你就偷着乐吧。

出人意料的是，你越是关注公司外部事务、愿意付出，支持这个渠道并关注其他公司的成功，而不是只关心自己的成功，你就越能获得更大的

---

① Better Business Bureau（BBB）是美国的一个非营利组织，致力于促进和维护市场中的商业道德和信任。该组织提供在消费者和企业之间的中介服务，帮助双方解决投诉和争端，它鼓励诚信和公平的商业实践。

成功。我们来看一个例子—— 一家公司是如何通过关注和支持其他公司而让自己也大获成功的。

1954 年，雷·克拉克（Ray Kroc）创办了麦当劳，当时已有很多财力更强、经验更丰富的竞争对手逐鹿快餐业，他们把工厂的科学管理方法引入餐饮业，雷·克拉克紧随其后，后来赶超对手，成为排头兵。

不过，在一个方面，雷·克拉克没有仿效他们的做法。他以前是快餐业的供应商，他知道特许经营公司会把加盟店看成自己的"奴隶"，抓住每一个机会剥削后者。雷·克拉克看到了一个更简单的道理，他写道："我相信，我必须千方百计帮助那些加盟店获得成功，它们的成功会确保我的成功。"[4] 所以，雷·克拉克制定了一个政策——麦当劳永远不许成为加盟店的供应商，它放弃了快餐业传统上一个主要的利润来源。雷·克拉克说："你一旦成为你的加盟店的供应商，你就会更关心你卖给它们的东西带来了多少利润，而不是它们的东西卖得好不好。"

如果你偷朋友的钱，那么你还会有几个朋友？

另一家完全不同的公司，设立在完全不同的行业和完全不同的时间段，那就是 ZARA 公司，它是一家西班牙的时尚零售品牌，以其快时尚闻名于世，由阿曼西奥·奥特加（Amancio Ortega）于 1974 年创立。[5] 今天，ZARA 以其独特的供应链模式、快速响应市场的能力以及与消费者互动的方式，在时尚零售业独树一帜。[6]

ZARA 做对了什么呢？它创造了一个全新的、透明的、共享的供应链系统。

ZARA 通过技术平台实现了供应链的可视化，让合作伙伴可以实时追踪订单和库存情况。通过与自己的制造商、供应商分享信息技术和数字化平台，ZARA 实现了供应链中信息的透明共享，帮助合作伙伴提升了效率、增加了价值，这反过来推动了它与合作伙伴间关系的加强和供应链的协调。

与 ZARA 合作的生产、仓储、流转、分发环节的合作伙伴们，通过供应链可视化协作，更准确地了解订单、库存、销售数据等信息，从而更好地协调生产、仓储和物流，确保各个环节的合作流程高效运转，从而提供了更快速、灵活的端到端服务。

ZARA 信奉的商业模式就是支持他人的商业模式，鼓励与供应链中的合作伙伴共同探索创新，如探讨生产技术的改进、可持续发展措施等。公司鼓励合作伙伴提供创新的想法和解决方案，共同提升整个生态链的效率和价值。这种想他人之所想、共同进退的做法，为整个生态链带来了更大的价值。ZARA 的员工和管理者并不比同行更聪明或者干活更卖力，只是这家公司有一个不同的愿景目标：我们如何确保在整个生态链的各个环节都提供增值？我们如何支持协作者的商业模式？对于这些问题，ZARA 走在了它的服装到达客户手里之前，更独特的是，在它的服装穿到客户身上之后，这些问题都找到了答案。

—

在价值链的各个环节提供增值，首先关心你客户的商业模式。

—

各行各业都可以从 ZARA 的精彩问题中受益。我们如何在价值链的上下各个环节提供增值？这个问题问得太好了，它可以使整个行业都受益。比如，医疗失误是医院的一大问题，一项研究表明，只有 61.9% 的心脏病患者在心脏病发作后会得到正确的处方。[7] 这是一个巨大的医疗错误率。然而，又有多少医药公司花精力去研究该如何减少医院的医疗失误呢？

目前，医疗改进研究所（IHI）在减少医院医疗失误方面的主要工作是由慈善基金会、护士协会、医疗协会、政府机构、医疗保险公司等组织主导开展的。[8] 该研究所在美国的 3000 家医院中推出了一项降低失误率的计划，在 18 个月内挽救了 122 000 条生命。[9] 这些幸存者在有生之年还可以消费价值 5000、10 000 或 20 000 美元的医药产品。一年的医疗失误率的下降可以使得医药行业以后几年的销售收入增加一二十亿美元。医药公司也许应该考虑分配一部分研发经费去研究如何减少医院的医疗失误率。

—

解决了客户的问题，也就解决了自己的问题。

—

格雷格·维特斯托克（Greg Wittstock）也根据施比受好的原则发展了他的公司 Aquascape（水花园）。[10] 维特斯托克的产品会被供应给水塘、小湖泊的建造商。维特斯托克一开始自己建造水塘，但很快业务就很繁忙了，于是他开始对建造水塘的流程进行标准化，再后来他决定通过特许经营的方式推广他这个十分成功的商业模式，结果门庭冷落，没有人来加盟。

所以，他决定把他本来计划要卖出去的东西免费送人：他的建造流程知识、他的市场营销和定价系统，以及他的产品设计。他决定要靠为那些前来向他学习的建造商提供货品的方式赚钱。

那些建造商会不会来上他的研修班、免费向他学习，然后去别的地方进货呢？他们也许会这样做，从理论上讲他们也应该这样做，但实际上大多数人不会。他们有很多理由对维特斯托克保持忠诚。维特斯托克有一个不脱货的政策，他的仓库总是故意保持库存过剩的状态，每一次客户要的零部件仓库没有导致不能发运，办公楼前的旗子就会降半旗。

维特斯托克说："如果一个两元钱的管件缺货，建造商就不能使用抽水泵……本来一天可以做完的活就得做两天……他的利润就被你砍了一半。"我们有很复杂的公式来计算一家公司利润最大化的最优存货量，要考虑订货成本、持货成本、销货的机会成本等。但是，可以说，这些公式都算错了，而维特斯托克算对了，他更关心的是客户的利润。他不算销货给他带来的成本，而是算销货给客户带来的成本。他的 35 000 个客户对他十分忠诚，竞争对手也说，他们之间的关系坚不可摧。

—

如果输入的是错误参数，复杂的公式就帮不了你。

—

雷·克拉克向加盟店提供货品，拒绝靠成为加盟店供应商的方式赚加盟店的钱；ZARA 十分关注产品在整个生态链合作方中的协作效应；维特斯托克不收加盟费，而是靠向客户供应货品的方式赚钱。人们很高兴，因为维特斯托克、麦当劳和 ZARA 的经营管理方法不是首先确保自己公司的利润最大化，而是首先确保其所在的渠道网络的其他成员获得最大化的利润。他们愿意自己多花 10 美元以帮助渠道成员节省 100 美元。人们趋之若鹜，想要加入这样的网络，这也就不足为奇了。

—

帮助客户实现利润最大化，你的利润自然也就最大化了。

—

以上的例子或许都是例外，许多公司都喜欢把问题推出公司，推到客户、供应商或者其他的渠道成员那儿。

公司都喜欢自己节省几元钱，哪怕这么做会给客户带来巨额成本。一个极端的例子是美国路易斯安那州的机车管理局，该局发现，每年 8 亿美元的罚款和费用收入中，有大约 12 万美元收不回来，因为开出的是空头支票。

于是该州规定，每个人必须用公证过的支票付费。这样，该州好几百万人不得不每年都去购买经公证的支票，每张 50 ～ 75 美分（还不算花钱花时间开车去银行、排队等待等成本），就是因为州政府要节省 12 万美元……后来，一连串的投诉迫使该州迅速取消了这项政策。但是，当你自己的公司这样做时，人们又上哪儿去抱怨呢？向你的电话服务代表吗？你上一次和他们交流是什么时候？

　　路易斯安那州的机车管理局决定通过节省 12 万美元来凸显自己的业绩，而这却让人们付出了数百万美元的代价。无独有偶，eBay 的管理者们决定在美国的服务器上运行他们的中国业务，而不是将服务器搬迁到中国，这对他们来说更为高效。但对在中国使用 eBay 的数千万人来说，情况并不是这样。他们不得不等待，等待，再等待，直到他们的竞拍信息被传送到美国服务器并返回。eBay 技术管理者的成本 / 效益分析中似乎没有考虑中国用户的沮丧、恼火、等待成本和竞拍失败的成本。首席执行官梅格·惠特曼（Meg Whitman）在数月后访问中国时才发现，那里的管理者们抱怨不已。如果中国总经理没有抱怨，显然没有人觉得他们能做些什么。但是，唱反调的人、揭发者和抱怨者不会在公司里爬上高层。惠特曼从未花费 20 分钟与在美国的一位中国经理一起倾听中国消费者的声音。当她发现这个情况时，阿里巴巴已经领先，eBay 在中国则很快就消失了。[11] 你的公司是否像 eBay 一样？管理者是否继续默默地打理一切，害怕告诉船长船已经在下沉？在过去，欧洲国王雇用了能说出别人不能说的话的小丑。大公司迫切需要这样的小丑。

—

不要学路易斯安那州的机车管理局，也不要学 eBay。

—

▶　关于小事

本书讲到的很多营销点子实施起来花钱很少，或者不用花钱，甚至还能省钱。向客户要杯冰水喝，花不了你什么钱；在波斯地毯上挂上牌子，提供丝线支数、设计背景等信息，能帮助商店节省雇用营业员的费用；提供商品的应用场景信息还能帮助商店多做几笔生意。测试比照几个不同的广告，成本很小；提供午餐套餐的 3 种选择，而不是 2 种，这样做成本很低，而销售收入会大有提升；酒店取消常客入住退房手续，也可以为酒店节省大笔费用，同时让最优质的客户体验特殊礼遇。

我一直不明白为什么公司不去做一些花小钱、不花钱，甚至省钱，又可以大大提高销售收入、利润、客户满意度、客户回头率的小事。就像宜家的例子所表明的那样，往往有些小事早已被证明又省钱又能提高销售收入，为什么这么简单成本又低的小事，公司不去做呢？我不止一次地感到，当我对一些少花钱甚至不花钱的主意感到兴奋时，来咨询的客户却提不起什么兴趣。

为各种公司提供咨询服务这么多年后，我终于弄清楚了问题所在。很多小事仅须投入很少的成本，或者去除那些不必要的事物，就可以为我们节约大笔资金或带来大量额外收入，或者像宜家那样能做到两者兼具。但是，这类方法通常因为成本太低而被忽视。重要的管理者花时间做重要的决策，而重要的决策又被定义为让公司花费巨大的决策，而不是那些能够创造或节省大量资金的决策。一家大公司的董事会成员告诉我，在董事会层面上，他们只考虑 3000 万欧元以上的项目，他指的是成本超过 3000 万欧元的项目。成本很低或几乎为零，但可能创造或节省 3000 万欧元的项目和想法，是无法进入董事会或高级管理层讨论议程的。

问题很简单：高级管理者只考虑成本巨大的项目。重要的经理做重要的决策，重要的决策就是要公司花很多钱的决策。中层经理做花销中等的决策，没有经理去做不花钱的决策，预算中没有不花钱的事情。原来是这样的。

—
你有什么不用花钱的建议吗?
—

　　如果公司能够开始将重要的事情定义为能为公司赚大钱的事情就好了。比如,我有一次发现,独立的五金店销售的蟑螂杀虫剂,放在收银台旁边的柜子上,比放在货架上的销售收入要高出好几倍。所以,成败取决于五金店店长和杀虫剂公司销售代表之间的交流,取决于这个产品最后是被放在柜子上还是货架上。

　　有一件小事是杀虫剂公司的市场营销经理应该去做的,也许对他来讲这是件大事,他甚至应该成为这方面的专家,把它做得日臻完美。他应该亲自去拜访客户,调查学习,寻找提高成功率的方法。比如,独立五金店的老板和经理几乎都是年龄比较大的男士,也许派一个能干又漂亮的女销售代表去,能够提高产品上柜的概率;也许给五金店更具吸引力的折扣或者给一笔一次性费用会管用? 市场营销经理不应该端坐在办公室里琢磨这些事情,而是应该开始行动,积极去做实验、去尝试,并充分利用实验的结果。

　　这是一个迫切需要进行实验和精益管理的关键杠杆点。但是,我的热情并没有感染到公司。我觉得管理者们都太忙了,他们忙着讨论产品、标签、广告、广告预算、营销计划、融资、招人计划,等等。我的建议只会增加他们的工作负担。我们忙于管理,却忘了经营业务的根本。等忙完了,也就"玩完了",当我们醒悟过来,就会奇怪我们当时怎么会那样想时,甚至不知道自己当初到底在想些什么。

—
不要忙于管理以至于忘记了
你的业务。
—

你知道自己公司的关键杠杆点在哪儿吗？你有没有在这些方面力求完美呢？这些关键杠杆点很可能在你的公司之外存在并为人熟知，但实际上可能没有人在意它们。五金店老板知道，但他并不关心哪个特定品牌卖得更好。我们不知道，因此我们也不会去找一些促进那位老板关心我们品牌销售状况的方法。你的员工，那些在金字塔底部的人，那些处于最底层所以需要直接面对客户的人，他们战斗在最前线，他们常常对最上面的高管们整天都在想些什么、做些什么，感到迷惑不解。

我告诉你一个小秘密：高管们有时也不知道自己在想些什么、做些什么。他们参加会议、发表演说、听人演说，整天东跑西颠，忙忙碌碌，不让自己停下来，自己也不确定该做些什么。市场，他们没有亲眼见过；客户，他们没有亲自接触过。没达成指标，被围困了，他们就躲进办公室，大刀阔斧，这里砍成本、那里砍成本，再搞个并购什么的。

很多公司都可以发扬一下我称之为"唐娜精神"的精神。唐娜骑着摩托车周游美国，后来，她觉得玩腻了，决定在新奥尔良定居下来。她买了个酒吧，改名为"唐娜烧烤酒吧"，在新奥尔良法语区边上。她买这个酒吧几乎没付什么钱，因为这个酒吧很糟糕，当地人都知道那个街区不是什么好去处，避之不及，而外地人又不知道那个地方。所以她来上我的营销课，想得到一些免费的建议。一个很大的制约因素是她没什么钱做广告。

我给她出了个主意：请个人穿成鳄鱼的样子，到离酒吧大概有六个街区的一旅游景点四处走动，散发一些免费的啤酒券，还有鳄鱼菜牌。租鳄鱼服、印制优惠券和菜牌的成本不高。只需一两天，她就可以知道这个方法是不是行得通，这比坐在酒吧里争论这个方法是否行得通要好多了。

结果，这个方法十分有效，人们拿到了免费的啤酒券，好不容易走了六个街区，他们是不会喝完啤酒马上就走的。唐娜发现这一招管用后，就对其充分利用。有时，你只需要一个简单的方法就能成功，但前提是你必须将它付诸实践，而不是坐而论道。多年以后，唐娜的酒吧在全世界的音乐人中名声大噪，他们都很喜欢新奥尔良那独特的爵士乐，它扣人心弦，让你情不自禁随着音乐蹦跳狂欢，纵情叫喊："让我们前进，前进，再前进！"有时，我真为自己是个营销学教授感到骄傲。不幸的是，由于新奥尔良市政府不向新业主发放允许演奏现场音乐的许可证，这家酒吧现在已经关闭。唐娜总是很有创造力，后来她获得了博士学位，并成了新奥尔良大学的一名教授。

　　谨慎周密地做计划是好事，但是要小心，不要让计划把你搞得手忙脚乱，从而忘了问并回答这个最重要的问题：我们需要什么样的客户？我们应该到哪里、如何去寻找并留住这些客户？

　　我用一首歌来总结一下我从各个不同角度一再强调的重要道理——我称之为"都是我的错：市场营销版"，请跟我一起吟诵下文：

> 我们最大的敌人是我们自己，
>
> 我们太爱自己了，
>
> 我们太不了解客户了，
>
> 我们太不懂市场营销了，
>
> 我们太害怕尝试新方法了，
>
> 我们太关注公司内部了，
>
> 我们忘了向别人学习了，
>
> 我们忘了我们的宗旨是找到并留住好客户。

　　太多的经理在公司内部花费了大量的时间，他们忙着完成各自的任务，忙着犯和别人一样的错误，亦步亦趋，明哲保身。但是，成功最终不是在我们的办公室里计划出来的，也不是在公司内部决定的，总之不是由我们决定的；而是由公司外部的事务决定的，是由我们的客户决定的，他们何时何地购买我们的产品决定了我们的命运。这是终极考验，让我们关注外

部、关注客户，让我们积极去尝试、去试验、去测试，让我们自己掌握成
败与兴衰！

—

市场营销的成败取决于
公司外部，而不是内部。

—

- 组织架构图应该展示所有参与营销你的产品的人和公司。

- 任何一个对于你产品的成功有着直接或间接影响的人，都应该是你宝贵的客户。

- 你帮助了渠道，也就是帮助了自己。

- 小事做好了，大事自然水到渠成。

- 管理你的商店。

- 如果你偷朋友的钱，那么你还会有几个朋友？

- 在价值链的各个环节提供增值，首先关心你客户的商业模式。

- 解决了客户的问题，也就解决了自己的问题。

- 如果输入的是错误参数，复杂的公式就帮不了你。

- 帮助客户实现利润最大化，你的利润自然也就最大化了。

- 不要学路易斯安那州的机车管理局，也不要学 eBay。

- 你有什么不用花钱的建议吗？

- 不要忙于管理以至于忘记了你的业务。

- 市场营销的成败取决于公司外部，而不是内部。

第 21 章

营销与数字化转型下的经济、行业和公司

提纲挈领，吊你胃口

- 将资产视为负债
- 坚持重构你的公司、价值链或价值网络
- 寻找并利用外部性
- 抓住横向化的机会
- 将你的市场营销经理培养成科学艺术家

数字化正在改变人们的消费和生活习惯，也改变着公司运营和管理的方式，它成了几乎当下所有公司都要面临的重要挑战之一。数字化带来社会、经济、行业、公司运行方式的转变，营销中的 P 和 C 都将被重新解读。无论是在个人计算机、互联网、智能手机领域，还是在生成式人工智能、自动驾驶汽车领域，过去，一些公司来了又走；如今，整个行业来了又走，或者被根本性地重塑。

譬如在制药行业，药物研发数字平台的出现缩短了药品的生命周期。与以往相比，专利保护变得困难重重，因为很快就会有第三方发明出具有同样疗效的另一种药物。竞争加剧，使品牌推广的重要性凸显出来。同时，情况也变得更加复杂。过去，药品营销人员只围着医生转，很少在患者身上付出心力。但现在的情况是，患者在网上查阅资料后，会告诉医生他们想要的药物。药品营销人员无法不与患者进行沟通。此外，定价也变得更具挑战性。在美国，为了节省费用，人们可能会通过在线的方式从加拿大药店订购药物，或者从印度或巴西购买仿制药。数字化可以将新药上市的消息在全世界传播开来。市场瞬间全球化。为了与缩短的药品生命周期相匹配，抓住先发优势，加快回收成本，我们必须迅速把新药的销售网络铺向全球。速度变成了一个关键因素。如果我们在日本等市场中缺乏强有力的销售队伍，就得在当地寻找销售合作商。为了加快药物批准速度，我们还要聘请专业团队。对传统化学制药公司来说，跟上迅猛发展的数字技术和工具的步伐几乎是不可能的，当然也是昂贵的，因此我们也要将这方面的工作外包出去。传统综合制药公司的价值链被强行分开。显然，制药行业营销中的一切都受到了深刻的影响，公司和行业结构正在被重塑。

所有行业都在经历这些，而且速度很快。那么，我们又应该如何应对这种情况呢？

众所周知，营销与大大小小的决策相关。但在做出任何决策之前，营销都事关公司所做出的最大决策：制造什么、为谁而造。为了不让公司资产缩水、为了维护传统竞争力，所有公司都需要不断重新审视自己的整个商业模式，否则就将一步步走向倒闭。在数字经济中，重新设计商业模式是营销的一项关键责任。

—

在数字经济中，重新设计商业模式是营销的一项关键责任。

—

今天，数字革命的浪潮席卷全球，市场营销经理迫切需要更深入地了解它，并制订相应的行动计划。在本书的最后一章，我们将讨论以下内容：（1）清晰地审视数字经济的新规律。我们的工作方式在短时间内已在很多方面产生巨变，新规律则被掩藏在这种新旧变化的迷雾中。（2）提供一些可行性建议供公司管理者参考，以使他们从新的现实环境中获益。对市场营销经理来说，不论处于哪一层级，理解数字经济的基本规律都是至关重要的。下面，就让我们来具体看一看。

▶ 数字化经济的法则

1. 资产可能变成负债

公司拥有许多不同形式的资产，其中既有银行存款、工厂等有形资产，也有品牌名称、专利知识、企业文化等无形资产。但对企业来说，最重要的通常是员工的经验、专业技能和忠诚度。然而面对新技术，公司的许多资产很可能变成负债。负债不仅包括资产负债表上的债务，还包括胜任力不符的员工、错误的选厂或者选址、过时的品牌联想等，如柯达与胶卷和纸质照片之间的关联，以及冗余出来的销售员和经销商。

新业务模式的应用、战略方向的调整、新技术上线，以及新产品生产，都会导致公司组织架构、资源分配和员工胜任力方面的调整。转型将对现有员工造成威胁。新技术和新业务模式威胁公司现有的工作岗位和业务单元。因此，任何重大转型都可能在公司内部甚至公司外部引起强烈反响。

例如，与全球所有其他汽车制造商一样，通用汽车、大众汽车、丰田汽车等公司依赖独立经销商销售和维修汽车，而特斯拉则跳过经销商，直接在自己的展厅和服务中心进行运营。汽车公司一直强调经销商的重要性以及独立经销商网络的质量，将其作为与新进入者竞争的主要资产和竞争优势的来源。但数字化使独立经销商模式变得过时且昂贵。然而，传统汽车公司难以或无法退出与经销商现有的长期关系和法律合同并组织自己的销售和服务网络。维持独立经销商模式对公司来说是昂贵的，但替换独立经销商模式的成本更高。一项主要资产已经变成了一个巨大且似乎无法摆脱的负债。

此外，任何重大的战略转移都会产生不确定性和不可预测性，在短期内会带来巨大的成本支出，导致利润下滑。在传统业务仍然是主体营收的情况下，谁会去砍掉摇钱树以投资新业务呢？毕竟在赌徒中很少有成为首席执行官的。

面对电动汽车革命，通用汽车等公司该如何应对？在胶卷销售消失时，柯达该怎么办？我们接下来继续探讨这些问题。

　　公司的业务越成熟、原生业务越成功，公司在进行业务调整时，其资产变负的可能性就越大，这些优势将成为业务调整的绊脚石。原生行业领导者可能会象征性地"欢迎数字未来"，就像柯达过去那样。但他们可能是最后一批真正加入新游戏的人。尽管首席执行官对未来有着清晰的愿景，但他们的管理层可能担心自己并不是新战场上的合适的战士。

—

注意资产可能变成负债。

—

2. 种植、加工、运输物品的成本迅速降低甚至消失

　　想象一下，百年前组织一场千人观看的莎士比亚戏剧演出需要多少钱。组织一场管弦乐演奏的成本又是多少？现在我们制作了这些演出的视频，数十亿人几乎可以零成本地将它们观看几个世纪。无论是电影、戏剧、管弦乐，还是书籍、音乐，几乎都可以被装进我们的口袋，随时随地被我们欣赏，几乎没有额外成本。食物呢？如今，挤奶、犁地、种植、施肥和收割都已经可以由机器来完成。例如，荷兰的一位普通鸡农在他的"养鸡工厂"里养着 8 万只鸡。[1] 现代农民每人平均可以养活 155 人。[2] 从历史上看，农业产值曾经占据全球经济总量的一半以上。在现代经济中，在美国，不到 2% 的人口就能养活整个国家。制造业也朝着与农业相同的方向发展。例如，在 20 世纪 70 年代，一台索尼 VCR 播放机的价格约为 3000 美元。40 年后，印度的一辆小轿车的价格仅为 2000 美元；东莞制造的步步高 DVD 播放机，在纽约的沃尔玛售价为 29.95 美元。如今，没有人需要 DVD 机了。

　　与此同时，运输成本也大幅下降。尽管短期内成本有所波动，但从长

远来看，尤其是得益于集装箱化的趋势，较低的运输成本在很大程度上推动了当今全球供应链的发展。随着技术创新的不断加速，种植、加工和运输物品的成本迅速降低。50 年前，在阿姆斯特丹与北京进行视频通话当然是可以想象的，但你无法想象可以免费进行这种视频通话。

如果种植、加工、运输物品的成本如此之低，那么钱到底去了哪里？

以电视行业为例。起初钱会流入电视机制造领域，然后钱会流转到电视台，随后流向有线电视、DVD 租赁和流媒体。如今，钱流向内容：体育队、成功的电视节目制片人、迪士尼等。美国最富有的女性企业家之一是奥普拉·温弗瑞，她的身价约 37 亿美元，她是一位备受欢迎的脱口秀主持人，也是自己节目的所有者。

钱到底去了哪里？显然，这是一个非常有趣且重要的问题。数字化不仅提供了前所未有的高效做事方式，而且还在重新书写经济规则。在这个新游戏中、在这些新规则下，钱到底流向何处？其中一个重要的答案在于，考虑数字化的第三个关键法则。

—

数字化不仅提供了前所未有的高效做事方式，而且还在重新书写经济规则。

—

3. 公司变得更为专精，跨越传统的垂直价值链

出租车的故事

新技术打破了传统的垂直价值链。技术促进了信息的交流，降低了信

息获取、谈判、监督等交易成本。这使得外包变得更加容易。与此同时，正如前文所讨论的那样，今天的资产可能成为明天的负债。因此，许多公司都采用了"轻资产"（Assets-light）的理念模式，其规则是"如果可以外包，就外包"。新技术不仅触发了这一理念，而且使其变得可能。

让我用一个亲历的故事举例说明。当我 1995 年第一次到中欧国际工商学院教书时，我很难打到出租车。我想给出租车公司打电话，但我不知道电话亭在哪儿。找到之后，我也说不清自己在哪里。出租车司机就更不知道我要去哪里，即使知道，他也可能绕圈"宰"我一刀。自由市场证明了外包太麻烦，因为交易成本太高了。

所以我决定离开自由市场，进行"内包"，买车、雇司机。因此，我需要贷款买车和养护车辆，还有一个雇员需要我管理、激励并进行薪酬支付。我成立了一家小公司。后来，我有了手机和 GPS，可以轻松地打电话叫出租车，并让我的助手或朋友告诉司机我要去哪里。有了 GPS，我可以直接使用手机定位系统，这样司机就再也不能欺骗我。后来，打车平台的出现，使一切变得更加容易，我的车和司机大部分时间都被闲置了。由于技术降低了交易成本，而公司有成本高和效率低的问题，所以我解散了我的公司并重新选择外包。我的公司就这样消失了。

传统公司的消失

当技术降低交易成本并使外包变得更容易时，公司会变得更为专业，仅执行价值链中的较少功能和任务。

例如，耐克鞋并非由耐克公司自己生产。一开始，耐克开设了自己的工厂。但是公司很快受到了其国内生产能力的限制，遇到了扩大海外生产能力的瓶颈。因此，耐克选择了外包来加速生产和供应，以降低生产成本并消除贸易壁垒。一旦耐克决定停止建设新工厂，它就会认为保留旧工厂也是不必要的。耐克开始专注于品牌、设计、技术等，而将生产交给了其他公司，甚至公司设计的样品也在其他地方进行试制。这些会使耐克变得更强大吗？确实。当耐克资产较少时，战争、通货膨胀、货币崩溃或激增、经济衰退，所有这些情况都变得更容易应对。

传统的大型综合性公司，那些员工期望能够工作到退休的公司，发展正在停滞并逐渐消失。它们正被某一领域的专精公司所取代。这将是未来的行业结构。未来的组织形态将不再是单一的公司实体，而是一个由多家专注于特定一职能的公司组成的网络。这些公司每一个都如此专注，以至于它们在环境变化时可能面临生存的挑战。这些网络中的公司我称之为首席执行官公司，例如耐克、可口可乐、青岛啤酒、雪花啤酒、丰田、索尼、联合利华、欧莱雅等，当然还包括当今的企业新星，如腾讯、京东、阿里巴巴、亚马逊、谷歌等。除了这些首席执行官公司，还将有营销公司、生产公司、物流公司、人力资源公司、广告公司、销售公司等。行业结构正在演变，不再按产品类型（如汽车或鞋子）组织，而是按功能（如制造、设计、分销等）类型组织。

—

传统的大型综合性公司，正被某一领域的专精公司所取代。

—

耐克是首席执行官公司的一个典型例子。耐克不仅没有自己的工厂生产鞋子，其他职能几乎也是外包的，如分销商分销鞋子，线上和线下的零售商销售鞋子，广告公司为鞋子制作广告。耐克的大多数鞋子仍然主要由一个名叫廷克·哈特菲尔德（Tinker Hatfield）的设计师设计。如果哈特菲尔德先生及其团队辞职并成为耐克的独立顾问，那么耐克可以真正地说，自己除了管理网络中的所有其他公司，什么都不做。耐克网络中的所有其他公司都专注于某种特定功能，但在这些公司中，很少有公司只为耐克工作。皮革制造公司不仅为耐克工作，也为汽车座椅制造商等其他公司工作；缝制鞋子的公司也会缝制手袋和腰带等产品；耐克鞋的分销商也会分销其他鞋子或运动服。行业结构正在从垂直价值链（从研发到销售）转变为以水平方式提供价值的公司，专注于跨越许多传统垂直价值链的一个功能。

4. 外部性是驱动链接日益紧密的经济体价值的一个关键因素

让我问你一个问题：为什么每个人都使用微信？人人都使用微信，是因为他们身边的人普遍使用微信。

微信具有正外部性，这意味着每个微信用户都为其他微信用户增加了微信的价值，因为每个微信用户的存在都增加了应用程序、游戏、商店和微信上的广告的价值，从而增加了投资者对上述内容进行投资的动力。在这种情况下，用户会去用户所在的地方。这是赢家通吃的游戏。谁将是赢家？战略、运气、才华都至关重要，金钱当然同样重要。但别担心，前所未有的风险投资正在拼命寻找具备运气、战略和才华机遇的平台，以将资金投入其中。

那么，什么是外部性呢？外部性是一个经济学名词，指一个人或一群人的行动和决策使另一个人或一群人受损或受益的情况，它分为正外部性（positive externality）和负外部性（negative externality）。我使用微信为其他微信用户提供了好处，而我并没有为这种好处收费。这是一种正外部性。

手机是正外部性的典型例子。你手机的价值直接取决于其他人拥有多少部手机。如果你是世界上唯一拥有手机的人，那么它的价值为零。相反，如果你是世界上唯一拥有椅子的人，你仍然可以坐在上面。书籍、电视节目、电影、音乐都具有正外部性。如果每个人都读过一本书、看过一部电影等，那么我也想读一下，这样我就知道每个人都读过、看过什么。软件具有正外部性。我讨厌 Word，我之所以使用 Word，是因为你和其他许多人都在使用 Word。汽车具有正外部性。当我开一辆大众汽车时，无论我在国内什么地方，都有人知道如何修理我的车，并且我总是有备用零件可用。

大学具有正外部性，虽然它们培养学生，但也提高了周围地区的房地产价值。地铁站具有正外部性，尽管地铁将人们从 A 点运送到 B 点，但地铁站也提高了附近所有建筑和土地的价值。

外部性也可能是负面的：一个排放污染物的工厂会降低周围房地产的价值，但他们不为这种价值的减损支付补偿费用；销售香烟可能会导致医疗保健开支的增加；音乐节可能会导致交通堵塞。在我们数字化的世界中，创造外部性的主要因素，如知识内容、信息和链接，正发挥着越来越重要的作用，它们为寻找外部性、创造价值并将其变现提供了许多新的机会，这类机会现在才逐渐被人们所认知。

—

在数字化的世界中，
创造外部性的主要因素
变得日益重要。

—

5. 横向化打破并占领垂直价值链

有时候，行业并不是从外部性开始的，但随着时间的推移，它们可能会逐渐发展出外部性。让我们追溯一个行业的历史，以充分看清这种动态演变：VCR（家庭录像机）是由索尼公司在 1970 年首先推出的。索尼许可了其他几家公司使用其 Betamax 格式磁带技术，飞利浦随后推出了 Video-2000 系统与其竞争，最后，日本胜利公司（JVC）推出的 Video

Home System（VHS）成为家用录像机的标准格式。[1]

索尼是市场上第一家推出 VCR 的公司，并且技术领先。索尼采用了传统的引入模式[2]，向其 11 家许可证持有方收取高额的许可费，并设定了严格的标准。JVC 迫切追赶，也许 JVC 早已理解即将展开的竞争游戏，它在专利许可使用的条件上更为慷慨，由此获得了 34 个盟友。飞利浦的表现则依旧不尽如人意，它的策略一如既往地混乱，由于其美国子公司签署了一项协议，允许 JVC 以飞利浦品牌生产 VCR，所以它无法在美国（VCR 的主要市场）自行销售飞利浦的 VCR。最终，JVC 占据了大约 60% 的市场份额，而索尼占据了 40%。很少有人去买飞利浦的录像机。

但随后出现了外部性。有人开设了一家影片租赁商店。影片通常比较贵，所以对于绝大多数影片，租赁商店只是购买一份复制品。如果他们只购买一份复制品，自然会购买 VHS 格式的。商店中 80% 甚至更多的租赁影片都是 VHS 格式的。那些买了 Betamax 格式播放器的用户到了影片租赁店会感到失望，他们在回家后不仅购买了 VHS 格式的 VCR，并在以后的某个时候还会购买 VHS 摄像机。索尼被迫去找 JVC 请求许可，以使用 VHS 格式。最终，由于人人都需要拥有市场上普遍使用的 VCR，Betamax 的市场份额降至零。

你知道在这个行业中谁赚得最多吗？并不是 JVC。真正赚钱的是视频租赁店。百视达（Blockbuster）于 1985 年开业，在全球范围内拥有 6000 多家特许经营的视频租赁店，它成了一个非常有利可图的全球连锁品牌。飞利浦将其在美国、荷兰和比利时的 500 家视频租赁店合并到百视达后，成

---

[1] 20 世纪 80 年代，在经历了和索尼公司的 Betamax 格式以及飞利浦的 Video-2000 格式的竞争之后，Video Home System（VHS）成为家用录像机的标准格式。家用录像系统的播放时间比 Betamax 格式更长，同时磁带传送机构又没有 Betamax 那么复杂。家用录像系统比 Betamax 的快进和后退速度要快很多，因为在磁带高速卷动之前，播放磁头已经离开了磁带。另一方面，Betamax 格式的图像质量要更好一些。

[2] 在一般的商业和市场领域中，"引入模式"通常指的是产品或服务在市场上刚开始推出时采用的推广和销售策略。这一阶段通常是产品生命周期的早期阶段，其目标是引入产品并建立市场份额。在这个模式中，公司可能会进行广告、促销、推广等活动，以吸引初始用户并建立品牌认知度。

了拥有百视达的 10% 股份的股东。虽然没有单独公布视频租赁的利润，但直到它 1994 年以 84 亿美元的价格成功出售（远在流媒体推动百视达破产之前），它都被描述为"飞利浦的小金矿"。

那么，让我们回到一个重要的问题：在数字化的世界中，资金到底去哪里了呢？这是我的答案：资金流向了"横向化者"。如今，资金流向那些在跨越多个个人计算机公司的价值链中横向切割出自己的公司。

在 PC 行业里，究竟谁赚得最多？不是联想、戴尔、IBM 这些最成功的 PC 制造商，而是英特尔、微软、亚马逊、百度、阿里巴巴、Meta、腾讯等公司。在众多 PC 制造商中，有不少公司还在亏损，但它们构建的基础设施和平台，为那些跨足于不同 PC 企业的横向公司创造了赚钱的条件。微软等公司就像得到了免费土地的农民一样，大获其利。

—

在数字化的世界中，
资金流向了"横向化者"。

—

▶ 老革命碰到新问题，该如何管理——处理新技术影响的规则

1. 将资产视为负债

审视一下你的资产。放到今天，哪些资产你不再会购买？哪些投资应当被放弃？在前面的章节里，我们说到了约翰·斯塔克，他是"A City Discount"的老板，经营着餐馆设备的销售业务，他在通过 eBay 平台的拍卖功能（1 美元起拍）成功地卖出产品后，便决定不再在其他城市开设更多新店。于是，他放弃了在开店方面的投资。他解除了很多现有门店的租约，

转而专注于线上销售。这一策略使得他的产品行销全国，并实现了更高的销售额和利润、更低的房租和劳动力成本。虽然传统资产，比如约翰·斯塔克的门店，可能并没有亏钱，但它们耗费了约翰的精力、占用了资本，并降低了公司的资产回报率。由于公司现有的资产分布已经说明了哪些人是公司内部的胜利者，这些人的职业生涯与这些资产息息相关，因此大多数公司在剥离资产和相关行动方面会显得非常迟缓，充其量只能说是在分散注意力。

当史蒂夫·乔布斯重新担任苹果公司首席执行官时，他做的第一件事就是取消授权协议和大多数的新产品计划。他还支持并加速了所有生产活动的外包行动。当资产很容易变成负债时，你需要问自己，哪些事情你不应该做，哪些事情你应该停止做。有一次我和一家公司的首席执行官共进晚餐，我为他的公司做过很多咨询工作。他多次说起经理们觉得我的建议很有用。老实说，我不得不反对："但是他们很少采纳我提出的建议。"他笑了笑，承认这可能是真的，经理们应该学会更好地倾听，其实对他们而言，最好的建议是，不要做那些我已经告诉他们不要做的事情。

2. 坚持重构你的公司、价值链或价值网络

重新设计价值链、价值网络，并重构你的公司，这将是一个持续的过程，而不是一个一次性的决策。你可以考虑向某些公司学习一下，聘请麦肯锡公司做战略规划项目。不过，到底要做什么、怎么决定，你需要想清楚。基于营销中的渠道理论和我们之前的讨论，记住那些你不需要做的事情，并执行那些你需要做的事情。

＞那些你能用更低成本做的事情

"你能否提供更便宜的产品或服务"是"自产还是外购"这个老生常谈的决策问题的标准答案。

> 其他公司无法或不愿为你做的事情

为经销商或经销商的客户提供融资是一个常见的例子。当银行拒绝时，我们要敢于出手。与银行不同，我们不只要看能够收到多少利息，还要看从经销商那里能够获得多少销售收入。如果不能帮助他们融资，销售利润又从何而来？如果我们的毛利率能够达到 30%，我们就能承担比只收利息的银行更高的风险。

> 你能控制协作网络中的关键功能

我们正在进入一个全新的时代，供应链和渠道的管理视角将转变为更加广阔的协作网络管理视角。随着工厂自身及其供应商、渠道都开始外包自己的业务，企业正在失去独立性，变得更加依赖所处的网络。作为企业生态网络中的一员，其目标的设置都变得具有双重性：一是最大化所在网络的成功，二是最大化企业在成功网络中的份额。因此，我们需要做那些让我们在网络中拥有控制力的事情，使我们能够在公司外部进行管理。

亚马逊收购美国全食超市连锁店就是一个例子。现在，只要你愿意，就可以在全食超市收取亚马逊的包裹或者退货。亚马逊认为，收购全食超市的意义并不在于卖更多的货，也不是为了给现有客户提供更多的便利（因为全食超市在美国的数量有限，且间隔很远），而在于构建一种连锁超市管理能力，加强从网络中间商到物流再到终端客户之间这种端到端的控制力。与此同时，由于亚马逊的顾客经常会到超市取快递或寄快递，因此全食超市也会从收购中受益。

亚马逊可能找到了一个好方法。也许它是从荷兰 AH 超市（Albert Heijn）身上获得的灵感。

AH 超市是荷兰最大的连锁超市，它大大小小的店铺分布密集，每周至少有 90% 的荷兰人会经过或光顾它。亚马逊是如何将超市的这种高覆盖率变现的呢？这与互联网公司寻找的变现机会完全相似，但传统公司或机构常因他们固有的自我形象定位忽视这一种机会。

　　尽管如此，AH 超市还是看到了这种机会。与亚马逊收购全食超市相反，AH 超市收购了一家电子商务公司 Bol 网站。这次并购发生在 2012 年早期，Bol 有"荷兰的亚马逊"之称。并购后，任何希望从 Bol 退货或取货的用户，都可以在 AH 超市办理业务。两家公司在其他所有方面都是独立的，尽管如此，在收购后的 6 年里，Bol 的销售额还是翻了 4 倍。AH 超市的便利位置对 90% 以上的人口来说，是一种不收费的外部性（没有人为经过 AH 超市而支付费用），AH 超市通过收购 Bol 公司实现了这一外部性的变现。同样令人印象深刻的是，在消费者看不见的后端，Bol 公司的技术被 AH 超市应用于实际。荷兰的购物者现在通过网络订购的食品杂货比许多其他国家的购物者都要多。

—
企业正在失去独立性，变得更加依赖它们所处的网络。
—

3. 寻找并利用外部性

　　大学具有外部性特征。杜克大学因在昆山这座临近上海的城市投资了 3000 万美元建设校园，而激怒了其美国的教职员工和学生。要知道，从世界范围来看，知名大学可以在很大程度上提高所在地房地产的价值。杜克大学在昆山设立校园后，可能使昆山的土地和建筑的价值增加至投资额的 10 倍。在选择在昆山投资之前，杜克大学应该与当地政府进行协商，以充分利用那些价值和外部性。

　　在数字化经济中，外部性成为许多产品价值的一个关键决定因素，而真正赚钱的是那些找到或创造外部性并了解如何将其变现的人。

4. 抓住横向化机会

横向化者能够赚钱。分析你的价值链，寻找那些在横向整合上能发挥你独特能力的机会。随着时间的推移，AH 超市和 Bol 公司整合了它们的物流能力，如今它们已可以向客户和供应商提供物流服务，可以说是在不同的价值链上建立了一条横向纽带。从长期愿景来看，AH 超市可能希望成为一家拥有连锁超市和 Bol 公司的网络技术的物流公司。

同样地，为什么股神巴菲特要购买比亚迪（BYD）10% 的股份？他喜欢比亚迪汽车吗？不是的。他喜欢的是比亚迪的电池。如果比亚迪在汽车电池方面取得成功，就像在手机电池方面一样（它是全球最大的可充电电池供应商），比亚迪就有可能会成为汽车行业的英特尔。比亚迪已经是一家在价值链上能够进行横向整合的、富有经验的公司。值得注意的是，它还是世界最大的手机键盘供应商，以及世界第二大的手机外壳供应商。可以说，横向整合已经成了比亚迪的"基因"。它已经开始向特斯拉、丰田、大众等公司销售汽车电池。

钱将流向这些新公司，或者少数那些能够及时改革的老公司，他们能够识别、捕捉并横向整合由于技术变革而变得受制于外部性价值链的各个环节。在你的行业中，谁是横向整合者？谁将进入你的价值链？威胁来自哪里？价值链中哪个关键环节可能被抢占？价值链中的哪个关键环节可能占据你行业的财富？钱会流向何处，机会在哪里？这些是今天行业分析和公司战略设计中的关键问题。

5. 将你的市场营销经理培养成科学艺术家

成功的营销人员往往没有营销方面的教育背景。与许多成功的演员、作家或音乐家类似，大多数成功的企业家、营销人员、广告商或销售人员并不依赖于他们在学校里学到的东西。

但是，这种情况正在迅速改变。营销越来越具有科学性和数据驱动性。营销数据和分析数据的工具如今是前所未有的丰富。因此，营销工作可以越来越科学地进行。营销研发的投资回报率正在急剧增加，因为，人们能看到，对数据背后信息的研究越深入，其价值就越大。

在化学、信息技术或制药等科学驱动的行业，这种趋势越来越明显，尽管这些行业在营销的艺术性和科学性方面向来滞后。现在，人们感觉到营销变得更加科学和可控，这些行业也在迎头赶上。

我们在所有艺术领域都看到了这一趋势，而不仅仅在营销领域。音乐、书籍、绘画、电影都越来越受到数据驱动。专家们会分析电影剧本，基于可研究的成功因素，系统估算电影获得成功的概率。专家在这种艺术成功性方面的预测变得非常出色，使得电影行业更愿意尝试新的东西，即使是看上去不够出彩的剧本，比如大热的《国王的演讲》。这是一部讲述英国乔治六世国王在"二战"爆发前努力克服自己口吃症的电影。依照常识，这样的电影创意可能一开始不会行得通。但研究可以看到许多常识看不到的东西，而决策者越来越愿意按照数据行事。在各个行业中，好的营销方式层出不穷，新玩法也越来越多，如果那些市场营销经理好奇心不够，公司利益就会受到损害。

数字革命还在如火如荼地进行，我们可以分析大量的数据并利用人工智能提出以前不可能给出的各种见解。然而，我们也必须保持谨慎。是的，人工智能可以战胜世界上最好的国际象棋选手，但人工智能并不知道什么是国际象棋。今天成功的营销人员并不受数据的奴役，他们使用数据来推动战略落地，因此营销也变得更具创新性和更加大胆。营销人员在利用科学成为更好的艺术家。营销越来越易理解、量化，它可以预测营销工具与客户行为之间的关系，这使得首席营销官在企业高层的地位日益提升。这不仅对首席营销官有益，而且对公司同样非常有益。

—
营销越来越具有科学性和
数据驱动性。
—

▸ **本章总结**

综上所述，请记住，在新环境下，企业在求生存、谋发展的过程中，要面对以下五条法则。

- 资产可能变成负债。
- 种植、加工、运输物品的成本迅速降低甚至消失。
- 公司变得更为专精，跨越传统的垂直价值链。
- 外部性是驱动链接日益密集的经济体价值的一个关键因素。
- 横向化打破并占领垂直价值链。

牢记以下五个工具，以指导我们管理不断发展的数字变革。

- 将资产视为负债。
- 坚持重构你的公司、价值链或价值网络。
- 寻找并利用外部性。
- 抓住横向化机会。
- 将你的市场营销经理培养成科学艺术家。

虽然我们可能无法看清，也难以勾画出未来的目的地在哪里，但只要我们牢记以上法则和行动指南，就能够有更高的概率专注于对新机会的利用，放下执着，摒弃那些不再具有吸引力的事物，朝着正确的方向前进。

- 在数字经济中，重新设计商业模式是营销的一项关键责任。

- 注意资产可能变成负债。

- 数字化不仅提供了前所未有的高效做事方式，而且还在重新书写经济规则。

- 传统的大型综合性公司，正被某一领域的专精公司所取代。

- 在数字化的世界中，创造外部性的主要因素变得日益重要。

- 在数字化的世界中，资金流向了"横向化者"。

- 企业正在失去独立性，变得更加依赖它们所处的网络。

- 营销越来越具有科学性和数据驱动性。

后　记

　　本书的结尾有些突兀，但这是我的风格。就像克拉科夫的小号手，嘹亮的号角声随着敌人的一箭戛然而止。我当然没有这么悲壮。演艺界的一条金科玉律就是"见好就收"，让观众意犹未尽。

　　再说，如果这本书再厚一点，读的人可能就会更少。在教育这一行中，学生总是希望少一点，而不是多一点。比照一下相当畅销的《影响力》一书，可能我写的已经太多了。

　　最后，我希望，也相信，你会饶有兴趣地读完此书，并觉得开卷有益，合书无悔。智慧的火花星星点点，光辉的思想熠熠生辉，希望它们能激发你内心的营销灵感，释放你的营销才华，助你鹏程万里，助你的公司兴旺发达！一切就从今天开始，马上行动起来，将书中的理论与你的实践相结合，学以致用，因地制宜，因势利导，变通制胜！

　　三人行，必有我师。努力学习，积极探索，大胆尝试，乐趣多多。爱你的产品，爱你的客户，爱你的市场营销。即使失败也不要气馁，要在失败中前行，坚忍不拔，百折不挠，直至胜利，让我们齐声高唱"我们前进，前进，再前进！"

　　谢谢！

参考文献

第 1 章

1. McCarthy, J., *Basic Marketing: A Managerial Approach*, 1st edn (Irwin, 1960). 有人在他之前提过市场营销组合的观点，但是他们没有那么系统；可见，市场营销是很重要的。（第 11 版由原作者和 William D. Perreault Jr. 著写，1993.1.）

2. 在 1986 年 5 月在沃顿商学院参加《国际课程与语言开发研讨会》上发表的演说中提及。

3. R. Lauterborn, *New Marketing Litany: 4Ps Passe; C words take over*, Advertising Age (1 October, 1990), Vol 41, p. 26.

4. Havis Madhapaty and Anupama Rajesh, Experiential *Marketing as a Tool for Emotional Brand Building*, January 2018.

   Dan Hanover and Kerry Smith, *Experiential marketing: secrets, strategies, and success stories from the world's greatest brands*, Wiley, 2016.

5. Carl Sewell and Paul B. Brown, *Customers For Life*, Crown Currency, 2009. 这本书绝对是工商管理领域写得最好的书之一，十分畅销，管理界许多有些名头的人都强力推荐过此书，其中包括沃尔玛、百事可乐、通用汽车等公司的首席执行官和董事长。

6. *Court Ruling Draws End to Feud at Fast-Food Giant Kungfu*, Wang Jing and Coco Feng, Caixin Global Jan 03, 2017.

7. Barry van Wyk, *Big box stores are dying and Carrefour China is on its last legs*, February 9, 2023.

第 2 章

1. Michael Dell with Catherine Fredman, *Direct from Dell: Strategies that Revolutionized an Industry (HarperCollins, 2000)*, pp. 28-30.

2. Walter Isaacson, *Elon Musk*, Simon & Schuster, 2023.

3. Adam Lashinsky, *Inside Apple: How America's Most Admired-and Secretive-Company Really Works*, Business Plus, 2012.

4. Stacy Downs, *Green's for grass, not for hoses*, 2004.

5. CBC News, *Diane-35's benefit as acne drug outweigh risks, Health Canada finds*, CBC News, May 17, 2013.

6. Richard S. Safeer and Cynthia L. Lacivita, *Choosing Drug Therapy for Patients with Hyperlipidemia*, *American Family Physician* (1 June 2000), p. 1.

7. Pfeffer, *Dare to be Different*, p. 58.

8. 来自 Ipsos-ASI2001 年的一项调查：Copy Testing U.S.-Style.

9. Jeffrey Pfeffer, the Thomas D. Dee Professor of Organizational Behavior at Stanford University's Graduate School of Business offers the "tryanny" explanation in his article, *Dare to Be Different*, Business 2.0 (September 2004), p. 94.

10. John Kenneth Galbraith, *The Guardian*（伦敦：1989 年 7 月 28 日）。

11. 吉姆·柯林斯所著《从优秀到卓越》（HarperBusiness, first edition, 2001）。

12. Edward Tse, *China's Disruptors: How Alibaba, Xiaomi, Tencent, and Other Companies are Changing the Rules of Business*, Portfolio, 2015.

第 3 章

1. Peter Lynch and John Rothchild, *One Up On Wall Street: How To Use What you Already Know To Make Money In The Market*, Simon & Schuster, 2000.

2. 这段话引自国泰航空官网的"可持续发展"报告。

3. *A Look Back At Why Blockbuster Really Failed And Why It Didn't Have To*. 参见福布斯官网。

4. *Strive to Survive: The Redbox Example*, Marriott Student Review: Vol. 3, 2019.

5. Reed Hastings and Erin Meyer, *No Rules Rules: Netflix and the Culture of Reinvention*, Virgin Books, September 2020.

6. 关于谷歌停售其智能眼镜的新闻，参见谷歌官网信息：Enterprise Edition Glass.

7. Rahul Panchal, *Pampers-History, Brand Value And Brand Strategy*, May 3, 2020. *Brandyuva.in History & Marketing Strategies of Pampers Brand*, Burban Media, 2023.

8. Mya Frazier, *How P&G Brought the Diaper Revolution to China*. CBS Moneywatch, January 11, 2010.

9. Frederick Reichhel and W. Earl Sasser, Jr., *Zero Defections: Quality Comes to Services*, Harvard Business Review (1990), pp. 105-111.

10. Louis V. Gerstner, *Who Says Elephants Can't Dance: Leading a Great Enterprise through Dramatic Change*, Collins, 2003.

11. Vicky Powers, *Finding Workers Who Fit*, Business 2.0 (1 November 2004), p. 74.

12. 黎万强. 参与感: 小米口碑营销内部手册 [M] . 北京: 中信出版社, 2018.

13. Edward Tse, *China's Disruptors: How Alibaba, Xiaomi, Tencent, and Other Companies are Changing the Rules of Business*, Portfolio, 2015.

14. Scott Adams, *Slapped Together: the Dilbert Business Anthology* (HarperCollins, 2000), p. 137.

15. Ed Bott, R.I.P: *Windows Media Center*, May 2, 2015.

16. Stewart Alsop, *When It Comes To My PC, I Can't Love It Or Leave It*, Fortune, 28 April 2003.

第 4 章

1. 负责杜卡基斯竞选总统的经理、哈佛大学法学院教授苏珊·埃斯特里奇的问题不仅仅在于她对于广告的有效性一无所知,而且在于她对于有效广告有一种直觉性反对。2004 年,她在福克斯新闻节目中接受采访时说的一段话就是明证: "用所谓有效的广告说服别人投你的票和'用一系列文字和图像的组合粉饰操纵别人的思想,让他相信他其实并不真正相信的东西,从而达到让他投你票的目的'之间有什么区别呢?"她的话不无道理:当金钱主导候选人辩论时,最后获胜的是最佳思想还是最佳广告策略?但是这种微妙的道德敏感性没有帮助杜卡基斯获胜。对于有效广告的反感在左翼法学教授中是很普遍的。在任何一个广告公司,你都可以找到一堆"创意天才",他们一想到自己纯洁的艺术可能会被用来引导别人来买某些东西,就发抖、犯恶心。

2. Daniel Kahneman and Amos Tversky, *Choices, Values, and Frames* (Cambridge University Press, 2000). 几十年来,似乎所有的市场营销领域的有意思的新思想都出自市场营销领域以外的经济学家、心理学家、社会学家等之口。

3. 要了解更多有关说服力的知识,请阅读这本书: Robert Cialdini, *Influence: Science and Practice*(Allyn and Bacon, 2001)。此书精妙绝伦,引人入胜,读者不仅可以从中学到如何成功地说服别人,也可以学到如何不被人说服、利用。

4. 该实验是由斯坦福大学的市场营销学教授 Baba Shiv 所做,记录于 *Heart and Mind in Conflict: Interplay of Affect and Cognition in Consumer Decision Making*, Journal of Consumer Research, Vol. 26 (December 1999), pp. 278-282 之中。另有一篇文章表

明了同样的道理：*Influence, of Consumer Dis-tractions on the Effectiveness of Food Sampling Programs*, Journal of Marketing Research, Vol. 42 (May 2005), pp. 157-168。

5.　Baba Shiv, *Let Us Eat and Drink, For Tomorrow We Shall Die: Effects of Mortality, Salience and Self-Esteem on Self-Regulation in Consumer Choice*, Journal of Consumer Research, Vol. 32 (June 2005), pp 65-75.

6.　Brian, Wansink, *Mindless Eating-Why We Eat More Than We Think* (Bantam, 2006)。此书描写了一系列不为人知的导致人们吃得多想得少的原因。达尔文主义者预测，那些让你想多吃而不是少吃的食物营销者会生存下去。

7.　Higgins Qualls and Couger, *The Role of Emotions in Employee Creativity*, Journal of Creative Behavlor, Vol. 26 (1992), pp. 119-129; A.M. Isen and B Means, *The Influence of Positive Affect on Decision-making Strategy*, Social Cognition, Vol. 2 (1983), pp. 18-31; A.M. Isen and R.A. *Baron, Positive Affect as a Factor in Organiza-tional Behavior*, Organizational Behavior, Vol. 13 (1991), pp. 1-53.

8.　B. Staw and S. Barsade, *Affect and Managerial Performance: A Test of the Sadder-but-wiser vs. Happier-and-smarter Hypotheses*, Administrative Science Quarterly, Vol. 38 (1993), pp. 304-331.

9.　Martin Georg Kocher, Ronald Bosman, Matthias Sutter and Frans van Winden, *Experimental Evidence of the Importance of Gender Pairing in Bargaining*, *presented to the Royal Economic Society Conference*, 2004.

10.　Margo Wilson and Martin Daly, *Do Pretty Women Inspire Men to Discount the Future?*, Biology Letters supplement 4, Vol. 271 (7 May 2004), pp. 177-179.

第 6 章

1.　关于客户满意度及行为表现之间关系的研究，参见 Neil A. Morgan and Lopo L. Rego, *The Value of Different Customer Satisfaction and Loyalty Metrics in Predicting Business Performance*, Marketing Science, 25(5) (2006), pp. 426-439; Neil A. Morgan, Eugene W. Anderson, and Vikas Mittal, *Understanding Firms' Customer Satisfaction Information Usage*, Journal of Marketing, 69(3) (2005), pp. 131-151。

2.　Charles Parlin 坚持为《周六晚报》的出版商 Curtis 组织一个商业研究部门。如今，他被看作是为现代市场研究之父。参见 Louis E. Boone and David L. Kurtz, *Contemporary Marketing 2006*, South-Western College, 2005。

3.　*Amazon bought Whole Foods five years ago for $13.7 billion. Here's what's changed at the high-end grocer.* By Katie Tarasov, August 25, 2022; *Whole Foods to Focus on Prices as Pandemic Eases, Says Incoming CEO.* Wall Street Journal, Jaewon Kwang, June 28, 2022.

4. Michael Porter, *Competitive Strategy* (Free Press, 2004).

5. 大约有 25% ~ 30% 的新餐馆熬不过一年。约有 60% 的餐馆可以坚持 3 年。H. G. Parsa, John T. Self, David Njite, and Tiffany King, *Why Restaurants Fail? Cornell Hotel and Restaurant Administration Quarterly*, 46(3) (2005), pp. 304-322.

6. 电视上的香烟广告并没有撤光。烟草公司关于反对吸烟的广告是被允许播出的。但这些广告却出人意料地反而增加了未成年人吸烟的意愿。虽说这些广告反复强调只有成人可以吸烟。具体参见：Melanie Wakefield, Yvonne Terry-McElrath, Sherry Emery, Henry Saffer, Frank J. Chaloupka, Glen Szezypka, Brian Flay, Patrick M. O'Malley, and Lloyd D. Johnston, *Effect of Televised, Tobacco Company Funded Smoking Prevention Adver tising on Youth Smoking-Related Beliefs, Intentions, and Behavior*, American Journal of Public Health, 96(12) (2006), pp. 2154-2160.

7. Suzanne Presto, *The Cola Wars Get Personal-Coke Employee Fired for Drinking Pepsi on the job*, 16 June 2003. 参见"美国有线电视新闻财经网"（CNN Money）。

8. 详见"21 世纪经济报道"，《黄光裕回归后公开宣示目标：新零售窗口期还有多久》。

9. John. F. Love, *McDonald's: Behind The Arches* (Bantam, 1995).

10. Tim Harford 在他的巨著 *The Undercover Economist* 中写道：在卖出一杯咖啡所得的 2 ~ 3 美元（甚至更多）的高额毛利润中，大部分利润被当地房产主据有。

11. W. Chan Kim and R.A. Mauborgne, *Blue Ocean Strategy, Harvard Business School Press*, 2005。这是一本有助于你产生新的思考思路的工具书。

12. Jack Welch, John A. Byrne, and Mike Barnicle, Jack: *Straight From the Gut-What I've Learned Leading a Great Company and Great People*, (Warner Books, 2005)。一本非常实用、有趣、案例丰富的书。它不是描写"杰克"本人的。正如书名所说，本书蕴含杰克所学的经验。

第 7 章

1. Jess Weatherbed，Cars will need fewer screens and more buttons to earn 5-star safety rating in Europe. 2024.3.5.

2. 如果你是负责广告和促销工作的，阅读此节可能感到痛苦，但你还是要读的，因为针对你可能碰到的几乎所有的问题，此书都提供了务实、全面的回答。John Rossiter and Larry Percy, *Advertising Communications and Promotion Management*（McGraw-Hill/Irwin,1997）。

3. Robert D. Buzzell, Bradley T. Gale, and Ralph G.M. Sultan, *Market Share - A Key to Profitability*, Harvard Business Review (January 1975), pp. 98-105.

4.　当市场衰退或者剧变时，大公司退守缝隙利基市场的能力比较薄弱，而且它们的实物资源、技术资源、人力资源等都被套在老技术里，它们很难掉头去做新技术。关于这个观点的详解，请见：*Giants Need to Dust Off Their Dancing Shoes to Stay on Top*,by Simon London, Financial Times (December 14，2005).。更多针对这一问题的解决办法的探讨，请见：*Leading the Revolution by Gary Hamel*，by Harvard Business School Press, 2001。

第 8 章

1.　Frederick Reichheld and W. Earl Sasser, Jr., *Zero Defections: Quality Comes to Services*, Harvard Business Review (1990), pp. 105-111.

2.　Tony Hsieh，*Delivering Happiness. Grand Central Publishing*, 2013. 它是我读过的最佳十本商业书籍之一，既有趣又能使人学到关于商业和生活的知识。

3.　此实验在以下一文中有报道：*A Test of Positive Reinforcement of Customers*, by J. Ronald Carey, Steven H. Clicque, Barbara A. Leighton, and Frank Milton, Journal of Marketing, 40 (4) (October 1976), pp. 98-100。

4.　Don Schultz 力挺这个观点，可以阅读一下他的文章：*Foster Loyalty the Old-fashioned Way: Earn it*, Marketing News (4 June 2001), p.5。

5.　具体详见 Amazon 官网，*How much a Prime membership costs and key benefits*。

第 9 章

1.　参见奥美全球非执行主席 Miles Young 的《数字时代的奥美广告》一书（Bloomsbury，2018），以及 David Ogilvy 的畅销书《奥格威谈广告》（Random House，1985）。另推荐 John Caples（BBDO 前副总裁）和 Fred Hahn 合著的《增长 19 倍销售的广告创意法》（Prentice Hall，1998）。

2.　该案例出自 *Which Ad Pulled Best?* by Philip Ward Burton and Scott C. Purvis (NTC Business Books)。他们已经出版了一系列的刊物，列举类似的产品或同样的产品的不同广告。该书的每一版都是富藏宝贵信息的金矿，前提是你要获得讲师手册。只有教授才能得到讲师手册，所以你必须向你最喜欢的教授借阅它们。Burton 和 Purvis 应该将讲师手册和刊物一起出售。

3.　From Fortune, 8 November 1999, *The $20 Million Company ... And Its $40 Million Ad Campaign*.

4.　参见 Walter Isaacson，*Elon Musk*，Simon & Schuster (September 12, 2023)。

5.　Richard Vaughn (1986), *How Advertising Works: A Planning Model Revisited*, Journal of Advertistilig Research (February/March), pp. 57-66.

6. John R Rossiter, Larry Percy, Lars Bergkvist：*Marketing Communications: Objectives, Strategy, Tactics*, SAGE Publishing，2018.

7. 参见希音官网。

8. 这句话出自 Tommy Tucker 的歌曲 "The detergent was Fresh Start laundry detergent"。

第 10 章

1. *Data on global media spending over the past decade or so can be found with*, among others.

2. Jeff Roach, *Six ways social media has changed the way we measure marketing impact*, 2019.

3. Tim Basinger, *How the Media Rating Council became digital media's seal of approval*, 2017.

4. Jeremey Templer, *Study: Only 9% of digital ads viewed for over a second*, 2016.

5. Thomas Hobbs, *Marketers continue to 'waste money' as only 9% of digital ads are viewed for more than a second*, Marketing Week, 26 Jul 2018.

6. Maren Becker, Thoma P. Scholdra, and Werner J. Reinartz, *The Effect of Content on Zapping in TV Advertising*, Journal of Marketing, Volume 87, Number 2, March 2023.

   David Schweidel and Robert Kent, *Predictors of the Gap between Program and Commercial Audiences: An Investigation using Live Tuning Data*, Journal of Marketing, Volume 74, Number 3, May 1, 2010.

7. Adweek Staff, *Miller, the 1-Second Ad*, Adweek, January 22, 2009.

8. Cynthia H. Cho and Julia Angwin, *Politicians Find Cable Efficient Way to Target Voters*, The Wall Street Journal (4 August 2004), B1, B3.

9. Daniel Padgett and Andrew Loos, *Applied Marketing*, Wiley, 3rd edition, October 3, 2023.

第 11 章

1. Laura Husband, *Fast Retailing reports record fiscal 2022 profits*, 2022.

2. 1000Heads, *Uniqlo/Uncover Case Study/Sydney*, Vimeo, February 15, 2017. See also: Inside Retail *Uniqlo's trial digital marketing campaign*, 2016.

3. Jeremey Templer, Study: *Only 9% of digital ads viewed for over a second*, 2016.

4. Chris Sheedy, *Top Ten Aussie Guinness World Record-breaking marketing events*, 2012.

第12章

1. 中国历史博物馆. 中国古代史参考图录：宋元时期 [M]. 上海：上海教育出版社，1991 年.

2. Steven D. Levitt，"一秒广告"，2010. 12。

3. *20 Facts And Figures To Know When Marketing To Women*, Krystle M. Davis Forbes Content Marketing, May 13, 2019.

第13章

1. Quentin Hardy, *Iridium's Orbit: For a World Phone, Pitch Plays on Fears Of Being Isolated-Satellite Consortium Opts For That Line to Build Global Brand Overnight-Beaming Logo on Clouds*, The Wall Street Journal Europe (4 June 1998).

2. Howard Schultz and Dori Jones Yang, *Pour Your Heart Into It* (Hyperion, 1997), p. 263.

3. 参见 *International Directory of Company Histories by the Gale Group*, Inc., 2007.

4. Evan Ramstead and Geoffrey Fowler, *At Samsung, It's Crunch Time for Ad Strategy-Agency Review May Shape Firm's Ability to Compete Under New Marketing Chief*, The Asian Wall Street Journal (7 September 2004).

5. John. F. Love, *McDonald's: Behind The Arches* (Bantam, 1995).

6. Julie Bosmanan, *Agency's Worst Nightmare: Ads Created by Users*, The New York Times, Media & Advertising (11 May 2006), D1.

7. Jon Fine, *What Makes 'Citizen Ads' Work*, Business Week (19 February, 2007), p. 24.

8. *Let's Fix Advertising*, Advertising Age (20 May 2002), p. 26.

第14章

1. 有关感知和体验之间的关系方面的实验可以参考：*Proust Was a Neuroscientist by Jonah Lehrer* (Houghton Mifflin, 2007) 。

2. *When the bubble burst (Poor Management of Benzene Contamination Crisis by Perrier Group America Inc. and Source Perrier S.A.)*, The Economist(U.S.) (August 1991). 现在苯已被消除。大概是人们在往水中添加二氧化碳，让水发泡时，水被苯污染了，Perrier 不得不承认原先声称"自然发泡"的说法有些夸张。

3. 有关 Interbrand 如何计算品牌价值的解释，请见以下图书：*Best Global Brands 2021: Methodology*, 2021 。

4. 来自 Interbrand 官网。

5. Albert Lin, *Google: Here's What Things Would Look Like Without 'Other Bets'*, November 25, 2022.

   Ron Amadeo, *Nobody Would Miss Cloud Platform: Google profits plummet 27 percent in Q3 2022 earnings report*. October 26, 2022

6. Forbes December 9 2002, p. 84.

7. John Deighton, *How Snapple Got Its Juice Back*, Harvard Business Review (January 2002), pp. 47–53.

第 15 章

1. 丹勒普因为不断降低成本,打败了舒洁(Scott Paper)和新光(Sunbeam),从此声名大振,直到这样做的后遗症显现出来。正如他在他的书中所描写的那样。该书是:*Mean Business: How I Save Bad Companies and Make Good Companies Great* (Fireside, 1997)。

2. M. V. Marn and R.L.Rosiello, *Managing Price, Gaining Profit*, Harvard Business Review, (September–October 1992). 文中记录了他们对于 Compustat 数据库中 2463 家公司的利润表所做的分析研究。

第 16 章

1. Thomas Allard, David J. *Hardisty and Dale Griffin "When 'More' Seems Like Less: Differential Price Framing Increases the Choice Share of Higher-Priced Option"*. Journal of Marketing Research, Volume 56, Issue 5, 2019.

2. For additional practical advice and detail, see Roald Larsen, *The Add-On Business model: Explained*, Untaylored.com, November 24, 2023.

3. 这些发现发表在:Sarah Lichtenstein and Paul Slovic, *The Construction of Preference*, 1st edn (Cambridge University Press, 2006), pp. 446-447. 我在想,如果进一步人格化、人性化,结果是否会进一步改变。比如,告诉这些精神病学家,"100 个相似的病人中有 20 个在被释放后会暴力攻击精神病学家",不知道结果会怎么样。

4. R. David Thomas, *Dave's Way*, Berkley, 1992.

5. Robert Cialdini 是亚利桑那州州立大学心理学教授,潜心研究说服技巧多年,著有《影响力》*Influence* (Collins, 2006)。

6. 出自彩虹吸尘器公司的网站。

7. John Stack's story was reported in SmartMoney (January 2004), p. 98.

8. Eric Anderson and Duncan Simester, *Mind Your Pricing Cues*, Harvard Business Review

(September 2003), pp. 96-103.

9. *Price-endings in China: When Numbers are Not Just Numbers*, China Entrepreneur, monthly column (5 September 2005), p. 23.

10. Anderson and Simester, *Mind Your Pricing Cues*.

11. 同上。

12. Tim Harford, *The Undercover Economist: Exposing Why the Rich Are Rich, Why the Poor Are Poor-And Why You Can Never Buy a Decent Used Car* (Oxford University Press, 2006), pp. 31-34.

第 17 章

1. John R.P. French, and Bertram Raven, *Bases of Social Power*, in Dorwin Cartwright, Studies in Social Power (University of Michigan Press, 1959); Richard M. Emerson, *Power Dependence Relations*, American Sociological Review, Vol.27 (February 1962), pp. 31-41.

2. 我怀疑那个从社会学借用支配力（power）的定义的市场营销教授是从 French 与 Raven 著的 *Bases of Social Power* 一文中借用的该定义，但是他没有把整篇文章读完。很多市场营销教授都互相引用，并引用这篇文章有关支配力的定义，但是我在想有多少人真的完整地读过这篇文章。

3. Dawn Iacobucci, *Kellogg on Marketing* (Wiley, 2000).

4. 一般来讲，市场营销学者都对市场营销实践者阿谀奉承，希望得到他们的认可，但是他们这方面的努力总是一败涂地。几乎每一篇市场营销学的学术文章都自作多情地设有一节，名为"对管理者的含义"。其实，业内所有人都知道，"市场营销的实践者既不订购也不阅读营销学术杂志"（ Shelby D. Hunt, *Marketing as a Profession: On Closing Stakeholder Gaps*, European Journal of Marketing, 36(3) (2002), pp. 305-312). 这是市场营销学界不争的事实，现在唯一要争的是我们这些学者对此应不应该在意。（比如：Alan Tapp, *Why Practitioners Don't Read Our Articles and What We Should Do About It*, The Marketing Review, 5(1) (2005), pp. 3-13.）同时，美国市场营销协会在其网站上夸口说："从 60 年前开始，一直到今天，市场营销实践者一直在阅读我们《市场营销杂志》上刊登的那些发人深思、深度分析的文章。"

第 18 章

1. John Philips Jones, *The Double Jeopardy of Sales Promotions*, Harvard Business Review (September/October 1990). 令人惊讶的是，文章作者建议大品牌在促销活动上不要那么慷慨，因为他发现 85% 的促销活动都是赔钱的。他是不是认为这些大品

牌公司不知道这一点？要记住：当聪明人一遍又一遍地做同样愚蠢的事情时，那它就不再是愚蠢的事情了。他们之所以坚持下去，背后一定有你不知道的原因。

第 19 章

1. Richard N. Farmer, *Would You Want Your Daughter to Marry a Marketing Man?* Journal of Marketing, 31 (1) (January 1967), pp. 1-3.

2. Seth Godin, *All Marketers Are Liars* (Portfolio Hardcover, 2005).

3. David H. Longaberger and Robert L. Shook, *Longaberger: An American Success Story* (Collins, 2003).

4. 同上。

5. Godin, *All Marketers Are Liars*.

6. Scott Burns, *Is Home Depot shorting shoppers?*, articles.moneycentral.msn (8 March 2007).

7. *Satisfaction Not Guaranteed*, Business Week (19 June 2006).

8. Ram Charan, *Home Depot's Blueprint for Culture Change*, Harvard Business Review (1 April 2006); Jennifer Reingold, *Bob Nardelli is atching*, Fast Company (December 2005), p. 76; *Renovating Home Depot*, Business Week (6 March 2006), p. 50.

9. Susan Carey, *Snow-stranded Passengers Rap Northwest Over Chaos in Detroit*, The Wall Street Journal (8 January 1999), B1.

第 20 章

1. Susan Greco, *When is it Safe to Hire? How One Group of CEOs Got Past Their Fear of Hiring Salespeople*, Inc. (January 2007), pp. 52-53. 另见赛捷软件公司企业资源副总裁 Taylor MacDonald 的采访记录。*Helping Partners*, eWeek。

2. Susanne Klingner and Rainer Stadler, *Der Spion Der Aus Der Kalte Kam*, Suddeutsche Zeitung Magazin (30 January 2007), pp. 9-11.

3. Daniel Robinson, *Progressive Insurance Review*, Market Watch, 2023. Roopa Umashankar and Sumit Kumar Chaudhuri, *Progressive Corp: The Auto Insurer's Competitive Strategies*, ICFAI Business School Case Development Centre, 2004.

4. Ray Kroc, *Grinding it Out: The Making of Mcdonald's* (St. Martin's Paperbacks, 1992), p. 84.

5. Amancio Ortega, *de cero a Zara*, by Xabier R. Blanco，La Esfera de los Libros; 1st edition (September 11, 2015).

6. 同上。

7. The National Committee for Quality Assurance, *The State of Managed Care Quality*, Washington, D.C., October 1998.

8. 请登录 ihi 网站查看赞助者名单，也问一下你的医院是否参加了 IHI 计划。

9. 详见 ihi 网站。

10. Bo Burlingham, *Building a Marketing Juggernaut*, Inc. (November 2003), pp. 58-67.

11. 详见 *Alibaba:The House That Jack Ma Built*，Duncan Clark，Ecco/HarperCollins, 2016。

第 21 章

1. 详见*Production planning decisions in the broiler chicken supply chain with growth uncertainty*, ScienceDirect By Alfaima L. Solano-Blanco a, Jaime E. González b, Andrés L. Medaglia。

2. 详见 *5 Interesting Facts - All About Agriculture - Realityworks*。

版 权 声 明